Angst vor der Ewigkeit

RAMONA BROCK

Für Bella
Ramona Broch

ANGST

VOR
DER

EWIGKEIT

DIE LEGENDE DER MONDE

Impressum

Ich freue mich auf deinen Besuch!
www.ramonabrock.de

Vollständige Taschenbuchausgabe Oktober 2023
Bibliografische Information der Deutschen
Nationalbibliothek:
Die Deutsche Nationalbibliothek verzeichnet diese
Publikation in der Deutschen Nationalbibliografie;
detaillierte bibliografische Daten sind im Internet über
http://dnb.dnb.de abrufbar.
© 2023 Ramona Brock
Alle Rechte vorbehalten. Das Werk darf – auch teilweise –
nur mit Genehmigung der Autorin wiedergegeben werden.

Lektorat/ Korrektorat: Michael Krause
Covergestaltung: Désirée Lothmann,
www.kiwibytesdesign.com
Satz: Désirée Lothmann, www.kiwibytesdesign.com
Bildnachweise: Adobe Stock: 97816301, 471051498, 283555712,
488102874, 561958538, 470596434, 238760817
Herstellung und Verlag: Bookmundo

ISBN: 9789403704425

MAY THERE ALWAYS BE
A NEVERENDING
LIGHT

DIE MÄNNER
IN DEN MONDEN

G laubst du an den Mann im Mond?«, fragte ein kleiner Junge. Gemeinsam mit seinem Zwillingsbruder saß an einem Tischchen und malte einen Kreis mit einem Gesicht auf das Blatt Papier vor sich. »Also ich glaube an ihn.« Sein Zwillingsbruder nahm einen gelben Stift und malte eine Sonne. »Das ist doch nur ein Märchen.«

»Aber ich hatte heute Nacht einen Traum. Weißt du, da war so ein weißes Licht, das um mich geflogen ist, wie ein Glühwürmchen. Das war der Mann im Mond.« Der kleine Junge malte zwei weitere Kreise mit Gesichtern. »Und er war nicht allein, da waren noch seine Freunde. Ein rotes und ein blaues Licht. Eigentlich gibt es sogar drei Monde und jeder Mond hat seinen eigenen Mann und seine eigene Aufgabe. Weißt du, das weiße Licht hat mich gekühlt, das Rote hat mich gewärmt und das Blaue hat mich ein Zischen spüren lassen.«

»Warum glaubst du daran? Das war doch nur

ein Traum.«

Der kleine Junge sah in die braunen Augen seines Bruders. »Sie vertrauen mir, deswegen haben sie mir gezeigt, wer sie sind.«

»Warum vertrauen sie dir, aber mir nicht? Schließlich bin ich dein Zwillingsbruder!«

Der kleine Junge sah auf das, was er gemalt hatte. »Sie haben Angst.«

EINS

Meine Schritte führten mich zwischen den Bäumen des Waldes hindurch, als das Zirpen der Grillen und das Knirschen des Laubes zu mir vordrang. Mein Blick glitt in den Himmel, wo sich die Umrisse der Monde über den Kronen der Bäume zeigten und der Nacht ein liebevolles Licht spendeten.

»Bleibt stehen«, flüsterte Mardono, ehe er innehielt. Er hatte uns gebeten, ihm in den Wald zu folgen, denn er hatte einen neuen Bewohner entdeckt. Nun deutete in die Äste eines Baumes. »Seht ihr sie? Dort oben sitzt sie.«

Mein Blick blieb an einer kleinen Eule hängen. Ihr Federkleid war schwarzgrau und geziert mit weißen Flecken, während ihre gelben Augen auf uns hinabblickten.

»Und dafür habe ich meiner Frau und meinen beiden Kindern vorgegaukelt, dass ich im Schwimmbad noch meine Bahnen ziehe?«, fragte Aatamia. Er hatte seine Arme verschränkt, während seine grauen Augen zu den Ästen sahen.

»Das ist eine kleine Sperbereule«, sagte Mardono, dessen schwarze Haare mit der Dunkelheit der Nacht zu verschmelzen schienen. »Sie sind anscheinend doch nicht aus Lunarum verschwunden.«

»Oder sie sind einfach wieder zurückgekehrt.«

Ich erkannte die Faszination in Mardonos braunen Augen. »Sie ist wunderschön.«

Mardono erwiderte meinen Blick. »Das wollte ich hören. Danke, Mera.«

»Es gibt nichts, wofür du dich zu bedanken hast.«

»Ich habe auch nicht gesagt, dass ich sie hässlich finde«, verteidigte sich Aatamia. »Ob sie genauso vernarrt in die Früchte deiner Kakaobohnen ist wie Adaja es war?«

»Keine Ahnung, ob wir das jemals herausfinden werden.« Bedrücktheit schwang in Mardonos Stimme.

»Sie ist deutlich kleiner als Adaja«, stellte Aatamia fest.

»Sie ist auch jünger«, bestätigte Mardono.

»Meine kleine Maus. Lange nicht mehr gehört«, hörte ich Decanus' Stimme in meinen Gedanken.

Den Gezeichneten der Monde, all jene, die wie Mardono, Aatamia, Decanus und ich Zeichen der Monde auf ihren Körpern trugen, war es erlaubt, durch einen Teil derer Macht Fähigkeiten zu erlernen. Eine dieser Fähigkeiten war die Kunst des Rufs. Sie erlaubte eine Gedankenkommunikation zwischen Gezeichneten über die Grenzen der Welten hinaus.

Seit ich mein Leben in Lunarum führte, war Decanus mein Gegenspieler, der seit Jahrhunderten vergebens versuchte, über unschuldige Menschen an die Macht meiner Krieger und mir und damit an die Macht der Monde zu gelangen.

»Decanus«, ließ ich ihn in seinen Gedanken hören.

»Ich habe eine kleine Band für euch.«

»Wo?«

»Wir erwarten euch im Hyde Park, meine kleine Maus.«

»Er ruft uns«, sagte ich hörbar für Mardono und Aatamia. Stille legte sich um uns.

»Sag mir bitte nicht, dass du ihn meinst«, erwiderte Mardono. Sorge legte sich in seinen Blick.

»Decanus richtete seine Worte an mich. Er und seine Diener erwarten uns im Hyde Park.«

Aatamia wurde stutzig. »Im Hyde Park? Mitten in London?«

»Wir sollten zur Lichtung.« Mardono wandte sich ab und ging den Weg zurück, den wir ihn gekommen waren.

»Mera, hat er dich irgendwas zu den Opfern wissen lassen?«, fragte Aatamia, der sich nicht einen Millimeter bewegt hatte.

»Er sagte, es sei eine Band«, antwortete ich.

Mardono blieb stehen und drehte sich um. »Was ist los?«

Aatamia ließ seinen Blick nicht von mir, während er sich durch seine braunen Haare fuhr. »Neverending Light hat heute das Auftaktkonzert ihrer Europatour im Hyde Park.«

»Wer ist Neverending Light?«, fragte Mardono.

»Das ist eine international bekannte Rockband

aus vier Männern, die ungefähr so alt sind wie unsere Erscheinungsbilder. Wenn sie spielen, ist garantiert kein anderes Konzert.«

»Eckdaten zu Neverending Light?«, fragte ich.

»Es ist eine Band hauptsächlich aus dem Alternative Rock. Benjamin Cunningham, der Manager von Neverending Light, hat es geschafft, die Vier mit nur einem Album an die internationale Weltspitze zu katapultieren.«

»Wir müssen zu ihnen, bevor es eskaliert.« Mardono wandte sich ein weiteres Mal ab und Aatamia und ich folgten ihm.

Es benötigte kaum einige Minuten bis wir die Lichtung des Waldes unserer Welt Lunarum erreichten.

Ich sah zu Aatamia. »Bring uns zu ihnen.«

Eine weitere Fähigkeit der Monde erlaubte es, uns an jeden beliebigen Ort zu verbringen. Ungezeichnete nannten eine derartige Fähigkeit Teleportation. Wir nannten sie die Kunst des Wechsels.

Aatamia wechselte mit uns nach London. Das Licht zahlreicher Scheinwerfer blendete mich und Wind streifte um meinen Körper, der unter meine Kleidung zog. Ich erkannte uns auf einer Bühne stehen.

Die Kunst der Gestaltenverschleierung erlaubte es, uns einer Unsichtbarkeit zu bedienen. Mardono, Aatamia und ich hatten unsere Gestalten verschleiert und uns unsichtbar werden lassen. Wir versteckten uns vor den Blicken der Ungezeichneten, die sich vor der Bühne gesammelt hatten. Einzig wir selbst und weitere Krieger, die der Kunst der Gestaltenverschleierung fähig waren, sahen uns.

»Neverending Light«, raunte Decanus. Er stand kaum einige Meter von uns entfernt, während vier seiner Diener die Männer von Neverending Light gepackt hatten und gegen ihre Körper drückten. Die Musiker waren kaum älter als die Erscheinungsbilder meiner Krieger und mir es zeigten.

»Scheint, als hättest du Recht, Aatamia«, sagte Mardono.

Er sprach, doch einzig Aatamia und mich ließ er seine Worte hören. Es war eine Ausprägung der Kunst des Hörens, die ihm diesen Umstand erlaubte.

»Die Männer in den Armen der Diener sind die Mitglieder von Neverending Light«, stellte Aatamia vor.

Die Kunst des Spürens war eine Fähigkeit der Monde, die die Verbindung zwischen uns, ihren Kriegern, verschärfte. Hatte ich eine derartige Verbindung aufgebaut, so war es mir erlaubt, Gefühle und Gemützustände der mir verbundenen Krieger zu erkennen und dadurch ihre Aufenthaltsorte zu lokalisieren. Als Führung Lunarums und damit als Mächtigste aller Krieger erlaubten es mir die Monde ebenso eine derartige, jedoch einseitige Verbindung zu Ungezeichneten herzustellen. So spürte ich die Wut und Angst der Männer von Neverending Light zu mir schwappen.

Ich sah zu Decanus, der seinen Blick nicht von ihnen gelassen hatte. Das Schwarz seiner Augen war unverkennbar. Der schwarze Stoff seines Mantels schlackerte um seine Beine und der Kragen seines Hemdes verdeckte seinen Hals, während seine schwarzen Haare die Konturen seines Kinns umspielten. Sein Erscheinungsbild wirkte kaum älter als das meine, doch das war es um etliche Jahre.

Er ging auf die Männer von Neverending Light zu und ließ mit jedem Schritt die Absätze seiner Oxforder poltern. Seine Hände hielt er vor seinem Körper. Er versteckte sie stets in seinen schwarzen Lederhandschuhen, um keinen Blick auf das zuzulassen, was er darunter verbarg. Jedem der Männer schenkte er ein Lächeln. Ich erkannte die Begierde nach ihrem Leid in seinen Augen.

»Ein Jammer, dass du das hier verpasst, meine kleine Maus«, ließ mich Decanus in meinen Gedanken hören.

Die Unsichtbarkeit, der wir uns bedienten, schützte uns ebenso vor den Blicken von Decanus und seinen Dienern. Sie sahen uns genauso wenig wie die Ungezeichneten.

Unter meinen Füßen spürte ich das Beben der Bühne. Sicherheitsleute und Polizisten drangen zu uns vor, doch ihr Ziel waren einzig Decanus und seine Diener. Ein Keuchen drang in meinen Ohren. Mein Blick blieb an einem Mann mit dunkelblonden, zu einem Zopf gebundenen Haaren und braunen Augen hängen. Er starrte auf Decanus, während die Hand des Dieners auf seine Kehle drückte und sich dessen Fingernägel in seine Haut gruben. An seinem Hals lief Blut hinab und versaute den Kragen seines schwarzen Hemdes, dessen oberste Knöpfe aufgerissen waren und Ansätze seiner Brustbehaarung zeigten. Ebenso das Leder seiner Halskette hatte Blut abbekommen.

Ich hörte die Stimmen der Menschen auf der Bühne, doch ihre Worte ignorierte ich. Die Polizisten unter ihnen richteten Waffen auf Decanus und seine Diener. Decanus hingegen schlug seine Hände zusammen und rieb das Leder zwischen seinen Fingern. Er nutzte seine Fähigkeiten, wechselte von der Bühne und war verschwunden. Seine Diener zögerten keinen Moment und folgten ihm. Die Verwirrung der Ungezeichneten schwappte zu mir. Jeder Einzelne von ihnen zögerte, seine Waffe zurück in das Holster zu stecken. Ihre Blicke suchten vergebens nach den Verschwundenen, während Menschen in Sanitätskleidung auf die Bühne stürmten.

»Bringt sie runter von der Bühne, verdammt!«, brüllte eine männliche Stimme.

Am Rand der Bühne erkannte ich den Körper zu ihr. Der Mann trug braune Haare, hatte blaue Augen und war etliche Jahre älter als die Männer von Neverending Light. Er hielt ein Mobiltelefon am Ohr.

»Das ist Benjamin Cunningham, der Manager der Band«, sagte Aatamia.

»Haben wir das auf Video?« Benjamin hielt inne, schloss seine Augen und rieb sich die Stirn. »Das ist gut.« Er legte auf und steckte das Mobiltelefon in eine Tasche seines Jacketts. »Nicht hier, verdammt, wo es jeder sehen kann!«

»Halten Sie Ihre verdammte Klappe oder der Junge hier geht schneller hops als es Ihnen lieb ist!«, sagte der Sanitäter, der den Mann mit der Halswunde versorgte, ohne Benjamin eines Blickes zu würdigen.

»Mir geht es gut«, sagte der Mann mit der Halswunde, der mit dem Verschwinden des Dieners auf die Knie gefallen war. »Ich kann auch hinter die Bühne.«

»Sabriel?«, brüllte ein anderer Mann, dessen tiefe Stimme vom Rauchen geprägt war. »Verdammt, lasst mich los!«

Er hatte schwarze, schulterlange Haare und grüne Augen. Sein Gesicht zierten definierte Konturen und Ansätze eines Barts. Sein nackter Oberkörper zeigte das Tattoo eines brüllenden Löwen auf seiner linken Brust und seinem linken Arm, der unter der Bewegung seiner Muskeln lebendig zu werden schien. Sein Blick fixierte den Mann mit der Halswunde, während er sich aus den Griffen zweier Männer riss und zu ihm stürmte.

»Wie lauten ihre Namen?«, fragte ich.

»Der mit der Halswunde ist Sabriel Candevish«, antwortete Aatamia. »Er ist sechsundzwanzig, gebürtig aus Watford und der Gitarrist der Band. Der Mann neben ihm ist Lucas Dearing, aka Luke, ebenfalls sechsundzwanzig, gebürtig aus Southport und der Frontmann. Je nach Lied steht er aber auch hinter den Tasten. Die beiden haben sich vor sieben Jahren auf einer offenen Bühne kennengelernt und sind unter dem Namen Neverending Light als Duo durch die Pubs und Bars von London gezogen.«

»Dann sind sie der Ursprung der Band?«, fragte Mardono.

»Sind sie«, bestätigte Aatamia.

»Bringt die beiden verdammt nochmal auch hinter die Bühne!« Die Wut in Benjamins Stimme war nicht zu überhören.

»Ich helfe dir«, sagte Luke, der seinen Arm um Sabriel legte und ihn mit einem Ruck auf dessen Beine zog.

Sabriels Blick glitt zu uns, als er innehielt.

»Alles in Ordnung?«, fragte der Sanitäter, der ebenso aufgestanden war. Er schnippte vor Sabriels Gesicht, doch dieser reagierte nicht. »Mr Candevish, sehen Sie mich an.«

»Da ist jemand«, sagte Sabriel, der noch auf uns starrte.

»Ein sensibler Ungezeichneter?«, fragte Mardono.

Der Sanitäter wandte sich zu uns, doch sein Blick glitt durch unsere Körper hindurch. »Da ist niemand, Mr Candevish. Und jetzt gehen Sie hinter die Bühne, bevor mir Ihr Manager den Kopf abreißt.«

»Das hatten wir schon lange nicht mehr«, sagte Aatamia.

Ich löste mich von Mardono und Aatamia und ging einige Schritte zur Seite.

Sabriels Blick folgte mir. »Es bewegt sich.«

»Sabriel, verdammt, wir sollten hier runter. Der Sanitäter hat Recht, da ist niemand.« Luke zog ihn an die Seite die Bühne, ohne ihm die Möglichkeit zu geben, zu widersprechen.

Sabriel stolperte einige Schritte, ehe er sich fing und Luke folgte. Nicht ohne einen Blick über seine Schulter zu uns zu werfen, verschwand er hinter der Bühne.

Ich sah zu Mardono und Aatamia. »Er ist ein sensibler Ungezeichneter.«

Als ein derartiger Ungezeichneter spürte Sabriel

die Anwesenheit von uns Kriegern der Monde, ohne sich dessen bewusst zu sein und, ohne ein Zeichen der Monde auf seinem Körper zu tragen. Jeder sensible Ungezeichnete wurde von den Monden eigenhändig ausgewählt und diente als Säule des Glaubens in sie.

»Das kann Segen aber auch Fluch sein«, sagte Mardono.

Ich ging an ihnen vorbei und suchte mir einen Weg hinter die Bühne, bedacht darauf nichts und niemanden zu berühren. Meine Fähigkeit vermochte es mir zu erlauben, meinem Körper eine Unsichtbarkeit zu verleihen, doch gewährte sie keinerlei Undurchdringbarkeit. Jede meiner Spuren blieb sichtbar und jede meiner Berührungen blieb spürbar. Ich nutzte meine Fähigkeiten, hörte nach Lukes und Sabriels Stimmen und lokalisierte sie unweit von uns. Ich folgte ihnen und fand mich vor einem Raum wieder, dessen Tür offenstand und Einblick gewährte. Mardono und Aatamia blieben in meinem Rücken stehen. Mit unserem Erscheinen sah Sabriel zu uns, der auf einem Sofa saß. Luke stand daneben und beäugte das Handeln des Sanitäters, der neben Sabriel Platz gefunden hatte und dessen Halswunde versorgte. Gänsehaut zog sich über seinen Oberkörper.

»Der mit den braunen Haaren, dem Sidecut und den türkisenen Augen dort drüben ist Sean Coleman«, sagte Aatamia. »Er ist fünfundzwanzig Jahre alt, stammt aus Falmouth und ist der Schlagzeuger. Der neben Sean mit den kurzen, hellbraunen Haaren und den grünen Augen ist Aaron Firestone. Er kommt aus

Hatchmere, ist auch fünfundzwanzig und taucht als Bassist in der Band auf.«

»Wie kommen Sean und Aaron zu Luke und Sabriel?«, fragte Mardono.

»Sean und Aaron haben sich vor sechseinhalb Jahren bei einer Semesterparty in London kennengelernt. Sean hat zu dem Zeitpunkt Sport und Aaron Tiermedizin studiert, beide im Erstsemester. Die Beiden haben sich gefunden, weil sie die Musik auf der Party ätzend fanden und sich von einem der Barkeeper in einen Pub mit Rockmusik haben lotsen lassen. Sie haben sich angefreundet und sind öfter zusammen losgezogen. Ein Jahr nachdem sie sich angefreundet hatten, haben sie Luke und Sabriel als Neverending Light bei einem Auftritt gesehen. Der Barkeeper des Abends hat die Vier zusammen auf die Bühne geschickt, weil er geahnt hat, dass sie sich gegenseitig gut ergänzen könnten. Das war auch derselbe Barkeeper, der Sean und Aaron bei der Erstsemesterparty in den Pub gelost hatte. Sean, Aaron, Luke und Sabriel haben den Kontakt gehalten und sind zwei Jahre lang als Neverending Light durch Pubs und Bars gezogen.«

»Wie begründet sich der internationale Erfolg?«, fragte ich.

»Benjamin ist bei einem ihrer Gigs auf sie aufmerksam geworden. Er hat die Vier angeworben und konnte seine Chefs davon überzeugen, Neverending Light unter Vertrag zu nehmen. Allerdings hat er damals nur ein kleines Budget bekommen, weil niemand an einen Erfolg geglaubt hat. Damit die Vier mehr Zeit als Band und Freunde verbringen konnten, hat Benjamin ein Reihenhaus im Norden Londons für sie gekauft. Sie haben die Zeit genutzt und nur ein gutes Jahr nach ihrer Vertragsunterzeichnung ihren internationalen Durchbruch gefeiert.«

»Haben wir das alles auf Video?«, fragte Sean.

Er stand am Kopfende des Raumes und hatte seine Arme verschränkt, wobei sich das dunkelgraue Leder seiner Jacke um seine Schultern spannte. Sein Gesicht hatte weiche Konturen und sein Körper war schlank und proportional gebaut. Seine Größe überstieg Aaron einzig um wenige Zentimeter.

Aarons Gesicht war markanter als Seans, doch er war schlaksiger und seine Arme wirkten zu lang für seinen Oberkörper. Er trug schwarze Steckohrringe, die zu seiner ebenso schwarzen und abgetragenen Lederhose passten. An seinem rechten Unterarm erkannte ich eine zentimeterlange Narbe.

»Haben wir und die Polizei ist auch schon informiert«, antwortete Benjamin, der unweit von uns stand und sich gegen die Wand lehnte.

»Du hattest etwas von einem Auftaktkonzert einer Tournee erwähnt. Mit welchem Ausmaß an Öffentlichkeit müssen wir rechnen?«, fragte Mardono.

Aatamia zog Luft in seine Lunge. »Bei ihrer Tournee ist kein Konzert dabei ist, das unter fünfzehntausend Besucher haben wird. Die Tickets waren binnen Minuten ausverkauft. Meiner Frau ist mehrfach die Seite abgestürzt, bevor sie überhaupt einen Veranstaltungsort wählen konnte, nur, um festzustellen, dass nicht mal mehr ein einziges Ticket verfügbar war.«

»Das klingt mehr nach dem Phänomen einer Boyband«, stellte Mardono fest.

»Das ist kein Phänomen einer Boyband, sondern von international bekannten Musikern.«

Benjamin drückte sich von der Wand ab und löste seine Arme. »Ich lasse euch nachhause bringen. Das Konzert ist sowieso schon abgebrochen und ihr solltet euch ausruhen. Gebt mir nur ein paar Minuten.«

»Erstmal sollten Sie Mr Dearing eine Jacke oder Decke bringen, bevor er Ihnen noch unterkühlt«, sagte der Sanitäter.

Benjamin hielt inne und sah zu dem Mann, der seine Sachen packte und aufstand.

Aaron drückte sich von der Wand ab, ging zu einem der Tische, die dem Sofa gegenüberstanden, nahm eine dunkle Kapuzenjacke und warf sie Luke zu. »Hier.«

»Wäre das auch erledigt«, sagte Benjamin, ehe er sich abwandte und den Raum verließ. Der Sanitäter folgte ihm wortlos.

Mardono, Aatamia und ich traten einen Schritt beiseite, um unser Dasein verschleiert zu belassen.

»Steht die Adresse des Reihenhauses in deinem Wissen?«, fragte ich Aatamia.

»Benjamin und auch die Vier sind sehr darauf bedacht, die Adresse nicht öffentlich werden zu lassen«, antwortete er.

»Ich danke dir, Aatamia. Deine Dienste sind nicht mehr von Nöten.«

Aatamia lächelte. »Danke«, sagte er, ehe er wechselte und von diesem Ort verschwand.

ZWEI

Die Männer von Neverending Light waren gestern Abend von vier Sicherheitsmännern in ihr Reihenhaus verbracht worden. Mardono und ich hatten unsere Fähigkeiten genutzt und waren unerkannt in je einem Wagen mitgefahren. Seitdem saßen wir auf den Ästen eines Apfelbaumes, der sich im Garten des Reihenhauses befand und sahen zu, wie die Nacht in die Morgendämmerung überglitt. Unsere Gestalten hatten wir noch immer verschleiert und damit unsichtbar belassen.

Das Reihenhaus der Männer schmiegte sich unscheinbar in das Bild all der anderen Reihenhäuser ein. Einzig die Kameras, die jeden Winkel einsehbar machten, ließen erahnen, dass jemand mit einem höheren Maß an Sicherheitsbedürfnis hinter den Mauern wohnte. Weder Mardono noch mich zeichneten sie auf. War die Gestalt eines Kriegers verschleiert, war sie das nicht einzig für das ungezeichnete Auge, sondern ebenso für Technik jeglicher Art.

Eine Wärme erfasste mich und durchströmte jeden Millimeter meines Körpers. Ich kannte diese

Wärme zu gut, stammte sie doch von meinem Mond. Es war sein Zeichen mir zu zeigen, dass seine Gefährten und er eine Entscheidung getroffen hatten.

»Es wird Zeit, einen weiteren Krieger an unsere Seite zu bitten«, sagte ich.

Mardono zog seine Augenbrauen hoch. »Das ergibt keinen Sinn, Mera.«

Er und ich trugen die Fähigkeit in uns, die Wärme eines solchen Moments der Entscheidung einem Ungezeichneten zuzuteilen. Zu gern überließ ich Mardono diese Zuweisung. Ich hob meine Hand, legte sie an seine Wange und erlaubte der Wärme meines Mondes in seinen Körper zu fließen. Seine Finger griffen die meinen und strichen über meinen Handrücken, ehe er seine Kiefer aufeinanderpresste und die Luft in seiner Lunge hielt.

Meinen Daumen ließ ich über seine Wange streichen. »Verrate mir dein Wissen.«

»Das ist nicht gut.«

Die Wärme meines Mondes verschwand aus meinem Körper und wich Mardonos Wärme. Sachte strich ich ein weiteres Mal über seine Wange. »Woher stammen deine Sorgen?«

Mardono nahm meine Hand und legte sie in seinen Schoß. Unsere Finger verschränkte er ineinander. »Mera, wir haben niemanden verloren. Wir brauchen keinen neuen Krieger an unserer Seite. Schon gar nicht jetzt, wo Decanus wieder angreift.«

»Wer ist unser Vorgezeichneter, Mardono?«

»Sean Coleman.« Er sah auf das Reihenhaus.

»Es bleibt eine Entscheidung der Monde, ob wir sie verstehen oder nicht.«

»Die Monde brechen unsere Vereinbarung der siebenundvierzig Krieger.«

»Vielleicht ist das wieder eine ihrer subtilen Arten, um uns an ihren Wunsch der Machtrückleitung zu erinnern.«

Ich erwiderte seinen Blick. »Es wäre das erste Mal seit einigen Jahrhunderten.«

Mardono lehnte seinen Kopf gegen die Rinde und ließ seinen Blick in den Himmel gleiten. »Seit 1521 um genau zu sein. Aber, warum? Und nicht mal vierundzwanzig Stunden nach dem ersten Angriff. Den Vieren das verständlich zu erklären, wird eine Herausforderung für dich.«

»Doch gebührt einzig Sean das Wissen über die Geschichte der Monde mit all seinen Konsequenzen, sollte seine Entscheidung zu unseren Gunsten fallen.«

Mardono erwiderte meinen Blick. »Du glaubst doch nicht wirklich, dass er gegenüber seinen Freunden die Klappe hält, wenn er ein Krieger wird?«

»Die Monde werden eine Bestrafung für seine Worte finden, sollte er zu viel Wissen weitertragen.«

»Was uns aber den Schutz der Freunde vor Decanus erschweren wird, zumal mir sein Weg Sorgen macht.«

Licht wurde hinter einem der Fenster angemacht und eine Gestalt bewegte sich. Ich spürte nach der Person hinter ihr und erkannte Sabriel.

»Wir kennen Decanus' Ziel seiner Machtbegierde. Seine bisherigen Versuche waren von Missglück geprägt. Er benötigt ein neues Mittel von höherer Macht«, sagte ich.

»Du hast selbst gesehen, mit welcher Größenordnung an Öffentlichkeit wir es zu tun haben. Wenn Aatamia mit der Besucheranzahl der Konzerte Recht hat, kann das verdammt schnell in eine ganz andere Eskalationsstufe aufsteigen. Das gestern war doch nicht mehr als ein Appetithäppchen.«

Sabriel schob die Vorhänge beiseite. Er trug nicht mehr als eine Boxershorts. Sein nackter Oberkörper offenbarte die Behaarung, die sich über seine Brust bis zu seinem Bauch zog und längliche Narben zu verdecken versuchte. Seine Haare waren offen und klebten an seiner Stirn. Er öffnete das Fenster und stützte seine Arme auf dem Sims ab, als sein Blick zu uns glitt und ihn innehalten ließ. Er drückte sich ab, strich sich die Haare aus seinem Gesicht, schloss das Fenster und wandte sich in den Raum. Der kurze Blick, den er uns auf seinen nackten Rücken erlaubte, zeigte die Tätowierung eines Baumes, dessen Äste und Wurzeln sich um Sabriels Schultern und seinen Unterkörper schlangen.

Das Geraschel von Bettwäsche und Kleidung drang in meine Ohren, doch es stammte nicht aus Sabriels Zimmer. Türen wurden geöffnet und geschlossen und die Schritte zweier Körper stapften die Treppe hinab.

»Ich werde mir einen Einblick von der Vorderseite gewähren«, sagte ich.

»Ich komme mit«, erwiderte Mardono.

Ich wechselte unsere Körper vor das Reihenhaus.

Mit verschleierten Gestalten standen wir auf dem Bürgersteig der anderen Straßenseite, an der sich parkende Autos säumten. Kameras hingen an der Vorderseite des Reihenhauses, zwei Steinstufen führten zur Eingangstür und im Vorgarten wuchsen Pflanzen, die ihre Zweige in den Weg reckten. Hinter einem Fenster neben der Eingangstür erkannte ich eine Küche. Aaron wandte uns den Rücken zu und nahm Tassen aus dem Hängeschrank vor sich, während Sean ihm dabei zusah. Ich ließ meine Kunst des Hörens spielen, um ihre Worte zu verstehen.

»Whisky wäre mir lieber«, sagte Sean.

Aaron nahm eine Box aus einem anderen Hängeschrank. »Nicht zum Frühstück. Kannst du bitte Wasser im Topf aufsetzen?«

Sean stellte sich rechts neben Aaron und beugte sich hinab. Das Klirren von Metall drang in meine Ohren, ehe er wieder aufstand und das Rauschen von Wasser erklang.

Aaron sah zu ihm. »Das reicht.«

»Verdammt.« Das Rauschen versiegte.

Aaron wandte sich um und hielt zwei Tassen in seinen Händen, aus denen Dampf aufstieg. Er lehnte sich gegen die Arbeitsplatte und gab Sean eine der Tassen. »Earl Grey.«

»Mit Schuss?«

»Nicht für dich.«

»Wie nett von dir.«

Aaron nippte einen Schluck. »Du kennst mich.«

»Ich könnte den Schuss verdammt gut gebrauchen. So beschissen wie heute Nacht habe ich schon lange nicht mehr geschlafen. Ich habe geträumt, dass mich eine Wärme durchströmt, die mit einer Kühle und einem Zischen gemischt war. Es hat sich scheiße echt angefühlt.«

»Sag nicht, du wirst zum Wachträumer.«

Sean nippte aus seiner Tasse. »Ich hatte das Gefühl, dass sich drei überlappende Kreise auf meinem Rücken abgezeichnet haben.«

»Hast du nachgeschaut, ob es nur Einbildung war?«

»Es war nur ein Traum, Aaron, mehr nicht.«

»Nachdem die Männer einfach auf unserer Bühne aufgetaucht sind, würde mich nichts mehr wundern.«

Sean stellte seine Tasse auf die Arbeitsplatte, wandte sich zu Aaron und zog sein Oberteil hoch. »Und?«

Aaron drückte sich von der Arbeitsplatte ab und ging einen halben Schritt auf ihn zu. »Keine Ahnung, was das ist, aber es sieht nicht danach aus, als würde es wieder verschwinden.«

Sean ließ sein Oberteil los und wandte sich zurück. »Willst du mich verarschen?«

»Wer verarscht hier wen?«, hörte ich Lukes Stimme.

Sean zuckte, ehe er zum anderen Ende der Küche sah. »Niemand. Ich habe nur scheiße geträumt.«

»Hast du nicht«, widersprach Aaron, der sich zurück gegen die Arbeitsplatte lehnte.

»Aaron, bitte.« Sean rieb sich mit einer Hand die Schläfe. »Das war einfach nur ein scheiß Traum. Hör auf, mich damit zu verarschen. Das ist echt der falsche Zeitpunkt.«

»Ich verarsche dich nur nicht.«

»Muss man euch verstehen?«, fragte Sabriel.

»Ich fasse es nicht.« Sean wandte sich ein weiteres Mal um, griff den Saum seines Oberteils und zog den Stoff hoch.

»Du hast dir über Nacht ein Tattoo stechen lassen? Als absoluter Körperkunstgegner?« Luke erschien in meinem Sichtfeld und begutachtete Seans Rücken. »Das sieht verdammt gut aus. Das Grau gefällt mir.«

»Wollt ihr mir eigentlich alle verarschen?« Sean ließ den Stoff los und drehte sich zu Luke. »Ich habe geträumt, dass sich drei Kreise auf meinem Rücken abgezeichnet haben und ihr wollt mir jetzt glaubhaft machen, dass genau das auf meinem Rücken ist?«

»Vielleicht hättest du gestern nur ein Glas trinken sollen und nicht fünf«, warf Aaron ein.

»Im Gegensatz zu dir vertrage ich aber auch fünf Gläser Whisky, ohne jedes Mal mit einer anderen Frau im Bett zu landen.«

Sabriel setzte sich auf einen Stuhl neben dem Fenster. Ich sah nicht, was er tat, doch ich hörte, wie er seine Füße auf einen anderen Stuhl ablegte. »Das kann ja eine interessante Tournee werden.«

Ein Auto parkte unweit vom Reihenhaus entfernt und zwei Männer in Uniform stiegen aus.

Benjamin, der die Straße zu Fuß entlangkam, steuerte auf sie zu. »Guten Morgen Detectives. Danke, dass es geklappt hat.«

»Nicht dafür, Mr Cunningham«, erwiderte einer der Männer. Er schien in Benjamins Alter zu sein, hatte blonde Haare und eine schlanke aber untrainierte Figur. Sein Kollege war einige Jahre jünger und hatte sich seine schwarzen Haare mit Gel zurückgekämmt, während sich sein Oberteil um die Muskeln seiner Schultern spannte.

Die drei Männer folgten den Stufen zur Eingangstür hinauf und klingelten.

Luke verließ die Küche und öffnete Sekunden später die Tür. Sein verwirrter Blick glitt über die uniformierten Männer. »Du hast dich gar nicht angekündet, Ben, vor allem nicht mit Polizei.«

»Dürfen wir rein? Dann kann ich euch alles erklären«, erwiderte Benjamin.

»Klar. Die anderen sind in der Küche.« Luke ließ die Männer eintreten und schloss die Tür hinter sich. Er folgte ihnen, lehnte sich neben Sabriel gegen den Fenstersims und verhinderte damit den Einblick in den Raum.

»Danke«, sagte der Mann, der Benjamin begrüßt hatte. »Ich bin Detective Inspector Williams und das ist mein Kollege Detective Constable Hills. Wir haben einige Fragen zu dem Vorfall während ihres Konzerts gestern.«

»Gibt es schon eine Spur, wie die Männer auf die Bühne gekommen und wieder verschwunden sind?«, fragte Sean.

»Es gibt Videoaufnahmen, die ausgewertet wurden«, antwortete Williams.

»Die Aufzeichnungen wurden nicht bearbeitet«, sagte Hills. Seine Stimme war tiefer und markanter als die seines Kollegen.

Seans Verwirrung schwappte zu mir. »Und das heißt was?«

»Es gibt keine Erklärung, woher die Angreifer gekommen und wohin sie verschwunden sind. Stimmt's?«, fragte Sabriel.

»Richtig, Mr Candevish«, bestätigte Williams. »Wir konnten fünf Männer feststellen, aber nur einen von ihnen anhand alter Fallakten identifizieren.«

Ich erkannte eine Wut zu mir schwappen, spürte nach der Person dahinter und erkannte Sabriel darin.

»Henri Adelsheim. Der Mann, der mich gehalten hat. Sein Name ist Henri Adelsheim«, sagte er.

»Woher kennt er Henri?«, murmelte Mardono verwirrt.

»Wer ist Henri Adelsheim?«, fragte Sean.

»Er war der Hauptverantwortliche für Simeons Unfalltod vor elf Jahren«, erklärte Sabriel. »Henri ist der Fahrer des Unfallwagens gewesen. Man hat nur nie mit ihm reden können, weil er nach dem Unfall wie vom Erdboden verschluckt ist und nicht gefunden werden konnte. Obwohl er dank seiner Narben auf beiden Handrücken nicht gerade unauffällig war.«

Mardono verschränkte seine Arme. »Das würde bedeuten, Decanus hat Vorarbeit geleistet, die wir nicht mitbekommen haben. Das erklärt die Pause, aber sie deckt bei weitem nicht die Zeitspanne von fast einhundertzwanzig Jahren ab.«

»Henris Spuren sind allesamt im Sand verlaufen. Egal, in welche Richtung man ermittelt hat, die Polizisten sind immer in einer Sackgasse gelandet«, erklärte Sabriel weiter.

»Wir benötigen einen Einblick in die Fallakten«, sagte ich.

»Ich werde mich nachher an die Fersen der beiden Polizisten heften«, antwortete Mardono.

Seans Verwirrung verstärkte sich. »Wie kann jede einzelne Spur im Sand verlaufen?«

»Die Ermittler haben nie eine Erklärung dafür gefunden«, antwortete Sabriel.

»Mr Candevish, kam Ihnen jemand der anderen Männer bekannt vor? Jemand, den sie damals vielleicht schon gesehen haben?«, fragte Williams.

»Nein, abgesehen von Henri kannte ich keinen. Werden die Fallakten zu meinem Bruder neu aufgerollt, jetzt, wo es eine Spur zu Henri gibt?«

»Nicht unmittelbar neu aufgerollt, aber sie werden sicherlich mit in unsere Ermittlungen aufgenommen.«

»Wie viele haben sich gestern verletzt?«, fragte Sean.

»Fünfhundert nach den ersten Zahlen. Niemand tödlich«, antwortete Hills.

»Gab es etwas Auffälliges in den letzten Tagen? Etwas, das anders war als gewöhnlich?«, fragte Williams.

»Auf der Bühne dachte ich, dass da jemand steht, der mich beobachtet und mich getestet hat, ob ich ihn spüren kann. Direkt nachdem die Männer verschwunden sind. Und jetzt gerade spüre ich das auch, als würde jemand vor dem Haus stehen und uns durch das Fenster beobachten. Eigentlich spüre ich sogar Zwei, um genau zu sein.«

Luke wandte sich um und ließ seinen Blick über die Straße gleiten. »Da ist nur niemand.«

»Das Videomaterial zeigt keine Auffälligkeiten zu weiteren Angreifern«, warf Hills ein.

»Teilen Sie das Gefühl mit Mr Candevish?«, fragte Williams.

Luke wandte sich zurück und schüttelte seinen Kopf. »Ich nicht.«

»Ich auch nicht«, schloss sich Aaron an.

»Ich auch nicht, aber es gibt noch was, dass für die Ermittlungen eine Rolle spielen könnte. Anscheinend habe ich über Nacht ein Tattoo bekommen«, sagte Sean.

»Wirklich, Sean? Du willst das Vorzeichen an die Polizei weitergeben?«, murmelte Mardono.

Ich spürte nach Sean und dem Vorzeichen auf seinem Rücken, nutzte meine Fähigkeiten und ließ es für die Augen Ungezeichneter verschwinden.

»Kannst du uns das mal zeigen?«, fragte Benjamin.

»Klar.«

Ich hörte, wie sich Sean umdrehte und den Stoff seiner Kleidung über seinen Rücken zog.

»Da ist nichts«, stellte Benjamin fest.

Luke drückte sich vom Sims ab und starrte auf Seans Rücken. »Eben war das noch da.«

»Wie sah dieses Tattoo aus?«, fragte Williams.

»Drei Kreise, die sich überlappen«, erklärte Sean.

»Wir werden es in unsere Akten aufnehmen. Falls Ihnen noch etwas einfallen sollte, scheuen Sie sich nicht, uns anzurufen.«

Luke streckte seinen Arm aus und nahm etwas entgegen. »Werden wir.«

Die Polizisten verließen einige Minuten später das Reihenhaus und stiegen in ihren Wagen.

»Ich hänge mich an sie. Dann finde ich nicht nur die alten Fallakten, sondern kann auch die Notizen über unser Zeichen wieder verschwinden lassen«, sagte Mardono, ehe er seine verschleierte Gestalt in das Polizeiauto wechselte und als blinder Passagier mit den Detectives wegfuhr.

»Wird Kenneth uns überhaupt noch auf Tournee gehen lassen?«, hörte ich Seans Stimme.

»Wird er, allerdings unter erhöhten Sicherheitsvorkehrungen. Wir können nicht ausschließen, dass die Männer wieder auftauchen werden«, antwortete Benjamin.

»Genauso gut könnten sie auch einfach hier im Haus sein«, warf Sabriel ein.

»Ich habe die Firma, die für das Sicherheitssystem im Haus verantwortlich ist, gebeten, ihre Standards nochmal zu erhöhen. Das heißt, dass zusätzliche Kameras rund um das Haus installiert werden. Sollte euch also jemand beobachten, haben wir das bald auf Video«, sagte Benjamin. »Ich werde mit Kenneth und James gleich noch die Details zu eurer Tournee durchsprechen. Morgen werden euch Smith und seine Männer abholen und in die Plattenfirma bringen, damit wir nochmal alles durchgehen können.«

»Das klingt nach einem Plan«, sagte Aaron.

»Wir sehen uns morgen.« Benjamin verließ die

Küche und Sekunden später das Reihenhaus. Seine Schritte führten ihn die Straße entlang bis er aus meinem Sichtfeld verschwand.

»Das wird was Übernatürliches sein«, sagte Sabriel.

»Wie kommst du bitte auf die bescheuerte Idee?«, erwiderte Luke.

»Sie haben Henri damals schon nicht aufspüren können, weil er einfach weg war. Ich glaube nicht, dass die Chancen diesmal besser stehen.«

»Ich bin doch hier«, hörte ich Henris Stimme im Wohnzimmer des Reihenhauses.

DREI

H abt ihr das auch gehört?« Verwirrung schwang
in Sabriels Stimme.

»Wer war das?«, fragte Luke, der sich vom Sims
abdrückte.

»Henri.«

»Komm zu mir, Sabriel. Ich bin nicht weit weg«,
hörte ich Henris Stimme ein weiteres Mal.

Ich wechselte in den Garten des Reihenhauses und
stellte mich unter die Äste des Apfelbaumes. Eine
Fensterfront und eine Glastür zum Garten gewährten
Einblick in jeden Winkel des Wohnzimmers. Decanus'
und Henris Gestalten bildeten sich vor einem Bücher-
regal neben dem sich ein Piano, drei unterschiedliche
Gitarren, eine viereckige Trommel und ein hüfthohes
Regal mit losem Papier befanden. Henri war einzig
wenige Zentimeter kleiner als Decanus und deutlich schlaksiger. Er trug knöchelhohe Stiefel, eine
Jeans und einen schwarzen Rollkragenpullover, der
einen Kontrast zu seinen schwarzblonden Locken
bildete. Die Narben an seinen Handrücken zeigte er
unverkennbar und voller Stolz. Ein Schimmer über

seiner und Decanus' Kleidung verriet mir, dass ihre Gestalten Erscheinungen waren. Sie konnten nicht mehr als die Gestalt, deren Stimme und Bewegungen spiegeln, die sie zeigten.

Die Kunst des Spürens erlaubte es mir, Krieger und Ungezeichnete zu spüren und zu lokalisieren. Diener waren hiervon nicht erfasst, doch schenkten die Monde uns Kriegern einen Schutzmechanismus vor ihren Angriffen. Wir spürten einen Diener, sobald er seine Gabe anwendete, einem Zeitpunkt der höchsten Macht eines jeden Gezeichneten. Befand sich ein gabenausführender Diener in unserer Nähe, spürten wir ihn instinktiv. Doch den Diener, der die Gabe für dieses Schauspiel in sich trug, spürte ich nicht in meiner Nähe.

»Das vom Bürgersteig ist jetzt im Garten«, hörte ich Sabriels Stimme.

Luke stand Sekunden später im Türrahmen des Wohnzimmers und erstarrte. Sean war ihm gefolgt und prallte gegen dessen Körper, während sich Aaron und Sabriel hinter ihm befanden.

Lukes Blick klebte an den Erscheinungen fest. »Wer zur Hölle seid ihr?«

Decanus' Lachen drang in meine Ohren. »Lucas Dearing.«

»Ich benötige deine Anwesenheit«, ließ ich Mardono über die Kunst des Rufs in seinen Gedanken hören. Sekunden später erkannte ich seinen Wechsel an meine Seite.

»Die Zeit hat gerade gereicht, um die Polizeiwache ausfindig zu machen«, sagte er.

»Decanus lässt die Gabe der Erscheinung spielen, doch spüre ich den Gabenträger nicht.«

Mardono hielt inne. Ich wusste, er nutzte diesen Moment, um nach der Macht der Gabe des Dieners zu spüren. »Ich auch nicht.«

»Gut«, schnaubte Luke und ging auf Decanus' Erscheinung zu. Kaum einen halben Meter ließ er zwischen ihnen. »Mich scheinst du ja zu kennen. Verrätst du mir jetzt, wer du bist?«

Seine Wut schwappte zu mir, seine Hände ballten sich und sein Gesicht gewann an roter Farbe.

»Die Emotionen in Lukes Körper richten sich gegen ein Bild, dessen Gefahr er nicht kennt«, stellte ich fest. »Er riskiert sein Leben ohne erkenntlichen Sinn.«

»Er kann von Glück reden, dass er eine Erscheinung weder berühren noch berührt werden kann.«

Sabriel drängte sich zwischen Sean und Aaron in den Raum. »Was willst du Henri? Mich auch noch umbringen?«

Henris Erscheinung fixierte Sabriel, während sich ein Grinsen in sein Gesicht eingrub. »Sabriel. Schön, dich nach all den Jahren endlich wieder zu sehen.«

»Das reicht. Ich rufe die Polizei«, sagte Aaron.

Decanus ließ seinen Blick nicht von Luke. »Was möchtest du der Polizei sagen, Aaron? Dass Männer in eurem Wohnzimmer stehen und ihr keinen mickrigen Beweis dafür habt?«

»Besser.« Aaron zog sein Mobiltelefon hervor, hielt es vor sein Gesicht und machte ein Foto, doch als er auf den Bildschirm sah, hielt er inne. »Das ist unmöglich.«

»In dieser Gestalt kannst du mich weder foto-grafieren noch filmen, Aaron, und was dich betrifft, Lucas.« Decanus beugte sich zu ihm vor und brachte seine Lippen neben dessen Ohr. »Man wird mich euch noch vorstellen. Habe nur etwas Geduld.«

Lukes Hand schnellte hoch und wollte Decanus' Kehle greifen, doch sie glitt hindurch. »Was zur Hölle …?«

Decanus lachte. »Vielleicht hast du das nächste Mal mehr Glück. Du kannst es mir gut gebrauchen.«

Beide Erscheinungen verpufften und verschwan-den vor den Augen der Freunde.

»Das klingt nach deinem Stichwort«, sagte Mardono. »Ich werde mein Glück nochmal in der Polizeiwache versuchen.«

»Ich danke dir«, sagte ich, ehe ich in das Wohn-zimmer wechselte, mich vor eines der Fenster stellte und meine Verschleierung löste.

Aaron sah mich. »Ach, jetzt auch noch eine Frau?«

»Die Gestalten war einzig Erscheinungen und vollkommen ohne Gefahr«, erklärte ich.

Sabriel hob seine Hand und deutete auf mich. Seine Verwirrung schwappte zu mir. »Du …«

Luke wagte einen Schritt auf mich zu. »Und du bist wer, dass du das zu wissen glaubst?«

»Mein Name ist Mera.«

»Du hast dieselbe Tätowierung auf deinen Hand-rücken, die Sean auf seinem Rücken hatte«, stellte Aaron fest.

»Er bist mein Vorgezeichneter.«

»Was zur Hölle ist ein Vorgezeichneter?«, fragte Luke.

Mein Blick blieb in Seans türkisen Augen hängen. »Die Monde legten ihre Entscheidung auf dich, Sean. Sie waren es, die dir das Vorzeichen auf deinem Rücken schenkten.«

»Was soll das heißen?«, fragte er mich.

Ich ging die wenigen Schritte zu ihm. »Es gibt mehr als das einzig Offensichtliche, das ihr zu sehen vermögt. Nicht einmal unsere Welten decken das Unermessliche ab, doch existiert unser aller Leben einzig auf der Grundlage der Macht der Monde.«

»Der Macht der Monde? Den Scheiß sollen wir dir glauben?«, schnaubte Luke.

Eine Wärme legte sich in meinen Körper und ließ mich wissen, dass sie ebenso Seans Körper ausfüllte.

Die Verwirrung in dessen Augen wuchs. »Woher kommt diese Wärme?«

Ich ließ meine Finger unter sein Kinn glitten. Die Wärme in seinem Körper legte sich an meine Fingerspitzen. »Sie stammt von einem der Monde, Sean.«

»Und woher kommst du?«

»Meine Welt ist eine der zwei Welten der Monde und nennt sich Lunarum. Ich führe sie gemeinsam mit meinen Kriegern der Monde. Decanus hat euch auf der Bühne und eben gemeinsam mit Henri gegenübergestanden. Er ist mein Gegenspieler und trägt die Führung Infernas, Lunarums Gegenwelt und der zweiten Welt der Monde, in sich. Seine Gefolgsleute nennt er die Diener Infernas. Meine Krieger und ich stehen zu eurem Schutz vor ihnen an eurer Seite.«

»Wo liegen diese Welten?«

»Sie existieren nicht in der Menschenwelt, sondern bestehen auf einer anderen Ebene des Lebens, in einer anderen Art von Dimension. Einzig ihre Bewohner sind es fähig, sie tributfrei zu betreten.«

»Sowas wie geschützte Parallelwelten?«

Ich lächelte. »Es ist ein durchaus passender Vergleich.«

»Was wollen Decanus und seine Leute von uns?«

»Sein Ziel ist die Ergreifung der Macht der Monde und sein Weg führt ihn über Ungezeichnete wie ihr es seid. Er benutzt euch als seine Spielpuppen gegen uns.«

»Hat das was mit diesem Vorzeichen zu tun, das ich nicht mehr auf meinem Rücken habe?«

»Dein Körper hat es keineswegs sein Vorzeichen verloren. Ich verschleierte es vor den Blicken der Polizisten.«

»Dann ist dieses Tattoo immer noch auf seinem Rücken?«, fragte Aaron.

Ich erwiderte seinen Blick. »Natürlich.«

»Ist dieses verdammte Vorzeichen der Grund, warum Decanus und Henri hinter uns her sind?« Luke hatte seine Arme verschränkt und sich angespannt.

»Decanus und Seans Vorzeichnung sind verschiedene Umstände. Sean trägt das Vorzeichen nicht, da Decanus euch jagt und Decanus jagt euch nicht, da Sean das Vorzeichen trägt.«

»Was passiert mit mir?«, fragte Sean.

Mein Blick glitt zurück zu ihm. »Du hast eine Entscheidung zu treffen, Sean. Ich biete dir ein Leben als Gezeichneter und Krieger der Monde an meiner Seite. Es ist ein Leben für die Monde und für eine Menschenwelt, wie du sie kennst.«

»Aber es ist nur ein Angebot?«

»Es kann von dir ebenso abgelehnt werden, doch die Zeit deiner Entscheidung ist begrenzt. Das Vorzeichen auf deinem Rücken darf sich nicht in einen Dauerzustand verwandeln.«

Sean sah auf meine Hände. »Was ist mit deinen Tattoos?«

»Du trägst einzig ein Vorzeichen, erkenntlich an der grauen Farbe.« Ich hob meine rechte Hand und zeigte Sean das Zeichen, das ich an dieser Stelle trug. »Das Schwarz meiner Zeichen zeugt von Vollkommenheit.«

»Warum existiert ihr?«

Ich senkte meine Hand. »Hinter den Welten der Monde steht eine jahrtausendalte Geschichte. Einzig Gezeichneten der Monde ist ein vollkommener Zugang zu ihr erlaubt.«

»Ich habe ein Vorzeichen.«

»Dein Vorzeichen macht dich nicht zu einem Gezeichneten der Monde, Sean.«

Sean verschränkte seine Arme. »Wenn ich keinen vollkommenen Zugang habe, müsste ich zumindest einen teilweisen Zugang haben, oder nicht?«

»Vorgezeichneten ist insoweit Wissen erlaubt, um der Existenz unseres Daseins eine Akzeptanz gewähren zu können. Dieses Maß an Wissen gilt ebenso für diejenigen, die unter Decanus' Angriffen stehen.«

»Welches Wissen ist das?«

»Die Monde leben seit Anbeginn der Menschen-welt, doch Ungezeichnete begannen, sie zu verflu-chen und verloren ihren Glauben in die Existenz und die Macht der Monde. Dieses Fehlen des Glau-bens an sie trieb die Monde an ihre existenziellen Grenzen. Ehe sie dem Tode geweiht waren, wagten sie einen letzten Versuch des Überlebens. Sie ließen die Reste ihrer Mächte in die Erschaffung menschli-cher Ebenbilder, die sie Träger nannten, und in die Erschaffung Lunarums fließen. Die Träger waren mit Fähigkeiten und mit Macht geprägt und dazu bestimmt, den Glauben an die Monde zurück in die Ungezeichneten zu bringen. Gemeinsam mit ihren Gefolgsleuten, den Kriegern der Monde, schafften sie es nach wenigen Jahrzehnten, den Glauben in die Ungezeichneten zurück zu bringen. Die Monde erholten sich und gewannen an alter Macht zurück. Den Teil der Macht, den sie einst ihren Trägern und deren Gefolgsleuten geschenkt hatten, forderten sie zurück, doch die Träger weigerten sich, zu sehr waren sie ihrer Begierde nach Macht verfallen.«

Lukes wachsende Abneigung gegen meine Worte und mich schwappte vermehrt zu mir. »Das ist doch Schwachsinn.«

»Was ist mit Decanus?«, fragte Sean.

»Während dem ersten Jahrhundert Lunarums bil-deten sich Abtrünnige aus uns Kriegern der Monde, zu denen ebenso Decanus zählte«, antwortete ich. »Sie verachteten das Handeln der Träger ebenso wie das Handeln der Monde. Aus Gnade schufen die Träger gemeinsam mit den Monden eine Welt eigens für die Abtrünnigen. Statt die Zeichen von ihren Körpern zu entfernen und somit die Macht und ihr Leben von ihnen zu nehmen, wurden die Abtrünnigen in diese Welt verbannt. Doch sie missbrauchten den Umstand der Gnade, tauften diese Welt Inferna und ließen sie wachsen, sodass die Macht der Abtrünnigen zum Vorschein kam.«

»Mit anderen Worten, Decanus existiert nur, weil ihr zu blöd wart, ihn anständig zu behandeln?«, fragte Luke, der seine angespannte Haltung nicht einen Augenblick fallen ließ.

»Es war das Verschulden der Träger, nicht meines«, erwiderte ich.

»Wie ist es weiter gegangen?«, fragte Sean. In seinen Augen blitzte die blanke Neugierde um meine Worte.

»Seit dem Tod der Träger steht Lunarum unter meiner Führung, während Inferna mit all ihren Gefolgsleuten unter Decanus' Hand steht. Sein Ziel ist es, die vollkommene Macht der Monde zu erlangen und mit ihr die Herrschaft über beide Welten der Monde und über die Menschenwelt zu ergreifen.«

»Und das versucht er über Menschen wie uns?«

»Es ist sein Weg, den er seit Jahrtausenden verfolgt. Die Rückbringung des Glaubens als Ursprung unserer Existenz, verfolgen wir zu lange nicht mehr. Vielmehr steht es in unserer Aufgabe, einen Weg der Machtrückleitung zurück in die Monde zu finden, während wir ihr Überleben vor der Gier Infernas schützen.«

»Warum tötet ihr Decanus und seine Diener nicht? Ihr habt sie doch auch erschaffen«, fragte Luke.

»Durch die Macht Infernas, durch Decanus' Macht und durch die Machtverteilung auf ihre eigenen Gefolgsleute ist es den Monden nicht mehr möglich, weder die Abtrünnigen noch Inferna eigenständig zu vernichten.«

Sean zog seine Augenbrauen hoch. »Und ihr habt bis heute keinen Weg gefunden, eure verteilte Macht zurück an die Monde zu geben und so Decanus zu stürzen?«

»Ein Weg der Machtrückleitung an die Monde blieb uns bisher verborgen.«

»Warum zeigen euch die Monde nicht den Weg?«

»Es steht nicht in meinem Wissen, Sean.«

»Das klingt scheiße dumm und gefährlich«, sagte Luke.

Ich ließ meinen Blick zu ihm gleiten. Seine Augen hatten mich fixiert. »Ich erwarte kein Verständnis, Luke.«

»Keine Angst, das bekommst du auch nicht.«

»Hast du Beweise für deine Geschichte?«, fragte Sean.

»Meine Existenz ist Beweis genug.«

Luke zog seine Augenbrauen hoch. »Deine Existenz? Du bist nichts anderes als eine junge Frau, die irgendeinen beschissenen Trick kennt, um sämtliche Sicherheitssysteme in unserem Haus zu umgehen und unerkannt in unserem Wohnzimmer aufzutauchen.«

»Es sind meine Fähigkeiten, die die Monde an ihre Krieger vermachten.«

»Welche Monde meinst du überhaupt?«, fragte Sean.

»Ich spreche von Blutmond, Vollmond und Blaumond«, antwortete ich.

»Ist das nicht alles derselbe Mond?«

»Der Vollmond zeigt sich Ungezeichneten als Einziger der Monde, doch existieren ebenso seine beiden Gefährten.«

»Du hast von Jahrhunderten und Jahrtausenden gesprochen. Wie sieht es mit eurem Alter aus?«

»Gezeichnete sind älter als ihre Erscheinungsbilder es zu zeigen vermögen.«

»Du bist also nicht in unserem Alter?«

»Mit der Zeichnung zum Krieger der Monde verliert der Körper die Möglichkeiten der Alterung, des Schlafes und die Schöpfung von Kraft durch Nahrungsaufnahme.«

»Was soll der Scheiß bringen?«, fragte Luke.

»Diese Umstände verleihen eine uneingeschränkte Möglichkeit, zu jeder Zeit bereit zu sein, um für die Macht der Monde und ihren Weiterbestand einzustehen.«

Eine Kühle erfasste mich aber ebenso Seans Körper. Sie nahm mich beinahe mehr ein, als die Wärme es getan hatte.

Verwirrung spiegelte sich in Seans Augen. »Ach, eine Kühle haben deine Monde auch noch drauf?«

»Sie rufen dich zu sich, Sean.«

»Warum sollten sie?«

»Folgst du ihrem Ruf, wirst du den Grund dahinter verstehen.«

»Gibt es eine Möglichkeit, diesen Ruf vorher zu verstehen?«

»Ausgeschlossen«, verneinte ich. »Welche Entscheidung du zu treffen vermagst, Sean, einmal Vertrauen in mich zu finden, ist Zwang. Lunarum erlaubt es nicht, außerhalb ihrer Welt das Vorzeichen zu vervollständigen oder zu entfernen.«

»Warum darf das Vorzeichen kein Dauerzustand werden?«

»Dir fehlt es an Macht, das Vorzeichen zu tragen. Es vergiftet Jeden mit nicht zumindest einem vollkommenen, schwarzen Zeichen.«

»Kann er daran sterben?«, fragte Aaron.

Mein Blick glitt zu ihm. »Jede Art der Vergiftung trägt die Gefahr des Todes in sich, Aaron.«

Er verschränkte seine Arme. »Warum zwingt ihr Menschen wie Sean, so ein Vertrauen in euch zu stecken?«

»Sollte sich Sean entscheiden, einer meiner Krieger zu werden, wird er Antworten auf Fragen wie diese finden. Nicht jede von ihnen wird seinen Gefallen erlangen, doch sind es Antworten.«

»Wie und wann soll mich dieses Vorzeichen vergiften?«, fragte Sean.

Ich sah zurück zu ihm. »Die Monde überlegen sich für jeden Entscheidungsunwilligen eine eigenständige Vergiftung. Weder Zeitpunkt noch Symptome stehen in meinem Wissen. Meine Worte benötigen Zeit, die die Monde bereit sind, dir zu geben.«

»Wie viel Zeit?«

»Nicht mehr als sieben Tage.«

»Das ist nicht gerade sehr viel Zeit.«

»Es steht in meinem Wissen«, sagte ich, während ich einen Schritt zurücktrat. »Es ist nun ebenso an mir, euch Zeit zu geben.« Ich wechselte in die Krone des Apfelbaumes und verschleierte meine Gestalt.

Mardono wartete bereits auf mich. »Ich habe mir einen Einblick in die Akten verschafft. Mehr als das, was die beiden Detectives den Freunden gesagt haben und, was Sabriel über den Unfalltod seines Bruders erzählt hat, habe ich auch nicht gefunden. Henri war aber wohl tatsächlich verantwortlich. Decanus scheint sich damit eine gewisse Vorarbeit geleistet zu haben.«

»Das kann doch nicht wahr sein.« Luke öffnete die Terassentür, zog einen Lederbeutel aus einer seiner Hosentaschen und entnahm eine Zigarette, die er in seinen Mund schob und anzündete. »Wie zur Hölle kann sie auftauchen und verschwinden als wäre es das Einfachste der Welt? Genauso wie die Männer von der Bühne.«

»Luke, beruhig dich. Das bringt doch nichts«, sagte Sabriel.

»Sie steckt garantiert mit den Männern unter einer Decke.«

»Wie viel glaubst du ihr?«, fragte Aaron.

»Die Wärme und die Kühle von heute Nacht waren eben wieder da«, antwortete Sean. »Ich kann es nicht wirklich erklären aber es hat mir ein Gefühl gegeben, als würde ich sie schon seit Jahren kennen.«

Aaron schnaubte. »Ich habe mich umentschieden. Du bekommst doch Whisky zum Frühstück. Und ich auch.«

Luke ließ den Rauch aus seiner Lunge in den Garten. »Ich will gar nicht wissen, mit welchen beschissenen Tricks sie arbeitet.«

»Ich mag ihre Augen. Das Blau mit dem schwarzen Rand ist hübsch. Und ich glaube, ich spüre nicht Henri oder diesen Decanus, sondern sie«, sagte Sabriel.

Luke deutete in den Raum. »So einen Scheiß will ich hier gar nicht hören.«

VIER

Ich stand auf der anderen Straßenseite des Reihenhauses. Zwei größere Fahrzeuge befanden sich davor, bei denen zwei Männer standen. Sie waren kaum älter als die Freunde, trugen Turnschuhe, Jeans und Shirts. Unter ihrer Kleidung zeichneten sich die Konturen ihrer Muskeln ab und in ihren Ohren erkannte ich schwarze Knöpfe stecken. Zwei andere Männer standen vor der Tür des Reihenhauses. Sie waren älter als ihre Kollegen, trugen Oxforder, Jeans, Hemd und Jackett und hatten ebenso Knöpfe in ihren Ohren. Einer von ihnen klingelte und Luke öffnete die Tür.

»Mr Dearing. Sind Sie und Ihre Freunde soweit?«, fragte einer der älteren Kollegen. Er hatte schwarze Haare, die von grauen Strähnen durchzogen wurden, und einen schwarzgrauen Bart.

»Guten Morgen, Smith. Wir sind fertig.«

Smith nickte einmal und machte mit seinem Kollegen den Weg frei. Luke stellte sich vor die Tür und ließ seine Freunde aus dem Reihenhaus. In seiner Hand erkannte ich einen Schlüssel, den er nutzte, um die Eingangstür zuzusperren. Während Sean und Aaron auf den Wagen zusteuerten, in den ebenso die beiden jüngeren Sicherheitsmänner stiegen, gingen Luke und Sabriel zum anderen Fahrzeug. Ich wechselte zu ihnen in den Wagen. Er bot genügend Platz, um meinen Aufenthalt unentdeckt zu belassen und ihnen gegenüber zu sitzen.

»Ich bezweifle, dass Kenneth die Tournee verschieben wird, dafür bringen wir ihm zu viel Kohle«, sagte Luke, dessen penetranter Geruch nach Rauch in meine Nase drang.

Sabriel starrte aus dem Fenster und stützte seine Beine gegen den Sitz ihm gegenüber. »Das ist nicht die beste Idee.«

»Zumindest nicht solange niemand von denen gefasst ist.«

»Was nicht passieren wird.«

»Das kannst du nicht wissen.«

Sabriels Blick glitt zu Luke. Sorge lag in seinen Augen. »Was, wenn sich das von damals wiederholen wird?«

»Wird es nicht«, widersprach Luke.

»Um dich zu zitieren, das kannst du nicht wissen.«

»Aber ich kann versuchen, dafür zu sorgen.«

»Dann sorge dafür, dass ich mich nicht dauernd beobachtet fühle.«

Luke wurde stutzig. »Jetzt gerade auch?«

Sabriel deutete auf meine verschleierte Gestalt. »Da sitzt jemand. Wenn ich mich nicht komplett irre, müsste das die Frau von gestern sein.«

Luke sah zu mir, beugte sich vor und versuchte, nach mir zu greifen, doch ich wich aus. »Da ist niemand.«

Sabriel ließ seinen Blick aus dem Fenster gleiten. »Doch.«

Der Wagen kam zum Stehen und Luke und Sabriel stiegen aus. Ich folgte ihnen, indem ich aus dem Fahrzeug wechselte. Wir standen vor einem Gebäude, nicht weit vom Trubel der Stadt entfernt. Kameras machten jeden Winkel einsehbar, während eine Glastür den Eingang offenbarte. Die beiden älteren Sicherheitsmänner gingen vor den Freunden, während die Jüngeren sich hinter sie begaben. Gemeinsam betraten sie das Gebäude. Hinter dem Empfangstresen saß eine junge Frau mit blonden Haaren, die zu einer unordentlichen Frisur gebunden waren. Ihre schwarz lackierten Fingernägel schoben die Brille auf ihrer Nase zurück und strichen eine Strähne hinter ihr Ohr, während die Bluse unter ihrem schwarzen Blazer Falten warf. Sie hob ihren Blick und lächelte einen der beiden jüngeren Sicherheitsmänner an.

Smith blieb vor dem Tresen stehen und lehnte seine Arme auf das Holz. »Hast du die Vier schon angemeldet, Elize?«

Die Frau sah zu ihm und lächelte. »Ihr könnt direkt zu Ben. Er wartet in seinem Büro.«

Smith klopfte einmal auf das Holz, ehe er sich abdrückte und auf die Treppe zusteuerte. Seine Kollegen und die Freunde folgten ihm die Stufen in den ersten Stock hinauf. Glaswände entlang des langen

Flures boten Einblicke in jeden Raum. Sie zeigten Menschen, die vor Bildschirmen saßen, telefonierten und Papier bekritzelten. Am Ende des Flures blieben die Sicherheitsmänner und die Freunde stehen. Smith klopfte einmal an einer Glastür, hinter der ich Benjamin erkannte. Dieser öffnete die Tür, ließ die Freunde in den Raum und deutete auf einen Glastisch.

»Setzt euch doch«, sagte er, ehe sein Blick zu Smith und dessen Kollegen glitt. »Im Aufenthaltsraum stehen Tee und Kaffee für euch bereit.«

»Gib Bescheid, wenn ihr fertig seid«, sagte Smith.

»Mache ich.«

Ich ging mit in den Raum, ehe Benjamin die Tür schloss, und lehnte mich gegen einen Fenstersims gegenüber den Glaswänden. Die Sicherheitsmänner verschwanden, während sich die Freunde setzten. Luke und Sabriel zeigten mir ihre Rücken, Sean und Aaron hingegen sah ich von vorn.

Benjamin setzte sich an der Kopfseite des Tisches nahe der Tür. Eine Akte lag vor ihm. »Wie geht es euch?«

»Könnte besser sein«, antwortete Sabriel.

»Dachte ich mir, aber vielleicht lenkt euch die Tournee etwas ab.«

»Haben die Kameras gestern angeschlagen?«, fragte Sean.

Benjamin wurde stutzig. »Nein, warum fragst du?«

»Wir waren nicht allein.«

»Nicht allein?«

Luke lehnte sich in seinem Stuhl zurück und legte einen Arm über die Lehne, während seine andere mit einem Feuerzeug spielte. »Einer der Angreifer und dieser Henri waren gestern bei uns in der Wohnung. Und noch eine Frau, die meinte, sie könnte uns vor den Männern beschützen. Schwarze, schulterlange Haare mit Pony, blaue Augen mit schwarzem Rand, vielleicht fünfeinhalb Fuß groß und zierlich mit schwarzer Kapuzenjacke. Und sie hat dasselbe Tattoo, das Sean gestern auf seinem Rücken hatte, nur auf ihren Handrücken.«

»Warum habt ihr mir nicht gestern schon Bescheid gegeben?«, fragte Benjamin.

»Weil wir keine Beweise hatten und haben. Aaron hat versucht, ein Foto machen, aber es hat nicht funktioniert.«

Aaron kramte ein Mobiltelefon aus seiner Hosentasche hervor, tippte auf dem Bildschirm und zeigte es Benjamin. »Als hätte man Geister fotografieren wollen.«

Benjamin starrte auf das Bild, ehe er aufstand und zum Schreibtisch am anderen Ende des Raumes ging. Ohne sich zu setzen, tippte er energisch auf der Tastatur seines Computers. Sein Blick klebte am Bildschirm. »Habt ihr eine Uhrzeit für mich?«

»Kurz nachdem du mit den beiden Detectives wieder weg warst«, sagte Luke.

Benjamins Blick löste sich nicht von den Monitoren. »Weder kurz nachdem ich weg bin noch die Stunden danach gab es ungewöhnliche Bewegungen um das Haus.«

»Auch nicht von einer Frau?«, fragte Sabriel.

»Auch nicht von einer Frau.« Benjamin setzte sich zurück an den Tisch. »Das sind keine sonderlich guten Voraussetzungen für eure Tournee. Ich werde Kenneth davon berichten, aber er wird euch kaum eine Wahl lassen.«

Luke schnaubte. »Was zu erwarten war.«

Benjamin schlug die Akte auf dem Tisch vor sich auf und zog einige Blätter Papier aus ihr hervor. »Die Tournee wird wie geplant morgen starten, allerdings mit der Einschränkung, dass ihr euch in den Städten nicht bewegt dürft, um die Angriffsfläche so klein wie möglich zu halten. Die Termine bleiben soweit bestehen, auch wenn sich die Massenpanik und die Verletztenzahlen wie ein Feuer in die Medien eingebrannt haben. James hatte die Idee, die Einnahmen von vorgestern zu Gunsten der Verletzten zu spenden.«

»Das ist eine gute Idee«, sagte Sabriel.

Benjamin sah zu ihm. »Das denke ich auch. James organisiert gerade alles dafür. Mit der Tournee starten wir wie geplant mit Paris über Brüssel, Amsterdam nach Wien, München und Zürich mit jeweils einem bis zwei Tagen Pause dazwischen. Das Sicherheitspersonal habe ich für diese Konzerte schon aufstocken lassen. Um die anderen Termine werde ich mich heute weitestgehend kümmern.« Ein Lächeln legte sich auf seine Lippen. »Und wir haben noch einen weiteren Termin für euch eingeplant.«

Sean zog seine Augenbrauen hoch. »Warum?«

»Sasso Backs«, antwortete Benjamin. »Dieses Jahr

ist nach der üblichen, zweijährigen Pause wieder eines seiner Benefizkonzerte an der Reihe. Als eine der medial bekanntesten Sponsoren seid ihr für einen Auftritt eingeladen worden.«

Sabriels Augen weiteten sich und ein Lächeln legte sich auf seine Lippen. »Das ist großartig.«

»Das Benefizkonzert liegt sehr knapp zwischen euren Auftritten in München und Zürich. Backs' Wahl als Veranstaltungsort ist dank eurer Tournee auf Regensburg gefallen, damit es planbar für euren Kalender ist.«

»Jemand wie Backs passt sich an unseren Tourneeplan an?«, fragte Luke erstaunt.

»Tut er.«

»Welchen Zweck unterstützt er dieses Jahr?«, fragte Sean.

Benjamin nahm eines der Blätter und legte es vor ihn. »Er sammelt für die Forschung der Krebsbehandlung bei Kindern und Jugendlichen.«

Ein Lächeln legte sich auf Seans Lippen, während sein Blick das Stück Papier überflog. »Ein schöner Zweck.«

Mit verschleierter Gestalt saß ich zwischen den Ästen des Apfelbaumes und ließ meinen Blick nicht vom Reihenhaus, während sich die Freunde auf ihren Tourneestart in wenigen Stunden vorbereiteten.

Mardono wechselte an meine Seite. »Das ist ein ziemlich vollgepackter Tourneeplan. Alle zwei Tage in einer anderen Stadt zu übernachten wäre nichts für mich.«

Ich wusste, er hatte seine Kunst des Hörens genutzt und dem gestrigen Termin zugehört, ohne physisch anwesend gewesen sein zu müssen. Seine Ausprägung dieser Fähigkeit erlaubte es ihm, Worte weit über die Grenzen der Welten hinaus hören zu können, sofern er wusste, wo sich die Personen befanden, die sprachen.

»Sie wählten dieses Leben freiwillig«, erwiderte ich.

»Mir ist nicht wohl bei der Sache. Diese Öffentlichkeit und Sean als Vorgezeichneten noch dazu, riecht doch nach Ärger.«

Ich lehnte meinen Kopf gegen die Rinde und spürte nach Sean. Er befand sich in einem der Zimmer zur Straßenseite und war nicht allein.

»Schon eine Entscheidung getroffen?«, hörte ich Aarons Stimme.

Das Geraschel von Kleidung drang in meine Ohren. »Welche Entscheidung?«, fragte Sean.

»Wegen deinem Tattoo auf dem Rücken oder hast du das schon wieder vergessen?«

»Das ist doch alles Schwachsinn. Ihr habt doch selbst gesehen, dass es nicht mehr da ist.«

»Zieh dein Shirt aus.«

Seans Verwirrung schwappte zu mir. »Bitte, was?«

»Zieh dein Shirt aus«, wiederholte sich Aaron.

Ich hörte, wie Sean ihm Folge leistete.

»Es ist wieder da«, stellte Aaron fest.

»Es ist wieder da?«

»Dein Kleiderschrank hat einen Spiegel, sieh es dir an.«

»Scheiße …«

»Du solltest dir Gedanken machen, wegen der Entscheidung.«

»Nein«, widersprach Sean.

»Willst du an der Vergiftung sterben?«

»Aaron, ich …«

»Du hast selbst gesagt, dass du die Wärme und Kühle aus deinem Traum wieder gespürt hast, als sie bei uns war«, unterbrach ihn Aaron.

»Sie lügt.«

»Warum sollte sie?«

»Keine Ahnung, Aaron. Ich will gerade nicht darüber nachdenken.«

»Solltest du aber.«

»Will ich aber nicht.«

»Was sagt dir dein Bauchgefühl?«

»Mein Bauchgefühl?«

»Du bist grottig darin, Entscheidungen zu treffen, vielleicht hilft dir dein Bauchgefühl.«

Freude und eine Art von Zuneigung drangen zu mir vor und ließen mich lächeln.

»Ich glaube ihren Worten und diese Wärme und Kühle, die ich gespürt hatte, waren … schön«, sagte Sean.

»Das klingt doch nach einem Anfang«, erwiderte Aaron.

»Ich will dafür mein Leben aber nicht riskieren. Ich habe doch keine Ahnung, was mich mit ihr erwartet außer, dass ich bis in die Unendlichkeit leben könnte, ohne jemals wieder schlafen oder essen zu müssen.«

»Egal, wie du dich entscheidest, ich bleibe an deiner Seite bis einer von uns tot umfällt.«

»Das will ich doch hoffen.«

Ein Stechen zog durch meine Brust und nahm meiner Lunge für einen Moment die Luft zum Atmen, während sich Schweiß auf meine Haut legte. Ich atmete ein und spürte, wie das Stechen versiegte.

»Das war mies und verdammt früh. Er hat gerade mal vor zwei Tagen sein Vorzeichen erhalten«, murmelte Mardono.

Ich öffnete meine Augen und sah zu ihm. Schmerz lag in seinem Gesicht, hatte er das Stechen doch ebenso gespürt. Es war eine Warnung der Monde um Seans drohenden Zustand. »Die Vergiftung beginnt, sich einen Weg in seinen Körper zu suchen.«

»Ich freue mich auf die Tournee«, hörte ich Aarons Stimme. »Weißt du noch, als sich Ben letzten Winter mit einer Erkältung nach Dublin geschleppt hat? Wir hatten Angst, dass er uns kollabiert, dass ich ihn mit Tee versorgt habe und Luke mit Tabletten.«

»Im Gegensatz zur dir habe ich ein gutes Gedächtnis, also ja, ich kann mich noch daran erinnern«, erwiderte Sean.

»Wirst du ihm sagen, dass sich die Vergiftung bemerkbar macht?«, fragte mich Mardono.

Das Stechen zog ein weiteres Mal durch meine Brust und meine Sicht verschwamm für einige Sekunden. Ich atmete ein und wechselte zu Sean. Meine Gestalt ließ ich verschleiert. Ich stand zwischen einem Kleiderschrank und der Tür, während Sean und Aaron auf dem Bett am anderen Ende des

Raumes neben dem Fenster saßen. Ein Koffer lag halb gepackt auf dem Boden, ein weiterer stand geschlossen vor dem Kleiderschrank. Das Stechen versiegte und ich löste meine Verschleierung.

Sean zuckte. »Verdammt, wie kommst du hier rein?«

»Ich verdanke es meinen Fähigkeiten.«

»Warum bist du hier?«

»Ich benötige deine Entscheidung.«

Sean rieb sich die Stirn. »Fang du nicht auch noch an.«

»Deine Entscheidung bleibt ein Zwang, Sean.«

Ein Klopfen drang in meine Ohren und Sean ließ seinen Blick zur Tür neben mir gleiten. Sie öffnete sich einen Spalt, klein genug, um mich nicht zu erkennen.

»Dachte ich mir doch, dass ihr beide hier seid«, hörte ich Lukes Stimme. »Ben hat angerufen. Smith und seine Männer werden eine halbe Stunde früher bei uns sein, um uns zum Flughafen zu fahren.«

Sean nickte. »Danke für die Info.«

Die Tür schloss sich und ich hörte, wie Luke die Treppe hinabging. Meinen Blick hatte ich nicht von Sean gelöst.

»Lass mich mit deiner Entscheidung in Ruhe«, sagte dieser.

»Du lässt Zeit verstreichen, die nicht in deinem Besitz steht. Mit der Wärme und der Kühle, die du mit meinen Worten gespürt hattest, räumten dir die Monde ein Recht auf das Spüren ihrer Verbindung zu dir ein. Eben spürte ich ein Stechen in meinem Körper als Warnung für deine drohende Vergiftung.«

Sean zog seine Augenbrauen hoch. »Ach, kommt jetzt die Schiene, dass ich sterbe, wenn ich mich nicht entscheide?«

»Je länger deine Entscheidung an Zeit verbraucht, je mehr gewinnt die Vergiftung an Macht. Sie wird dich in den Tod treiben, bleibt deine Entscheidung verborgen.«

Sean vergrub sein Gesicht in seinen Händen, ehe er meinen Blick erwiderte. »Ich habe gerade anderes im Kopf als deine beschissene Entscheidung. Ich muss mich auf eine Tournee vorbereiten und das mit dir überhaupt noch irgendwie realisieren.«

»Doch befreit es dich nicht von dem Zwang, dich entscheiden zu müssen.«

»Du wiederholst dich.«

Ich verschleierte meine Gestalt, wechselte vor Mardono in den Apfelbaum und lehnte mich gegen seinen Körper, der so viel größer war als meiner, wie beinahe all meine Krieger.

Er legte seine Arme um mich und zog mich an sich. »Muss diese verdammte Warnung so heftig sein? Und so früh?«

»Jedes Vorzeichen stellt eine Gefahr für die Monde dar. Unentschlossenen bleibt stets die Möglichkeit, sich Decanus anzuschließen. Seine Methode zur Entfernung des Vorzeichens nimmt nicht derart viel Zeit in Anspruch wie die Vergiftung der Monde.«

»Ich weiß.«

»Deine Fragen sind demnach unbegründet.«

»Es wäre ein herber Verlust, würde er sterben oder sich gegen uns entscheiden. Oder für Decanus.«

Ich erwiderte seinen Blick. »Woher diese Worte?«

»Meine Kunst um den Wert eines Vorgezeichneten hat noch nie so stark angeschlagen. Die Verbindung hat sich über die wenigen Tage immer mehr verstärkt und eine Kühle hat sich hinzugemischt. Das kenne ich gar nicht. Deswegen ist dieses Stechen wahrscheinlich auch so früh und so heftig.«

Ich suchte Mardonos Finger an meiner Taille und verschränkte sie mit die meinen. Sachte strich ich über seine Haut. »Die Kühle spürte ich ebenso.«

Ein Klingeln drang in meine Ohren. Ich wechselte auf die Straßenseite. Mardono folgte mir. Dieselben Fahrzeuge, die die Freunde gestern zu Benjamin gebracht hatten, parkten vor dem Reihenhaus, mit ihnen dieselben vier Männer. Smith und der zweite, ältere Kollege standen vor dem Reihenhaus, während die beiden jüngeren Sicherheitsmänner bei den Fahrzeugen warteten.

Luke öffnete die Tür, runzelte seine Stirn und ließ seinen Blick zu den beiden jüngeren Sicherheitsmännern und den Fahrzeugen schweifen. »Ihr solltet erst in einer Stunde bei uns sein.«

»Euer Flug hat sich nach vorn verschoben«, erklärte Smith. »Über Paris soll in ein paar Stunden ein Gewitter aufziehen. Mr Cunningham möchte dort gelandet sein, bevor das Wetter eine Landung verhindert. Mit dem Flughafen ist bereits alles abgesprochen.«

»Wir brauchen noch ein paar Minuten.«

»Natürlich, Mr Dearing. Cooper und ich werden im Haus warten. Davies und Woods sichern draußen ab.«

»Klar.«

Luke ließ die beiden Männer in das Reihenhaus und schloss die Tür hinter sich. Es dauerte kaum mehr als eine halbe Stunde, ehe die Freunde das Haus verließen und ihre Koffer in die Fahrzeuge warfen. Luke und Sabriel stiegen in einen, Sean und Aaron in den anderen Wagen.

Mein Blick glitt zu Mardono. »Ich verbleibe bei Sean.«

»Dann hänge ich mich an Luke und Sabriel.«

Ich wechselte in den Wagen von Sean und Aaron. Regentropfen begannen, auf das Dach des Autos prasselten.

Aaron sah aus dem Fenster. »Scheint, als würde sich das mit dem Unwetter bestätigen. Ich hoffe, Sabriel hat seine Tabletten eingepackt.«

»Ich könnte diesmal vielleicht auch ein paar gebrauchen.«

»Du und Reisetabletten?«

»Mir liegt das alles mehr im Magen als mir lieb ist. Der Angriff und das alles mit Mera und Decanus. Sabriel hat Recht, in einer gewissen Weise ist diese Frau übernatürlich, aber genau das fasziniert mich an ihr. Ich möchte ihr vertrauen und irgendetwas in mir sagt auch, dass wir ihr vertrauen können.«

Aaron zog seine Augenbrauen hoch. »Aber?«

»Aber du hast Recht. Ich bin grottig darin, Entscheidungen zu treffen.«

»Ich will nicht, dass du dein Leben wegen deiner Entscheidungsneurose unnötigerweise aufs Spiel setzt.«

»Ich will das auch nicht.« Ein Lächeln legte sich auf Seans Lippen. »Ich möchte gern die Welt sehen, von der sie gesprochen hat.«

»Denkst du wirklich, dass diese Welt existiert?«

»Irgendwie.«

»Frag sie doch, ob du sie sehen kannst, bevor du dich entscheidest.«

»Irgendwas sagt mir, dass sie das nicht zulassen wird.«

Das Auto blieb stehen und Seans Blick glitt aus dem Fenster, ehe sich die Türen öffneten und er und Aaron ausstiegen. Ich wechselte aus dem Wagen, sah Mardono neben dem anderen Fahrzeug stehen und stellte mich zu ihm.

»Privateingang am Flughafen. Das ich das auf meine alten Tage nochmal erleben darf«, schmunzelte er.

FÜNF

Wenige Stunden später war Neverending Light in ihrem Hotel in Paris angekommen. Ich befand mich verschleiert in Seans Zimmer und ließ meinen Blick über das Inventar gleiten.

»Ganz schöner Luxus hier«, ließ Mardono uns in unseren Gedanken hören. Er befand sich bei Luke und nutzte die Kunst des Rufs, um mit Aatamia, Diyar und mir in Gedanken zu kommunizieren.

»Die Jungs sind immer noch eine international erfolgreiche Band«, sagte Aatamia, der bei Sabriel verblieb. »Was hast du erwartet, Mardono, eine Jugendherberge?«

Ein Lächeln legte sich auf meine Lippen.

»Das wäre doch eine Schlagzeile wert. Neverending Light übernachtet in einer Jugendherberge«, sagte Diyar. Er war ein weiterer meiner Krieger, dessen verschleierte und damit unsichtbare Gestalt sich in Aarons Zimmer verbarg.

Mein Blick fiel aus dem Fenster. Wolken hingen über Paris und entleerten ihren Regen auf die Straßen der Stadt. Ein Blitz erhellte den Raum für etliche

Sekunden und Donner folgte unmittelbar. Das Rauschen von Wasser drang in meine Ohren. Sean war nach seiner Ankunft im Hotel im Bad seines Zimmers verschwunden.

»Dann bräuchten wir wenigstens keine vier Leute, um auf sie aufzupassen«, warf Aatamia ein.

»Vielleicht kannst du noch ein Exklusivautogramm für dich und deine Frau rausholen, dann hätte sich der Aufwand zumindest gelohnt«, sagte Diyar.

»Mal sehen, was sich machen lässt.«

Das Rauschen des Wassers versiegte. Ich hörte, wie sich Sean ein Handtuch nahm, sich abtrocknete und anzog. Ein Stechen zog durch meinen Körper und nahm meiner Lunge für einen Moment die Luft zum Atmen.

»Ist das die Vergiftungswarnung, die ich gerade bei euch spüre?«, fragte Aatamia.

Seine Fähigkeiten waren von hoher Stärke, was es ihm erlaubte, unsere Gefühle und unsere körperlichen Zustände über weite Distanzen hinweg zu spüren.

»Ist es«, bestätigte Mardono. »Das ist so verdammt mies.«

»Scheiße«, hörte ich Sean fluchen.

Ich starrte auf die Badezimmertür. Sie war verschlossen und gewährte keine Sicht auf das, was sich dahinter verbarg.

»Ist bei Sean alles in Ordnung?«, fragte Mardono.

Ich wechselte in das Badezimmer und beließ meinen Körper dicht neben der Tür. Sean stand vor dem Waschbecken. Blut lief aus seiner Nase. »Er hat Nasenbluten«, ließ ich meine Krieger wissen.

»Das heißt, die Vergiftung zeigt ihre ersten Symptome. Das ist zu früh«, sagte Aatamia.

Seans Finger zitterten und versuchten, die Blutung mit einem Taschentuch zu stoppen. Ich löste meine Verschleierung und klopfte sachte gegen das Holz der Tür.

Sean zuckte. Seine Augen weiteten sich und starrten auf mich. »Willst du mich eigentlich verarschen? Folgst du mir jetzt überall hin? Sogar ins Bad?«

Ich sah auf das blutverschmierte Taschentuch in seinen Händen. »Es ist ein Symptom deiner Vergiftung.«

Sean zog seine Augenbrauen hoch. »Nasenbluten? Na, klar. Ich habe den Flug nicht gut vertragen. Das kommt nicht oft bei mir vor, aber manchmal lässt es sich nicht vermeiden.«

Ich deutete auf das Taschentuch. »Darf ich?«

Sean atmete ein und schloss für einen Moment seine Augen. »Vorher werde ich dich wahrscheinlich sowieso nicht los.«

Ich nahm eines der Handtücher, die auf der Ablage der Wascharmaturen lagen, und befeuchtete es mit kaltem Wasser. Das Taschentuch nahm ich aus Seans Fingern und legte es beiseite. Sachte drückte ich das Handtuch auf seine Nase.

»Nase zudrücken hilft«, hörte ich Mardonos Stimme in meinem Gedanken.

Ein Lächeln legte sich auf meine Lippen. »Es steht in meinem Wissen«, ließ ich ihn wissen.

»Übe Druck auf deine Nase aus«, sagte ich zu Sean.

Er nahm das Handtuch und beugte sich über

das Waschbecken. Mit einer Hand stützte er sich ab. »Hast du wieder eine Warnung gespürt, wie vorhin auch schon?«

»Habe ich.«

»Warum sollten dich die Monde vor meiner Vergiftung warnen, wenn sie es sind, die mich vergiften?«

»Es besteht die Gefahr deines Todes oder deines Verlustes an Decanus.«

Sean schnaubte. »Als ob ich mich dem Typen anschließen würde.«

Ein Zittern legte sich in seinen Körper und seine Finger krallten sich in den Waschbeckenrand, während er seine Augen schloss.

In der Ecke des Badezimmers sah ich eine Art Stuhl stehen, den ich nahm und hinter Sean schob. »Setz dich. Dein Kreislauf wird es dir danken.«

Er zog Luft in seine Lunge und folgte meinen Worten. Ich stellte mich neben ihn und lehnte mich gegen den Waschbeckenrand.

»Gibt es die Möglichkeit, deine Welt einmal zu sehen, bevor ich eine Entscheidung treffe?«, fragte er mich.

»Natürlich nicht.«

»Warum nicht?«

»Es besteht die Gefahr von zu viel Wissen über Lunarum.«

»Wenn ich mich gegen dich entscheiden sollte, sehe ich dieses Lunarum doch auch? Einmal muss ich dir folgen oder hat sich in der Zwischenzeit was daran geändert?«

»Vorgezeichnete, deren Entscheidung gegen das Dasein als Krieger der Monde fällt, bleibt eine Sicht in Lunarum verwehrt.«

»Sie bekommen eine Augenbinde?«

»Etwas in dieser Art.«

»Ich muss dir und deinen Worten und diesem Ruf in mir vertrauen, ohne die Chance zu bekommen, mich zu vergewissern, ob das, was du mir erzählt hast, kein Schwachsinn ist?«

»Exakt.«

Sean ließ seinen Blick von mir. »Klingt, als hättet ihr Angst davor, dass zu viele Leute von euch wissen. Was ganz schön ironisch ist, wenn man bedenkt, dass du uns überall nachzuschleichen scheinst, ohne dass wir es merken.«

»Wissen ließ die Monde an ihre Grenzen bringen, denn Ungezeichnete sind kaum fähig, die Macht der Monde zu akzeptieren. Ihre Begierde ist von zu hoher Stärke.«

»Wie bei Decanus«, warf Sean ein.

»Seine Begierde ist kontrollierbar, wenngleich sie ebenso Leben bedroht.«

Sean sah zu mir. Für einen Moment schien sein Herzschlag auszusetzen. »Leben bedroht? Heißt das, wir könnten unter seinen Angriffen sterben?«

»Seine bisherigen Angriffe waren nicht auf die Vernichtung von Leben ausgelegt.«

»Irgendwann ist immer das erste Mal.« Sean nahm das Handtuch von seinem Gesicht und warf einen Blick auf das Blut. »Das Nasenbluten hat aufgehört.« Er wischte sich das restliche Blut aus seinem Gesicht, legte das Handtuch beiseite und stand auf. »Ich würde jetzt gern schlafen. Wir haben einen straffen Zeitplan für morgen und ich will ausgeruht sein.«

»Natürlich.«

»Bevor du einfach wieder verschwindest, wie auch immer du das machst, beobachte mich ja nicht wie eine Irre beim Schlafen, falls du das zufällig vorhast.«

Ein Lächeln huschte über meine Lippen. »Ich gebe keinerlei Versprechen, Sean.« Ich verschleierte meine Gestalt.

»Das kann ja eine interessante Nacht werden«, murmelte Sean und verließ das Badezimmer.

Ich folgte ihm und setzte mich auf ein Sofa am anderen Ende des Zimmers.

»Wie eine Irre«, hörte ich Aatamias Stimme in meinen Gedanken. »Eine Irre bist du in der Tat.«

Er, Mardono und Diyar hatten ihre Fähigkeiten genutzt, um das Gespräch zwischen Sean und mir mitzuhören.

»Es steht in meinem Wissen, Aatamia«, stimmte ich ihm zu.

Ich stand in einer Arena unweit von der Bühne. Mardono befand sich an meiner Seite, während sich Aatamia und Diyar bei den Freunden aufhielten. Unsere Gestalten waren allesamt verschleiert. Niemand sah oder hörte uns.

»Das ist alles verdammt groß hier«, sagte Mardono.

»Auftritte dieser Größenordnung sind bei einer Band wie Neverending Light zu erwarten«, erwiderte ich.

»Du klingst schon wie Aatamia.«

Ungezeichnete suchten sich ihre Wege um die Instrumente auf der Bühne. Lichteffekte erschienen an einer Wand hinter ihnen und zeigten einen Schriftzug mit dem Namen der Band, darunter die Worte infinitum lumen. Feuer schien auf den Buchstaben zu brennen.

»Beeindruckende Technik«, sagte Mardono fasziniert.

»Benjamin kommt gleich auf die Bühne«, ließ uns Aatamia über die Kunst des Rufs in unseren Gedanken hören.

Sekunden später trat Benjamin auf die Bühne. »Wie weit seid ihr? Wenn wir den Soundcheck nicht bald durchführen, müssen wir den Einlass nach hinten verschieben und das will ich vermeiden«, fragte er einen der Menschen auf der Bühne.

»Wir sind gerade fertig geworden«, antwortete ein Mann.

»Perfekt«, sagte Benjamin, ehe er wieder hinter der Bühne verschwand.

»Jetzt weiß ich wieder, warum ich nie Gesangsunterricht genommen habe. Das Aufwärmen klingt furchtbar und sieht bescheuert aus«, ließ uns Diyar in Gedanken hören.

»Ein Glück, dass du nicht singen musst«, erwiderte Mardono.

»Aber sowas von«, stimmte Diyar zu. »Die Freunde sind jetzt auch auf dem Weg zur Bühne.«

»Ich würde dir gern mal beim Singen zuhören. Das kann nicht schlimmer sein als deine Versuche meiner Kleinen zur erklären, wie man Schnürsenkel bindet«, schmunzelte Aatamia.

Neverending Light betrat die Bühne. Sean blieb am Rand stehen und ließ seinen Blick über die Instrumente gleiten.

Aaron stellte sich neben ihn und legte seine Hand an dessen Rücken. »Atmen nicht vergessen, Sean.«

Aatamia und Diyar wechselten neben uns.

»Lampenfieber?«, fragte Mardono sie.

»Sean hat meditiert, während Sabriel wie eine Hupfdohle durch den Backstagebereich gesprungen ist und Luke an den Rand seiner Nerven gebracht hat, weil er einfach alles angerempelt und umgestoßen hat«, erwiderte Diyar, dessen blaue Augen nicht von der Bühne ließen, während Strähnen seiner braunen Haare in sein Gesicht fielen.

Mein Blick glitt zu Sabriel, der sich eine Gitarre umschnallte und einige Saiten zupfte. Seine Finger zitterten und Schweiß glänzte an seiner Stirn. Währenddessen setzte sich Sean hinter das Schlagzeug und nahm die Sticks in seine Hände. Sein Lampenfieber schwappte zu mir.

»Technisch ist alles eingestellt«, hallte eine Stimme durch die Arena.

Mardono zuckte. »Darauf war ich nicht gefasst.«

»Das wird gleich noch lauter. Ganz zu schweigen von heute Abend, wenn hier tausende Menschen grölen werden«, sagte Aatamia.

»Meine Ohren leiden jetzt schon.«

»Habt ihre eure Sequenzen und Lieder für den Soundcheck im Kopf?«, hörte ich Benjamin, der am Bühnenrand stand.

»Haben wir«, antwortete Luke.

Ich erkannte ihn hinter einem undefinierbaren Instrument stehen.

»Das ist ein Synthesizer«, sagte Aatamia, der meine Verwirrung erkannt hatte.

Ich zog meine Augenbrauen hoch und sah zu ihm.

»Du hast keine Ahnung, was das ist, oder?«, schmunzelte er.

»Nicht im Geringsten.«

»Es erzeugt Musik auf elektronischem Weg. Du wirst es gleich hören.«

Die Vier spielten einzelne Sequenzen mit ihren Instrumenten und folgten den Anweisungen eines Mannes in meinem Rücken, ehe sie ein Lied gemeinsam spielten. Das Vibrieren, das ihre Musik erzeugte, drang zu mir vor, ließ mich lächeln und die Härchen meiner Haut aufstellen.

»Sag nicht, dir gefällt Alternative Rock?«, fragte Mardono erstaunt. »Dir ist schon klar, dass das absolut nicht zu deiner Vorliebe für Klassik und Romantik passt?«

Für einen Atemzug schloss ich meine Augen.

»Denk nicht, du kannst irgendwas vor mir verbergen. Das hat noch nie funktioniert.«

»Würdet ihr beiden mehr in der Menschenwelt leben, hättest du deine Liebe zu diesem Genre früher entdeckt«, sagte Aatamia.

Ich öffnete meine Augen, als die Freude der Vier zu mir schwappte, die ihr Lampenfieber verdrängte.

»Wollt ihr euren Opener noch singen?«, fragte Benjamin. Er stand nicht mehr auf der Bühne, sondern einige Meter von uns entfernt im Besucherraum.

»Müssen wir. Es ist dein Lieblingslied«, sagte Aaron durch, ehe er sein Bass ablegte und sich eine Violine nahm.

Sean zählte und gab einen Rhythmus mit der Basstrommel vor. Aaron stieg mit der Violine ein. Ich glaubte, eine Bekanntheit in dem Lied zu erkennen.

»War das nicht dein letztes Hochzeitslied, Aatamia?«, fragte Mardono.

»War es, ja. Dieses Lied in der Version mit der Violine«, bestätigte Aatamia. »Es ist auch das Lied, bei dem meine jetzige Frau und ich uns zum ersten Mal geküsst haben.«

»Wie romantisch«, murmelte Diyar nüchtern.

Minuten später beendeten die Freunde ihr Spiel.

»Das war es zum Soundcheck. Danke, Jungs«, sagte Benjamin.

Die Freunde legten ihre Instrumente ab und verließen die Bühne.

»Wollen wir tauschen, damit ihr euch auch ein Bild vom Backstagebereich machen könnt?«, fragte Aatamia.

Ich erwiderte seinen Blick. »Wollen wir«, sagte ich und wechselte Mardono und mich auf die Bühne.

Die Freunde waren hinter einer Ecke verschwunden. Ich folgte ihnen und sah ein Flur, der sich vor uns erstreckte. Menschen suchten sich ihre Wege und ließen

Hektik und Stress zu mir vordringen. Die Stimmen der Freunde hörte ich unweit von mir. Meine Schritte brachten mich zu ihnen.

»Wie geht es euch?«, hörte ich Benjamin. »Sabriel hast du immer noch das Gefühl, beobachtet zu werden?«

Ich blieb vor einer Tür stehen. Ein Schild, das an ihr hing, zeigte den Bandnamen.

»Habe ich.«

»Wir sollten ihm sagen, dass nur wir es sind. Er ahnt es doch sowieso schon«, sagte Mardono.

»Er erkannte mich hinter dem Gefühl, als ich mich ihnen vorgestellt hatte«, bestätigte ich und wechselte in das Innere des Raumes.

Sabriel ging auf und ab, ehe er innehielt und zu uns sah.

»Wir haben fast das Doppelte an Sicherheitspersonal für euch bereitgestellt«, sagte Benjamin. Er stand neben der Tür und lehnte sich gegen die Wand. »Was ist mit dir Sean? Hast du das Tattoo nochmal gesehen?«

»Ich habe es gestern im Spiegel gesehen, und Aaron auch.«

Benjamin hob sich in Stück von der Wand. »Wirklich?«

Sean zog seine Lederjacke aus, wandte seinen Rücken zu Ben und zog sein Oberteil hoch.

»Schon wieder, Sean?«, murmelte Mardono.

Ehe Benjamin einen Blick auf das Vorzeichen werfen konnte, verbarg ich es ein zweites Mal für seine Augen.

»Da ist immer noch nichts, Sean«, sagte Benjamin.

»Das kann nicht sein«, murmelte Aaron. Er drückte sich von dem Tisch ab, gegen den er sich gelehnt hatte, und inspizierte Seans Rücken, während seine Verwirrung und seine Wut zu mir schwappten.

»Ich habe einen Therapeuten in meinem Bekanntenkreis. Ich weiß, es klingt, als wäre man komplett neben der Spur, wenn man sich auf so ein Sofa setzt, aber vielleicht könnte es euch helfen. Der Angriff auf der Bühne und das, was in eurem Haus angeblich passiert ist, haben euch ziemlich aus der Bahn geworfen. Denkt einfach darüber nach. Es muss nicht gleich morgen oder übermorgen sein.« Er wandte sich Richtung Tür. »Ich lasse euch noch die übliche Zeit allein, bevor ich euch für den Auftritt abhole.« Er verließ den Raum.

Mein Blick glitt zu Sabriel. »Wir sollten ihnen diese Ruhe ebenso geben. Unsere Worte um Sabriels Dasein als sensibler Ungezeichneter wird ihrem Lampenfieber kaum zugutekommen.«

Mardono verschränkte seine Arme. »Wohl ist mir dabei trotzdem nicht.«

SECHS

Mardono und ich hatten in verschleierter Gestalt die Freunde zurück zu ihrem Hotel begleitet und standen nun im Flur zu ihren Zimmern. Die vier Sicherheitsmänner aus London befanden sich ebenso bei ihnen.

»Ich will noch bei Luke bleiben«, sagte Sabriel. Sein Blick lag auf einem der Sicherheitsmänner, dessen Gesicht ein Schnauzer zierte.

»Natürlich, Mr Candevish«, antwortete dieser. Seine Stimme war gezeichnet von den Zigaretten, die er seit Jahren zu rauchen schien. »Vergessen Sie nicht, dass Ihr Flug in weniger als zwölf Stunden starten wird.«

»Ich weiß.«

»Komm mit. Ich habe noch Bier für dich.« Luke hatte die Tür zu seinem Zimmer bereits geöffnet. Sein Blick glitt zu Sean und Aaron. »Wollt ihr auch? Ich kann euch beiden auch Whisky bieten.«

»Da sage ich nicht nein«, sagte Sean.

»Wenn wir schon nicht in einer Bar was Trinken können, nehme ich das Glas Whisky zu gern«, stimmte Aaron zu.

Sean, Sabriel und Aaron folgten Luke in dessen Hotelzimmer, ebenso wie Mardono und ich, während die Sicherheitsmänner auf dem Flur verblieben.

Sabriel setzte sich und sah aus dem Fenster. »Paris ist echt schön. Zumindest, was ich aus dem Hotel gesehen habe.«

Aaron ließ sich neben ihn nieder. »Vielleicht haben wir irgendwann die Möglichkeit, hier Urlaub zu machen.«

»Paris? Wirklich?«, schnaubte Sean. Er stellte sich vor das Fenster und verschränkte seine Arme.

»Was hast du gegen Paris?«, fragte Sabriel.

»Nichts, ich bin nur kein Fan von der Stadt.«

»Was wäre deine Alternative?«, fragte Luke, während er vor einem Kühlschrank mit einer Glastür stand.

»Spitzbergen«, antwortete Sean.

Luke nahm zwei Flaschen Bier aus dem Kühlschrank, stellte sie auf einen Tisch und öffnete sie. »Vielleicht kann ich meinen Bruder dazu überreden, eine Pause von seiner Forschung zu machen und uns eine Tour durch Spitzbergen zu geben.«

»Studiert Mason nicht in Oslo?«, fragte Aaron.

Luke schnappte sich eine Whiskyflasche, die neben zahlreichen weiteren Flaschen auf dem Tisch stand. »Er promoviert mittlerweile, aber ja, seine Uni liegt in Oslo.«

»Dir ist klar, dass Spitzenbergen locker tausend Meilen von Oslo entfernt ist?«

Luke kippte zwei Finger breit Whisky in zwei kleine Gläser. »Und dir ist hoffentlich klar, dass mein Bruder seinen Doktor in Biologie macht und dafür seit einigen Monaten an einer Forschungsstation in Spitzbergen arbeitet?« Luke nahm die beiden Gläser und gab sie Aaron und Sean. »In Spitzbergen forschen zu wollen, war sein Hauptgrund, überhaupt nach Oslo zu gehen.«

Sean beäugte das Glas. »Da fehlen die Whisky-steine.«

»Sehe ich aus, als hätte ich Whiskysteine?« Luke ging zurück zum Tisch, nahm die Bierflaschen und gab eine davon Sabriel, ehe er die Balkontür öffnete.

»Danke«, sagte Sabriel.

Aus dem Lederbeutel, den Luke aus einer seiner hinteren Hosentasche zog, nahm er sich eine Ziga-rette, steckte sie sich in den Mund und zündete sie an.

Ich sah, wie sich Henris und Adalars Gestalten in der Nähe der Zimmertür bildeten. Adalars Aus-sehen bestach mit einer Ähnlichkeit zu Decanus. Sie trugen das gleiche Schwarz in ihren Haaren, zeigten einander ähnelnde Konturen im Gesicht und zierten beide ihre Körper mit Mänteln. Einzig waren Adalars Hände nicht unter dem Leder von Handschuhen versteckt. Ebenso wie Henri zeigte er seine Narben sichtbar für jeden.

»Das kann doch nicht wahr sein«, sagte Mardono neben mir.

»Nur, weil es ein bisschen kalt werden könnte«, murmelte Sean und nippte an seinem Whisky.

»Spitzbergen ist eine wahrlich schöne Gegend«, sagte Henri.

Sean verschluckte sich beinahe und wandte sich um.

»Henri«, zischte Luke.

Henri lachte und ging einen Schritt auf ihn zu. »Schön, dass du mich wieder erkannt hast, Luke. Ich fühle mich geehrt.«

Sabriel stellte seine Flasche auf den Boden und stand auf. »Was willst du?«

»Wie kommt ihr hier rein?«, zischte Luke, der seine Zigarette zwischen seinen Fingern zerdrückte, ohne seinen Blick von Henri und Adalar zu lassen.

»Weißt du, Luke, als Diener besitze ich nicht annähernd so viele Fähigkeiten wie Mera oder einer ihrer Krieger, aber auch wir können kommen und gehen, wann und wohin wir wollen«, erwiderte Henri.

Ich löste meine Verschleierung und Mardono folgte mir.

»Es ist ganz schön früh, dass Decanus euch für die Drecksarbeit schickt«, stellte Mardono fest.

Henri ließ seinen Blick zu uns gleiten. »Mardono. Lange nicht mehr gesehen. Und da ist auch die liebe Mera.«

»Ich habe dich nicht vermisst«, erwiderte Mardono.

»Das habe ich auch nicht erwartet.«

»Warum euer Erscheinen?«, fragte ich.

Henri grinste, wandte sich zu Sabriel und ging auf ihn zu. Ich wechselte mich vor ihn und schnitt ihm seinen Weg ab, ehe er einen der Freunde erreichen konnte. Kaum einige Zentimeter verblieben zwischen ihm und mir.

»Ich brauche keinen Beschützer«, sagte Sabriel.

»Denkst du, dass du so unseren Plan aufhalten kannst?«, fragte mich Henri.

Ich hörte, wie Adalar einen Gegenstand aus seinen Taschen zog, nutzte meine Fähigkeiten als Führung Lunarums, griff den Gegenstand über meine Gedanken und zog ihn aus Adalars Griff. Eine Klinge, die mit Leichtigkeit Fleisch und Knochen durchtrennen konnte, schwebte über seiner offenen Handfläche.

»Was habe ich auch erwartet, dass du dieses kleine Messer einfach fliegen lässt«, schnaubte Adalar.

»Das ist ein Militärmesser aus dem Zweiten Weltkrieg. Was willst du damit?«, fragte Mardono.

Ein Grinsen zog sich über Adalars Lippen. »Deine klassische Waffenausbildung scheinst du auch nach meiner Abtrünnigkeit fortgeführt zu haben. Ich bin stolz auf dich, mein Schüler.«

»Klassische Waffenausbildung?«, hakte Sean nach.

»Schwerter, Dolche, Lanzen, Speere. All ihre Vor- und Nachteile im Kampf, all die Täuschungen und Manipulationen, die man mit diesen Waffen vollführen kann, habe ich Mardono in wenigen Jahren gelehrt. Egal, welche Waffe aus den guten, alten Zeiten man ihm gibt, er kann seinen Gegner mit Jeder in nur einem Hieb töten.«

»Auch dich, Adalar«, erwiderte Mardono.

»Warum lasst ihr uns nicht einfach unsere Arbeit machen, Mera?«, fragte Henri.

Er hob seine Hand und wollte sie an meine Wange legen, doch ich packte seinen Arm und grub meine Finger in seine Kleidung. »Nenne mir einen Grund, warum wir sollten.«

Henri ballte seine Hand. »Decanus darf dich anfassen, aber ich nicht, obwohl wir so lange Seite an Seite gekämpft haben.«

»Es waren nicht einmal vollkommene achtzig Jahre, Henri. Keine Zeitspanne von Bedeutung.«

»Nicht, wenn man seit fast Zweitausend auf der Welt ist, wohl war.« Henri zog seinen Arm aus meiner Berührung und wich einen Schritt zurück. »Adalar, ich denke, es ist Zeit zu gehen. Meras und Mardonos Wissen um unsere Anwesenheit hat unseren Spaß doch etwas verpuffen lassen.«

»Nein.« Adalar griff das Messer, das noch über seiner Handfläche schwebte. »Unser Besuch ist noch nicht vollendet.«

Decanus' Gestalt bildete sich neben ihnen. »Euer Vorhaben ist gescheitert?«

»Nein, doch sie haben deine Anwesenheit verdient, Decanus«, erwiderte Adalar

Ein Lächeln legte sich auf Decanus' Lippen. Sein Blick blieb an mir und Henri hängen. »Meine kleine Maus. Wie ich sehe, scheinst du ein nettes Pläuschchen mit Henri zu haben.«

Henri stellte sich neben Decanus und Adalar. »Sie hat mich nicht einmal über ihre Wange streichen lassen.«

»Wenig verwunderlich, ist sie doch von meinen Berührungen verwöhnt, Henri.« Decanus ließ seinen Blick über die Freunde gleiten. »Lucas. Ich sehe, du versuchst, ein Schutzschild zu sein. Wie ehrenwert.«

»Was willst du, verdammt?«, zischte Luke.

»Ein stattlicher Mann ist aus der kleinen,

verwöhnten Rotznase geworden, die du als Kind und Jugendlicher warst.«

Ich spürte, wie Lukes Herz einen Schlag auszusetzen schien.

Decanus lachte. »Dachtest du, ich habe mich nur mit Sabriels Vergangenheit beschäftigt? Wie will ich vernünftig mit euch spielen, wenn ich nicht weiß, wer ihr seid?«

Luke ballte seine Hände. »Warum zur Hölle sollten ausgerechnet wir deine perfekten Spielpuppen sein?«

»Was soll ich nur mit dir machen, Lucas?«

Decanus wollte an mir vorbei zu Sabriel, doch ich schnitt ihm den Weg ab. Er blieb stehen, sah in meine Augen und lächelte. »Natürlich stellst du dich vor sie, meine kleine Maus. Etwas anders hätte ich wohl nicht erwarten sollen.«

»Wir brauchen keine verdammten Beschützer«, sagte Luke.

Decanus ließ seinen Blick zu ihm gleiten. »Wie naiv euer Schützling doch ist.«

Luke stellte sich neben mich. »Bist du diesmal wenigstens selbst hier oder warst du wieder zu feige?«

»Probiere es aus, Lucas.«

Lukes Hand schnellte nach vorn, doch ich war schneller und griff seinen Arm, ehe er Decanus fasste.

»Meine kleine Maus verdirbt uns unseren Spaß, Lucas. Wie schade.« Decanus packte die Kleidung an Lukes Brust und schleuderte ihn durch den Raum.

Er besaß die Gabe der Gegenstandsbewegung, die ihm erlaubte, jeden erdenklichen Gegenstand nach seinen Wünschen zu bewegen. Er war seiner Gabe derart fähig, dass er Menschen einzig anhand der Gegenstände an ihren Körpern bewegen konnte.

Ich nutzte eine meiner Fähigkeiten, spürte nach Lukes Blut, griff es und brachte ihn damit zum Stehen, als das Klirren von Glas in meine Ohren drang. Mardonos Unmut über mein Handeln schwappte zu mir. Ich musste ihn nicht sehen, um über seinen Widerwillen um diese eine Fähigkeit, die ich an Luke angewandt hatte, zu wissen.

»Was zur Hölle?«, fluchte Luke, als der Geruch von Blut in meine Nase stieg. »Verdammt!«

»Eure Anwesenheit genügt«, erwiderte ich.

»Wirf mich und meine beiden Diener aus Lucas' Hotelzimmer und zeig den Freunden, dass du fähig bist, uns verschwinden zu lassen«, forderte Decanus mich auf.

Ich legte einen Wechsel um ihn, Adalar und Henri und verbrachte ihre Körper auf die Burg Infernas.

»Ich hole was von unserer grünen Paste«, sagte Mardono und wechselte in den Wald Lunarums.

»Er hat verdammt nochmal Recht?« Lukes Wut schwappte zu mir. »Du kannst ihn einfach so verschwinden lassen?«

Sabriel stellte sich neben ihn und versuchte, dessen Hand zu greifen. »Luke. Du blutest.«

»Warum hast du das nicht vorher gemacht? Auf der Bühne zum Beispiel oder in unserem Wohnzimmer?«, fragte Sean.

»Decanus ist ein Stück weit fähig, sich gegen meine Fähigkeiten zu wehren. Er ließ mich sie wechseln, denn er wollte gewechselt werden«, antwortete ich.

Mardono kehrte zurück, hatte ein Schälchen in seiner Hand und ging zu Luke. »Darf ich?«

Luke wich einen Schritt zurück. »Wer zur Hölle bist du überhaupt?«

»Mein Name ist Mardono. Ich bin einer von Meras Kriegern und seit etlichen Jahrhunderten an ihrer Seite. Ich kann dir helfen.«

»Von euch gibt es also mehr?«, schnaubte Luke. »Wie viele seid ihr?«

»Genügend«, sagte ich.

Mardono hob das Schälchen. »Darf ich jetzt?«

»Ich kann mir schon allein helfen.«

»Verdammt.« Sabriel nahm Lukes Arm und versuchte, die Wunde abzudrücken. Seine Finger zitterten und Blut klebte an ihnen. »Sean, kannst du aus dem Bad ein Handtuch holen?«

»Klar«, sagte Sean und wandte sich ab.

»Das blutet ganz schön und da stecken Splitter von der Vase drin. Du musst zum Arzt, Luke.«

»Ich lasse einen über die Rezeption rufen«, sagte Aaron.

»Aaron, warte«, sagte Mardono. »Rufst du jetzt einen Arzt, wird Luke ins Krankenhaus gebracht, wo man die Wunde von den Splittern säubern und anschließend vernähen wird.«

»Das ist Sinn der Sache«, schnaubte Luke.

Sean kehrte mit einem Handtuch in der Hand zurück und gab es Sabriel. »Hier.«

Sabriel strauchelte das Handtuch zu greifen, ehe er es sicher zwischen seinen Fingern hielt und auf die Wunde drückte.

Mardonos Blick glitt zu Luke. »Du wirst deinen Flug nach Brüssel schaffen und vielleicht kannst du auch auftreten, aber damit bringst du deinen Körper an Grenzen, die du nicht schon zu Beginn eurer Tournee ausreizen solltest. Ich habe hier eine Paste, die deine Wunde sofort verschließt, ohne dass du eine Narbe sehen wirst. Das erspart dir nicht nur den Krankenhausstress, sondern sichert auch eure Auftritte und deinen körperlichen Zustand.«

»Eine Wunderpaste? Denkst du wirklich, dass ich dir die Scheiße glaube? Am Ende vergiftest du mich damit noch. Ach warte, musst du gar nicht, weil du mich mit jedem beliebigen Messer abstechen kannst!«

»Luke«, murmelte Sabriel. »Muss das sein?«

Ich nahm eine der Vasenscherben, stellte mich vor Luke und legte sie in seine Hand, bedacht darauf, ihn nicht zu verletzen. Ich zog den Ärmel meiner Kapuzenjacke hoch und streckte ihm meinen nackten Arm entgegen. »Ich gebe dir die Möglichkeit, dich vom Gegenteil zu überzeugen.«

»Mera, das muss nicht sein«, sagte Mardono.

Ich spürte seinen Widerwillen zu mir dringen, doch ich ließ meinen Blick nicht von Luke ab.

»Luke, er hat Recht. Das muss nicht sein«, sagte Sabriel.

Luke starrte in meine Augen. »Woher will ich wissen, dass es bei dir nicht anders funktioniert als bei mir oder, dass du nicht irgendeinen beschissenen Trick anwendest?«

»Denkst du, dass eine Zeichnung der Monde auf unseren Körpern uns zu Außerirdischen macht, die nichts mehr mit Ungezeichneten wie euch zu tun haben?«, fragte Mardono.

»Gut möglich«, presste Luke hervor, ohne seinen Blick von mir zu lassen.

»Welchen Nutzen sollten wir davon haben?«

»Keine Ahnung?«

»Wenn du keinen Grund hast, die deine Annahme untermauert, warum denkst du dann, dass sie stimmt?«

»Was soll die scheiß Fragerei?«

»Ich will dir helfen, Luke.«

»Oder du tust einfach nur so und steckst in Wahrheit mit Decanus unter einer Decke.«

»Ich kann mir das gerade nicht mehr anhören.« Sabriel krempelte den Ärmel seines Oberteils hoch, nahm die Scherbe und schnitt sich durch den Unterarm und die Handfläche. »Verdammt, das war zu viel …«

»Sabriel …« Lukes Augen weiteten sich. »Was soll das?«

Sabriel wandte sich zu Mardono und streckte ihm seinen Arm und seine Hand entgegen. »Ich glaube dir.«

»Das habe ich auch noch nicht erlebt.« Mardono gab mir das Schälchen und nahm etwas Paste auf seine Finger auf. »Der einzige Nachteil der Paste ist, dass sie bei offenen Wunden brennt, bevor sie kühlt.« Er trug die Paste auf Sabriels Haut auf, die sich in die Wunden zog und sie verschloss. Keine Narbe blieb zurück.

Sabriel wandte sich zu Luke und zeigte ihm Arm und Hand. »Beweis genug?«

Luke starrte auf den Arm. »So viel zum Thema, ihr wärt nicht übernatürlich.«

»Wir sind es nicht. Wir nutzen einzig die Macht der Monde, die seit Jahrtausenden existiert«, sagte ich.

»Ja, klar.«

»Darf ich jetzt oder willst du immer noch lieber ins Krankenhaus und damit eure Tournee riskieren?«, fragte Mardono.

Luke ließ seinen Blick nicht von Sabriels Arm, ohne ein Wort zu sagen.

»Soll ich mich nochmal verletzten?«, fragte Sabriel provokant.

Für einen Moment schloss Luke seine Augen und wandte sich zu Mardono. »Wenn du meinst.«

Mardono nahm das Handtuch von Lukes Arm und legte dessen Hand in die seine. »Sabriel hat Recht, es sind etliche Splitter drin. Es ist zwar unschön, aber kein Problem.«

»Mach einfach, bevor ich es mir nochmal anders überlege«, murmelte Luke.

Mardono nahm Paste auf und verstrich sie. »Das wird auch bei dir gleich brennen.«

Luke ballte seine Hände, während sich Paste unter seine Haut zog und seine Wunde verschloss. Ebenso verblieb auf seinem Arm keine Narbe zurück.

»Danke«, sagte Sabriel.

»Es gibt nichts, wofür du dich zu bedanken hast«, erwiderte ich.

»Was war das mit Luke? Warum ist er durch das halbe Zimmer geflogen?«, fragte Sean, der mit Aaron unweit von mir entfernt stand und sich gegen den Fenstersims lehnte.

»Es war Decanus' Fähigkeit seiner Gabe der Gegenstandsbewegung. Sie erlaubt ihm, Gegenstände an den Körpern von Lebewesen und damit ebenso die Lebewesen selbst zu bewegen.«

»Und was hat Luke gestoppt?«

»Es war eine meiner Fähigkeiten.«

»Welche?«, hakte Sean nach.

Ich erwiderte seinen Blick. »Es ist Zeit, euren Körpern Erholung zu geben.«

»Das ist nicht die Antwort auf meine Frage.«

»So viel Zeit ist nicht mehr zum Ausruhen«, warf Aaron ein. »Der Flug nach Brüssel geht in nicht mal mehr zehn Stunden. Smith und seine Männer werden uns in weniger als acht abholen und ich muss meine Koffer noch packen.«

»Ich gehe erst, wenn ich eine Antwort auf meine Frage bekommen habe«, sagte Sean.

»Du hast noch kein Recht, mehr darüber zu erfahren«, antwortete Mardono an meiner Stelle.

Sean sah zu ihm. »Warum nicht?«

»Du bist kein Gezeichneter der Monde und schon gar kein Krieger.«

Luke schnaubte. »Und dann wundert ihr euch, dass wir euch nicht vertrauen?«

»Wissen deine Freunde jedes Geheimnis von dir?«

Luke starrte in Mardonos Augen, doch eine Antwort gab er nicht.

»Nicht anders handeln wir.«

SIEBEN

Gemeinsam mit den vier Sicherheitsmännern begleitete Benjamin die Freunde vom Soundcheck zurück in den Backstagebereich in Brüssel. Mardono und ich folgten ihnen in verschleierter Gestalt.

»Ihr habt jetzt noch etwa zwei Stunden für euch«, sagte Benjamin mit einem Blick auf die Uhr. »Zehn Minuten vorher komme ich vorbei und gebe euch Bescheid, bevor ich euch zu den letzten Vorbereitungen und eurem Auftritt abhole.«

Sabriel erwiderte seinen Blick. »Danke.«

Sie erreichten den Raum, gingen hinein und ließen Benjamin die Tür hinter ihnen schließen.

Sabriel blieb in der Mitte des Raumes stehen und wandte sich zu uns. »Warum verfolgt ihr uns dauernd?«

Luke stellte sich neben ihn, verschränkte seine Arme und starrte ebenso auf uns. »Mit wem redest du?«

»Mit Mera. Sie und Mardono sind bei uns. Ich spüre sie«, antwortete Sabriel.

»Woher weißt du das?« Seans Blick lag auf Sabriel.

»Ich weiß es, seit sich Mera bei uns vorgestellt hat. Erst dachte ich, dass ich Decanus oder Henri gespürt habe, aber als die beiden aus unserem Wohnzimmer verschwunden waren, ist das, was ich spüre, geblieben. Als sich Mera dann gezeigt hat, wusste ich warum. Bei Mardono habe ich es Paris kapiert, als er bei ihr war.«

Mardono löste seine Verschleierung. »Du hast Recht.«

»Ich weiß.«

»Wir wollten dir den Grund früher sagen, aber es hat sich kein ein passender Zeitpunkt ergeben.«

Ich ließ meine Verschleierung ebenso fallen. »Du bist ein sensibler Ungezeichneter der Monde, Sabriel. Sie offenbaren sich dir, denn sie schenken dir ihr Vertrauen. Sie wussten, dein Glaube behält Bestand und dein Wissen um sie stellt eine Stärkung ihrer Macht dar, doch niemals eine Gefahr.«

Sabriel erwiderte meinen Blick. »Als Kind hatte ich einen Traum von drei Lichtern in Weiß, Rot und Blau. Sie haben sich mir als die Männer der Monde vorstellt.«

»Sie erscheinen oft im Traum, weil es der einfachste Weg ist, einen Zugang zu Ungezeichneten zu bekommen, ohne sie zu verschrecken«, erklärte Mardono. »Als Gegenzug für deinen Glauben erlauben dir die Monde, uns Krieger zu spüren.«

Ein Stechen schoss durch meine Brust und ein Druck folgte. Für einen Moment atmete ich nicht.

Mein Blick glitt zu Sean. Er stand in Lukes und Sabriels Rücken und war wie erstarrt. Schweiß lag auf meiner Stirn, als die Welt um mich zu verschwimmen begann.

»Mera?« Sabriel ging einen Schritt auf mich zu. »Alles in Ordnung?«

Das Stechen verstärkte sich. Tränen stiegen in meine Augen und ein Zittern legte sich in meinen Körper, während Sean seine Augen verdrehte und das Bewusstsein verlor.

»Nicht auf den Boden knallen«, sagte Aatamia, der in Seans Rücken gewechselt war.

Diyar befand sich bei ihm. Sie fingen Sean ab, legten ihn auf den Boden und knieten sich neben ihn.

Aatamia tastete ihn vom Kopf abwärts ab. »Er ist eiskalt. Als hätte ihn mein Eis erwischt.«

»Sean …?« Aaron kniete sich neben ihn und legte seine Hand an dessen Schulter.

Ein Kribbeln zog sich durch meine Hände und Füße, während die Worte der Menschen um mich immer dumpfer wurden, als würde sich Watte auf meine Ohren legen.

»Wer zur Hölle seid ihr?«, fragte Luke.

»Sie gehören zu Mera und Mardono«, sagte Sabriel.

Aatamia sah zu mir und traf meinen Blick. »Scheiße. Diyar, kümmere dich um Sean. Ich hole ein paar Kräuter.« Für kaum mehr als einen Augenblick verschwand er.

Diyar sah erstaunt zu ihm. »Das ging aber schnell.«

Ira wechselte Sekunden später ebenso zu uns. Sie war der einzige, weibliche Krieger an meiner Seite. Ihre aschblonden, taillenlangen Haare und ihre liebliche Figur täuschten über ihren direkten Charakter hinweg.

»Rouven hört uns zu.« Aatamia kniete sich zurück neben Sean. »Diyar wir tauschen Plätze. Hier, die Kräuter für Mera und Mardono. Ira wird dir helfen.«

Diyar stand auf und ging zu Mardono, während er die Kräuter in seinen Händen betrachtete.

Ira stellte sich vor mich. »Wie schlimm sieht es aus?«

»So, wie die beiden auf die Vergiftungsschmerzen reagieren, würde ich sagen, dass Sean vielleicht noch ein paar Minuten hat«, antwortete Aatamia.

»Das ist zu früh und zu heftig.«

Diyar gab ihr einige der Kräuter. »Hier.«

Das Pochen meines Herzens legte sich in meine Ohren. Ich wollte atmen, doch ich schaffte es kaum, Luft in meine Lunge zu lassen, als mich eine Wärme erfasste. Es war die Wärme meines Mondes. Sie nahm mir einen Teil des Stechens und des Drucks in meinem Körper und brachte mich zurück in das Hier und Jetzt.

Aatamias Blick glitt zu mir. »Das kann nicht sein.«

»Warum mischt sich der Blutmond ein?« Ira war in der Kunst des Spürens ebenso ausgeprägt ausgebildet wie Aatamia und erkannte Gefühle und körperliche Zustände anderer Krieger ohne Bemühungen und über weite Distanzen hinweg.

»Als würde er wollen, dass Sean ein Krieger wird. Komme, was wolle«, murmelte Aatamia.

»Wer will Sean?«, fragte Luke.

»Das hat er noch nie gemacht, geschweige denn das Vollmond und Blaumond das zugelassen hätten. Das Handeln um Vorgezeichnete entscheiden sie immer zu dritt«, sagte Ira.

»Sie werden auch zu dritt handeln. Der Blutmond hat zu Mera und Mardono nur den leichtesten Zugang«, warf Aatamia ein.

Seans Körper lag bewusstlos auf dem Boden und Schweiß glänzte an seiner Haut. Ich hörte nach seinem Herzschlag, doch er war zu sachte. »Die Monde geben Sean keine Kraft zurück«, schlussfolgerte ich.

»Unser Mond gibt nur uns die Kraft, Sean nach Lunarum zu wechseln, um ihn zeichnen zu können, bevor sie ihn mit der Vergiftung sterben lassen«, stellte Mardono neben mir fest. »Du hast Recht, Aatamia. Sie wollen ihn.«

Aatamias Blick hatte nicht von mir gelassen. »Ihr beide wechselt in diesem Zustand niemanden mehr, auch nicht euch selbst. Diyar, Ira und ich nehmen Wechselblüten und bringen euch und Sean nach Lunarum. Das ist für alle sicherer.«

»Rouven hat die Blüten schon«, sagte Diyar und wechselte nach Lunarum.

»Verdammt nochmal, kann uns einer erklären, wer ist seid und was hier los ist?«, brüllte Luke.

Für einen Moment herrschte absolute Stille.

Ira wandte sich Luke zu. »Mein Name ist Ira. Mera und Mardono kennt ihr schon. Der Mann bei Sean und Aaron mit den braunen Haaren und den grauen Augen ist Aatamia und der mit den braunen Haaren und den blauen Augen, der gerade verschwunden ist, ist Diyar.«

»Sean stirbt«, sagte ich. »Die Vergiftung seines Vorzeichens ist derart weit fortgeschritten, dass einzig eine Vervollständigung dessen sein Leben rettet.«

Aaron sah zu mir. »Stirbt Sean, weil er keine Entscheidung getroffen hat?«

»Er ließ Zeit verstreichen, die er nicht hatte.«

»Ist ja nicht so, dass ihr ihm so wahnsinnig viel Zeit gelassen habt«, schnaubte Aaron.

Diyar kehrte zurück. »Rouven ist mir auf der Lichtung mit drei Wechselblüten entgegengekommen.« Er gab Aatamia eine der Blüten, die die Form eines Sichelmondes hatte. »Seiner Gabe sei Dank, weiß er wenigsten, wo er sie ernten muss.«

Aarons Sorge, die mit Wut und Verzweiflung gemischt war, schwappte zu mir. »Ihr könnt Sean nicht mitnehmen.«

Aatamia legte seine Hand an dessen Schulter. »Du willst nicht, dass er stirbt, oder?«

»Was ist das bitte für eine beschissene Frage?«

»Dann bleibt keine andere Möglichkeit, als das, was Mera gesagt hat. Wir nehmen ihn mit und sie vervollständigt sein Vorzeichen.«

»Ihr entscheidet also über seinen Kopf hinweg?«

»Weil es seine einzige Rettung ist.«

»Woher wollt ihr das wissen?«

»Die Vervollständigung eines Vorzeichens verleiht dem Körper einen Teil der Macht der Monde.

Diese Macht wird Seans Leben retten, denn sie gibt ihm die Kraft, die er mit der Vergiftung verloren hat. Löse ich jedoch das Vorzeichen von seinem Rücken fehlt Seans Körper diese Kraft«, erklärte ich.

Aaron erwiderte meinen Blick. »Was, wenn die Vergiftung von selbst wieder abklingt?«

»Dann ist er tot«, sagte Ira. »Wir sollten nach Lunarum, bevor wir noch mehr Zeit verschwenden und es zu spät ist.« Sie schob sich die Blüte in den Mund, die Diyar ihr gegeben hatte, und legte ihren Arm um meine Taille.

Ich spürte ihren Wechsel an meinem Körper, ehe mich ein Stechen einnahm. Das Rauschen von Wind in Bäumen drang in meine Ohren und Kälte zog durch meine Kleidung.

»Mera?«, drang Iras Stimme zu mir vor.

Die Wärme zog sich ein weiteres Mal durch meinen Körper und ließ meine Schmerzen ein Stück versiegen. Ich zog Luft in meine Lunge und hustete, während sich Hände an meinen Körper und meine Wange legten. Ich sah Iras grüne Augen vor mir, griff ihre Hand an meiner Wange und verschränkte unsere Finger. »Ich bin bei dir.«

»Verdammt!«, hörte ich Aatamias Stimme. Er lag auf dem Boden des Daches und keuchte, neben ihm Sean. Blut und Dreck klebten an seiner Haut und seiner Kleidung.

Diyar landete mit Mardono unweit von uns. »Scheiße, tut das weh«, fluchte er.

Ein Stechen schoss durch meinen Körper, ein Keuchen drang aus meiner Lunge und Schwärze stieg vor meine Augen. Die Wärme in mir war nicht versiegt, doch gegen die Warnung um die Vergiftung kam sie nicht vollkommen an.

»Wir müssen sie in den ersten Zeichnungsraum bringen«, keuchte Aatamia.

»Ich helfe dir«, sagte Diyar.

»Ich schaffe das schon, kümmere dich lieber um Mardono«

Rouven wechselte zu uns. »Lass mich dir helfen.«

Aatamia nickte. »Von mir aus.«

Rouven mochte eine ebenso schlaksige Figur wie Aaron haben, doch seine jahrhundertelange Lehre unter mir, hatte ihm eine Kraft verliehen, die es ihm mit Leichtigkeit erlaubte, Seans Körper hochzuheben.

Ira legte ihren Arm um mich und zog mich auf meine Beine, während ich mich in ihrer Kleidung festkrallte. »Du kriegst das hin, Mera, auch wenn es beschissen für dich wird. Du hast das damals bei Rouven und Diyar auch hingekriegt«

Sie schleppte mich durch einen der Eingänge in die Burg hinein und half mir die Treppe in den zweiten Stock hinab, von wo aus sie mich in einen der zahlreichen Räume brachte. Nicht einer von diesen Räumen, den Fluren oder Treppen der Burg hatte ein Fenster. Das einzige Licht, das sie erhellte, stammte von den Fackeln, die in regelmäßigen Abständen an den Wänden hingen. Sie brannten mit den beinahe niemals versiegenden Feuern der Monde, die in deren Farben loderten. Trotz der scheinbaren Trostlosigkeit, die diesen Umstand mit sich zu bringen schien, gab es einzig wenige Ort in der Burg, die dieser Trotzlosigkeit tatsächlich unterlagen.

»Lass mich Sean nehmen, Aatamia. Ich sehe vielleicht nicht danach aus, aber bis zum ersten Zeichnungsraum kann ich ihn tragen. Es ist nicht mehr weit«, hörte ich Rouvens Stimme in meinem Rücken.

»Rouven hat Recht. Komm zu mir«, stimmte Diyar zu.

»Nicht weit, Rouven? Wir sind noch nicht mal im zweiten Zeichnungsraum.« Aatamia keuchte, als seine Schwäche zur mir schwappte. »Scheiße …«

»Verdammt, gib mir Sean einfach«, sagte Rouven.

Ira blieb stehen. »Jungs, verdammt. Wir haben keine Zeit für solche Streitereien!«

Ich wagte es, einen Blick über meine Schulter zu werfen. Rouven legte Seans Körper auf den Boden, nahm Arm und Bein einer Seite und zog ihn schier mühelos auf seinen Rücken, während sich Aatamia von Diyar und Mardono stützen ließ. Ira setzte sich wieder in Bewegung und stieß eine der zahlreichen Holztüren in dieser Burg auf. Sie schleppte mich zu einer Weiteren, ehe sie mich eine zweite Treppe hinab zog.

»Rechts«, sagte ich, als ich die Holztür zum zweiten Zeichnungsraum vor uns erkannte.

»Manchmal habe ich das Gefühl, du vergisst, dass ich länger in dieser Welt lebe als du«, erwiderte Ira.

Ich lächelte schwach, während ich ihr eine weitere Treppe hinab in das Erdgeschoss folgte und den langen Flur vor mir sah. Die Treppe an dessen anderem Ende brachte uns zurück in den ersten Stock und ohne weitere Umwege ebenso in den ersten Zeichnungsraum.

»Verdammt«, fluchte Ira, als sie eine der Stufen der vierten und letzten Treppe hinaufstolperte und sich ihre linke Hand an den rauen Steinen der Wand neben ihr aufschürfte.

Sie hatte sich und mich abgefangen, ehe sie mit mir auf die Steinstufen geprallt wäre. Das Blut an ihrer Haut wischte sie an ihrer Hose ab, bevor sie die letzte Holztür aufstieß und mich in den ersten Zeichnungsraum zog. In dessen Mitte blieb sie mit mir stehen. Nicht mehr als die Fackeln mit den Feuern der Monde, hingen an den Wänden. Sie erhellten den leeren Raum, in dem sich nicht ein weiterer Gegenstand befand.

Rouven ging an uns vorbei und legte Sean vorsichtig auf den Boden. Aatamia kniete sich neben sie, setzte Sean auf und zog dessen Oberteil mit zitternden Händen vom Körper, während Diyar und Mardono ihm halfen.

Ira brachte mich zu ihnen und half mir, mich vor Sean zu knien. Ich legte meine Hände an seine Wangen und meinen Kopf gegen seine Stirn. Sein Körper war überzogen mit einer Kälte, die mich frieren ließ und sein zu sachter Atem traf meine Haut. Ich schloss meine Augen. Aatamia lehnte Seans Körper gegen mich, nahm meine Hände von dessen Wange und legte sie an den Rücken. Ich wusste, er ließ meine Daumen die Ränder des Vorzeichens berühren. Als ich keine weiteren Berührungen an mir oder Sean spürte, nutzte ich die Kunst des Mondleuchtens, um all meine Zeichen in einem sachten Rot zu erleuchten.

»Wir sind bei dir, Mera. Du bist nicht allein«, hörte ich Aatamias besorgte Stimme kaum einen Meter neben mir.

Ich sah es nicht, doch ich wusste, dass das Rot meines Mondleuchtens den Raum tränkte. Die Wärme in meinem Körper verstärkte sich. Das Mondleuchten gab ihr genügend Kraft, um das Stechen in mir zu verdrängen. Ich spürte, wie das Leuchten auf Sean übersprang und den Linien seines Vorzeichens folgte. Die Macht des ersten Zeichnungsraums ließ dem roten Mondleuchten, ein weißes und ein blaues Leuchten nachziehen. Meine Zeichen erstrahlten in einem letzten, roten Mondleuchten. Sean hingegen trug die Farben aller Monde. Es war eine kurze Prozedur, die Sean zu einem Krieger der Monde machte.

Ich zog die Kraft, die mir seine Zeichnung zurückgab, unter meine Haut. Mein Körper zitterte, meine Lunge rang nach Luft und mein Mondleuchten erlosch. Ich ließ meine Finger von Seans Körper, wich zurück und spürte die Nässe der blanken Steinwand in meinem Rücken. Meine Beine zog ich an meinen Körper. Ich legte meinen Kopf auf meine Knie und hörte, wie Aatamia und Diyar Sean auf den Boden zurücklegten.

»Verdammt, Mardono du hast doch selbst keine Kraft«, sagte Rouven.

»Mera«, flüsterte Mardono.

Ich spürte seine Hände an meinem Körper. Seine Finger zitterten. Er wollte mich ein Stück von der Wand wegziehen, doch ich ließ ihn nicht. »Nicht ich«, flüsterte ich.

Mein Blick glitt zu Aatamia, Diyar und Ira. Gemeinsam mit Rouven knieten sie neben Sean.

»Ich will dir meine Wärme nicht geben. Diyar hat Recht, ich habe keine Kraft. Ich will einfach nur bei dir sein.«

Ein Lächeln huschte über meine Lippen, das Mardono erwiderte. Er setzte sich in meinen Rücken, schlang seine Arme um mich und vergrub sein Gesicht in meiner Halskuhle. Ich lehnte meinen Kopf gegen seine Schulter, griff nach seinen Fingern und verschränkte sie mit den meinen. Meine Beine streckte ich von mir, als Seans Stöhnen in meine Ohren drang.

»Du hast es geschafft«, flüsterte Mardono.

»Nicht, ohne die Hilfe meiner Krieger.«

Sean fuhr sich durch sein Gesicht. »Wo zur Hölle bin ich?«

Ich hob mich aus Mardonos Armen, ging zu Sean und beugte mich zu ihm hinab. »Du bist in Lunarum.«

Sean zog seine Hände von seinem Gesicht und sah in meine Augen. »In Lunarum?«

Ich streckte ihm meine Hand entgegen. Er zögerte einen Moment, ehe er sich von mir aufhelfen ließ.

»Hier.« Ohne selbst aufzustehen, streckte Aatamia ihm dessen Oberteil entgegen.

Sean wandte sich um und starrte auf den Stoff, ehe er das Shirt nahm und es sich wortlos über-streifte.

»Ich bringe dich zurück zu deinen Freunden. Sie werden sich Sorgen um dich machen.« Ich ging an ihm vorbei durch die noch offene Holztür, wohinter sich die Treppe in das Erdgeschoss befand. Ehe ich den Stufen folgte, hielt ich inne und wandte mich um. Sean hatte sich nicht einen Millimeter bewegt. »Du solltest mir folgen. Aus den Tiefen der Burg ist es uns nicht erlaubt, diese Welt der Monde zu verlassen.«

Seans Blick glitt über Mardono, Aatamia, Diyar, Ira und Rouven, die noch auf dem Boden saßen.

Mardono hob sich auf, stellte sich neben Sean und legte eine Hand an dessen Arm. »Komm mit. Wir bringen dich zurück.«

Sean blieb wie versteinert, während er zurück zu mir sah. »Was habt ihr mit mir gemacht?«

»Ich vervollständigte dein Vorzeichen, um dein Leben zu retten«, antwortete ich.

Wut, doch ebenso Verzweiflung schwappten von Sean zu mir. »Du hast mich zu einem von euch gemacht?«

»Ich rettete dein Leben. Die Vergiftung ließ dich sterben.«

»Was bildest du dir ein?«

»Sean …«, sagte Mardono.

»Es hätte meine Entscheidung sein sollen, nicht deine«, unterbrach Sean ihn.

»Doch kostete dich dein Zögern beinahe dein Leben.«

Sean ballte seine Hände. »Du hast Recht. Ich sollte zurück zu meinen Freunden, bevor ich meine Beherrschung noch verliere.«

»Folge mir.« Ich wandte mich ab und folgte den Weg, den wir gekommen waren, zurück auf das Dach der Burg Lunarums, wo die ersten Sonnenstrahlen der Morgendämmerung meine Haut streiften.

Ich wandte mich zu Sean und streckte ihm ein weiteres Mal meine Hand entgegen. Er starrte auf meine Finger, ohne sie zu nehmen. Ich ließ meine Hand sinken und wechselte unsere Körper zurück in den Backstagebereich in Brüssel. Mardono begleitete uns.

»Du lebst«, hörte ich Aarons erleichterte Stimme in meinem Rücken. Er stürmte an mir vorbei und zog Sean in eine Umarmung. »Ich dachte schon, wir hätten dich verloren.«

Sean vergrub sein Gesicht in Aarons Halskuhle und krallte sich in dessen Kleidung. »Sie haben das Zeichen auf meinem Rücken vervollständigt. Ich bin jetzt einer von ihnen.«

Aaron sah in dessen Gesicht, ehe sein Blick zu mir glitt. »Ihr habt das tatsächlich gemacht? Ihr habt das wirklich durchgezogen und über seinen Kopf hinweg entschieden?«

»Ich rettete sein Leben vor dem Tod«, rechtfertigte ich mein Handeln.

Lukes Wut schwappte zu mir. »Wer denkst du eigentlich, wer du bist?«, fragte er mich, während er einige, energische Schritte auf mich zu ging.

»Du stellst mein ganzes Leben auf den Kopf.« Seans eigene Wut und seine Unsicherheit über das Geschehene waren nicht zu überhören.

»Ich lebe das gleiche Leben«, erwiderte ich.

»Woher willst du wissen, dass ich ohne deine verdammte Bevormundung wirklich gestorben wäre?«

»Du bist nicht der Erste, dessen Kraft nicht mehr für die Entfernung eines Vorzeichens genügte.«

»Ja, klar«, murmelte Sean. »Wie werde ich das Zeichen wieder los?«

»Jedes Handeln, um das Zeichen der Monde zu entfernen, endet im Tod.«

Luke ging einen weiteren Schritt auf mich zu und zeigte auf mich. »Was, wenn das jemand bei dir machen würde? Wenn jemand über deinen Kopf hinweg für dich solche Entscheidungen treffen würde?«

Sabriel stellte sich neben Luke und legte seine Hand an dessen Brust. »Das bringt nichts.«

»Woher willst du das wissen?«, zischte Luke, ohne seinen Blick von mir zu lassen.

»Weil sie für uns verdammt nochmal übernatürlich ist. Sie kann Dinge, von denen die Menschheit dachte, dass sie nie funktionieren würden. Du hast keine Ahnung, was sie kann, von dem wir nicht mal einen blassen Schimmer haben.«

»Das gibt ihr keinen beschissenen Freifahrtschein, mit uns machen zu können, was sie will.«

»Nein, das tut es nicht, Luke, in dem Punkt hast du Recht. Aber woher willst du wissen, dass sie diesen Freifahrtschein tatsächlich gegen uns nutzt? Woher willst du wissen, dass sie ihre Übernatürlichkeit gegen uns ausspielt und nicht doch vielleicht für uns?«

Lukes wutentbrannter Blick schnellte zu ihm. »Was soll das werden, Sabriel? Schlägst du dich jetzt auf ihre Seite?«

»Sie hat zumindest eine Chance verdient, zu zeigen, wer sie ist und was sie vorhat.«

»Also schlägst du dich auf ihre Seite«, schnaubte Luke, ehe er sich die Haare raufte und einige Schritte zurückwich.

»Danke für dein Vertrauen in mich, das du anscheinend auf dem Weg nach Brüssel verloren«, entgegnete Sabriel.

»Ich vertraue dir, Sabriel, und das weißt du. Ich vertraue ihr nur nicht.«

Ein Klopfen drang in meine Ohren und Mardono und ich verschleierten unsere Gestalten. Sekunden später öffnete Benjamin die Tür und steckte seinen Kopf in den Raum.

»Ihr habt noch zehn Minuten, bevor ich euch für den Auftritt abhole.« Benjamin hielt inne, als sein Blick an Sean hängenblieb. »Was hast du mit deinen Augen gemacht?«

»Nichts, warum?«, erwiderte Sean.

»Weil du einen schwarzen Rand um deine Iris hast?«

»Kontaktlinsen«, sprang Sabriel ein.

Benjamin sah zu ihm. »Kontaktlinsen, einfach so, weil …?«

»… es mal was Neues ist.«

»… es mal was Neues ist«, wiederholte Benjamin wenig überzeugt Sabriels Worte, während er zurück zu Sean sah. »Ohne mich zu fragen, ob es überhaupt in euer Bühnenkonzept passt? Sowas habt ihr vorher mit mir abzusprechen.«

»Das nächste Mal werde ich dran denken«, sagte Sean.

»Das will ich hoffen und bitte nimm die Kontaktlinsen für den Auftritt raus.« Benjamin wollte die Tür schließen.

»Das geht nicht«, widersprach Sabriel.

Sean sah fragend zu ihm und runzelte seine Stirn. Sabriel fing dessen Blick und nickte unauffällig in meine Richtung.

Benjamin sah zurück zu ihm. »Weil?«

»Weil … ich nicht möchte«, stammelte Sean.

»Deswegen kannst du dich auch so gut daran erinnern, überhaupt was mit deinen Augen gemacht zu haben. Das klingt nach einer schlechten Ausrede, Sean, nicht nach einer Begründung.«

»Ist es aber nicht.«

Benjamin atmete ein. »Gut, dann lass sie meinetwegen drin. Ich will von dir aber eine bessere Begründung für ein Statement vorgelegt bekommen, sollte es öffentliche Nachfragen geben.«

»Bekommst du.«

»Ich komme in zehn Minuten und hole euch ab. Vergesst nicht, euch noch umzuziehen.« Benjamin schloss die Tür.

Sean stellte sich vor einen Spiegel und inspizierte seine Augen. »Wo kommt dieser Rand her?«

»Mera und Mardono haben das auch«, sagte Sabriel.

Ich löste meine Verschleierung.

Sean sah zu mir. »Du hast auch einen schwarzen Rand. Das ist mir noch nie aufgefallen.«

»Es ist ein Relikt«, erwiderte ich.

»Wie werde ich es los?«

»Wirst du nicht.«

»Nicht nur ein Zeichen auf dem Rücken, sondern auch noch komische Augen.« Sean sah zu Sabriel. »Danke für deine schnelle Reaktion.«

Sabriel verschränkte seine Arme. »Kontaktlinsen, weil du mal was Neues ausprobieren wolltest, ist nicht wirklich die beste Begründung. Da muss ich Ben leider Recht geben.«

»Aber es ist besser als nichts.«

ACHT

Gemeinsam mit Sean stand ich auf dem Dach der Burg Lunarums. Seine Faszination über diese Welt, doch ebenso seine Abneigung und sein Unmut schwappten unaufhörlich zu mir. Er befand sich bei mir, während Luke, Sabriel und Aaron die Nacht in der Menschenwelt nutzten, um sich von ihrem Auftritt in Brüssel zu erholen und zu schlafen.

»Das ist also Lunarum?«, fragte Sean mich. »Und hier ist rein zufällig Tag und nicht Nacht wie in Brüssel?«

»Du befindest dich auf dem Dach der Burg Lunarums«, antwortete ich. »Die Monde passten die Tageszeiten dieser Welt den Zeiten des Nullmeridians an, damit ihre Krieger die Nacht der Menschenwelt für ihre Lehre in Lunarum bei Tageslicht nutzen können.«

»Warum ausgerechnet der Nullmeridian?«

»Alle Krieger der Monde stammen in ihren geographischen Wurzeln aus den Ländern Europas.«

»Ah ja.« Er sah über die Mauern hinweg. »Und hier gibt es also eine Burg. Mit einem Wald drumherum?«

»Dem Wald Lunarums«, bestätigte ich.

»Ich war noch nie auf einer Burg, aber ich habe mir das eindrucksvoller vorgestellt und nicht einfach nur rechteckig mit drei gleichen Türmen an einem Ende.«

»Die Burg Lunarums täuscht durch ihre Einfachheit. Einzig die Türme der Monde zeigen eine Art der Imposanz.«

»Die Türme der Monde?«

»Jeder Mond trägt seinen eigenen Turm, erkenntlich an der Farbe des jeweiligen Dachs.«

Seans Blick glitt in meinen Rücken, dort, wo sich die Türme der Monde befanden. »Was unterscheidet die drei Monde?«

»In der Menschenwelt ranken sich Mythen um sie. Ungezeichnete schieben deren Existenz auf bestimmte Stellungen der Planeten und auf eine zweite Erscheinung innerhalb eines vorgegebenen Zeitraumes.«

»Klingt, als würde das nicht stimmen«, stellte Sean fest.

Ich wandte mich um und ließ meinen Blick ebenso zu den Türmen schweifen. Der Turm des Blutmondes rühmte sich in der Mitte, während sich die Türme seiner Gefährten neben ihm einreihten. »Es sind lediglich Mythen, Sean.«

»Die irgendwo ihren Ursprung haben müssen, sonst gäbe es sie nicht.«

»Der Glaube an verschiedene Monde überfordert die Ungezeichneten je älter die Menschheit wird. Vor über zweitausend Jahren brachten sie damit die Monde beinahe zu Fall. So entschieden die Monde sich, lediglich das Bild des Vollmondes bei den Ungezeichneten zu belassen. Blutmond und Blaumond zeigen sich einzig zu besonderen Zeiten, was die Mythen um sie begründet.«

»Was im Umkehrschluss bedeuten müsste, dass vorher alle drei Monde sichtbar gewesen sein müssen.«

»Waren sie«, stimmte ich zu.

»Warum gibt es davon keine Überlieferungen?«

Ich erwiderte seinen skeptischen Blick. »Sie liegen verborgen in Lunarum.«

»Warum?«

»Zum Schutz des Weiterbestands der Monde. Wie gesagt, Ungezeichnete überfordert das Wissen um drei Monde je älter ihre Existenz wird.«

»Und hier? Zeigen sie sich hier alle?«

»Sie zeigen einzig ihre Umrisse. Die wahren Gestalten der Monde verbleiben ebenso hier im Verborgenen.«

»Warum?«

»Diese Gestalten zeigen ihre Macht, Sean. Und diese Macht verleitet.« Ich begutachtete seinen skeptischen Blick, den er zurück auf die Türme gerichtet hatte. »Ich möchte dir Teile der Burg zeigen und dir ein Stück Wissen Lunarums vermitteln.«

Sean atmete tief ein und verschränkte seine Arme. »Ich will zurück ins Hotel.«

»Du scheinst mir ein neugieriger Charakter zu sein, Sean.«

»Das ändert nichts daran, dass ich zurück ins Hotel will.«

»Erlaubst du mir eine Führung durch Lunarum, so kann ich dir Antworten auf einige deiner Fragen geben.«

Sean zögerte, ehe er seinen Kopf schüttelte. »Ich bin nicht fit genug.«

Ich spürte nach seinem körperlichen Zustand und erkannte keine Schwächung. »Du belügst mich.«

Der Schock über meine Worte grub sich in sein Gesicht, ehe er sich fing und seine Augenbrauen hochzog. »Und das weißt du, woher?«

»Meine Fähigkeiten erlauben mir, deine Gefühle, deinen Gemütszustand und deinen körperlichen Zustand zu erkennen. Eine Lüge mir gegenüber ist demnach sinnlos.«

»Anscheinend bin ich in einem übernatürlichem Überwachsungsstaat gelandet«, schnaubte Sean.

»Die Fähigkeiten der Monde erlauben eine Verbindung aller Krieger untereinander. Sie erlauben es zu wissen, wann unsere Körper Hilfe benötigen.«

»Dir ist klar, dass das durchaus eine gebräuchliche Ausrede ist, die du gerade mit deinem übernatürlichen Zeug passend für dich ummodelst?«

»Sean.« Ich legte meine Hand sich an seine Wange, nutzte eine meiner Fähigkeiten und erzeugte eine Wärme in mir, die ich sachte seinen Körper fließen ließ.

Er wich zurück und riss sich aus meiner Berührung. »Das warst du! Das warst verdammt nochmal du, als diese Wärme zum ersten Mal durch mich durchschossen ist. Du hattest deine Finger an meinem verdammten Kinn.« Er fuhr sich durch seine Haare. »Luke hatte die ganze Zeit verdammt nochmal Recht. Du hast Tricks auf Lager, die du nutzt, um mich zu manipulieren. Was hast du mit mir vor? Wofür willst du mich missbrauchen?«

»Es ist die Wärme des Blutmondes, Sean. Mardono und ich tragen sie in unseren Körpern«, versuchte ich ihn zu beruhigen.

»Die Wärme des Blutmondes? Schwachsinnige Ausrede.«

»Erlaube mir die Möglichkeit, dich in diese Welt der Monde einzuführen, so wirst du Erklärungen und Antworten finden.«

»Was, wenn ich keine beschissenen Erklärungen oder Antworten will? Wenn ich mein altes Leben wieder zurückhaben und einfach der Sean Coleman sein will, der mit seinen Freunden auf Europatournee geht und tausende Menschen glücklich macht?«

»Dein altes Leben ist keine Vergangenheit, Sean, doch Lunarum benötigt dich.«

»Was soll der Scheiß? Ich bin mir verdammt sicher, dass Lunarum auch ganz gut ohne mich zurechtkommt!«

»Nach dem Tod der Träger handelte Mardono eine Vereinbarung mit den Monden aus. Siebenundvierzig Krieger sollen unter ihnen stehen, mich als Führung eingeschlossen. Es sollte eine weitere Flut der Abtrünnigkeit verhindern. Sean, du bist der achtundvierzigste Krieger. Die Monde haben uns niemals und zu keinem einzigen Zeitpunkt erlaubt, mehr als siebenundvierzig zu sein, doch für dich machten sie eine Ausnahme.«

»Den Scheiß soll ich dir jetzt wirklich glauben? Eine jahrtausendealte Vereinbarung, die die Monde nur wegen mir angeblich gebrochen haben sollen? Das ist Schwachsinn, Mera. Das ist verdammter Schwachsinn!«

Wachsendes Unverständnis über Seans Verhalten mir gegenüber keimte in mir auf, während Mardonos, Aatamias und Diyars Sorgen zu mir schwappten. Sie befanden sich bei den Freunden in Brüssel. Ich wusste, sie spürten nicht einzig Seans Wut, sondern hörten ebenso seinen Worten zu.

»Brauchst du Unterstützung?«, hörte ich Mardonos Stimme in meinen Gedanken.

»Nicht nötig«, antwortete ich ihm ebenso in Gedanken.

Meinen Blick hatte ich nicht von Sean gelassen. »Sean, die Vergiftung über das Vorzeichen begann in all den Jahren unter meiner Führung frühestens zum siebten Tag der Vorzeichnung, so gab ich dir sieben Tage bis zu den ersten Symptomen. Doch dein Körper stand innerhalb von weniger als fünf an der Kante des Todes«, versuchte ich weiter, ihm die außergewöhnliche Bedeutung des Wunsches der Monde nach ihm als einer ihrer Krieger zu verdeutlichen. »Die Monde lassen durch die Wärme des Blutmondes Vorgezeichneten eine Verbindung zu ihnen und zu mir spüren. Dir gaben sie ebenso eine Kühle, die Kühle des Vollmondes.«

»Warum sollten die Monde das machen? Warum ausgerechnet bei mir? Einem Mann, der seit Jahren in der Öffentlichkeit steht und den Millionen von

Menschen kennen? Wie soll ich in ein paar Jahren meinen Fans erklären, dass ich nicht mehr altere? Ganz zu schweigen von den Zeichen auf meiner Haut, als verdammter Gegner von Tätowierungen und Piercings am eigenen Körper.«

Ich ging einige Schritte auf ihn zu, ohne seinen Blick loszulassen. »Die Gründe der Monde stehen nicht in meinem Wissen, doch ich bin mir sicher, dass deine Zeichnung eine Besonderheit in sich trägt. Ich bin bereit, dir die Zeit zu geben, die du benötigst, solange du mir die Möglichkeit gibst, mit mir Antworten auf all deine Fragen zu finden.«

Er schnaubte, fuhr sich durch sein Gesicht und entfernte sich einige Schritte von mir, ehe er auf mich deutete. »Netter Versuch aber es wird funktionierten. Nicht mit der armseligen Nummer, ich sei etwas Besonderes.«

»Die Monde gaben dir Zeit, Sean. Sie gaben Mardono, mir und dir mit der Vergiftung eine Warnung, doch du schenktest ihr keinen Glauben. Du triebst dich in deinen eigenen Tod, so stellte ich dein Leben über den Umstand deiner Zeichnung zum Krieger der Monde. Ich gab dir zu jedem Zeitpunkt die Möglichkeit, die Vervollständigung deines Zeichens auszuschlagen. Du wolltest Lunarum sehen und ich spürte deine Faszination über diese Welt, doch zeigen mir deine Worte einzig Wut und Abneigung. Sean, wirst du diesen Weg gehen und dich gegen Lunarum stellen, wirst du denjenigen Abneigung zeigen, die die Last deiner Entscheidungsunwilligkeit tragen, werden dich die Monde deines ersten Zeichens entledigen.«

Sean streckte seine Arme von sich. »Na, bitte. Das ist doch genau das, was ich will. Dann hätten wir ja eine Lösung für den ganzen Scheiß hier gefunden.«

»Die Monde töten jeden Krieger, der ihnen Zweifel entgegenbringt. Sie mögen dir eine Bedenkzeit geben, ähnlich dem Verlauf der Vergiftung, doch ist das Ende immer dasselbe: Der Tod.«

»Sollen sie es doch versuchen«, schnaubte Sean. »Oder rettet ihr mich dann einfach wieder über meinen Kopf hinweg?«

»Niemand kann dich aus deinen Zweifeln retten außer deiner selbst.«

»Wie nett. Ganz zu schweigen davon, dass ich das hier niemals wollte. Und übrigens, ganz schön grausam, deine Monde. Töten einfach, wenn sich jemand gegen sie stellt.«

»Sie töten für ihren Weiterbestand.«

»Super Ausrede. Sollte ich mir merken, wenn ich mal darüber nachdenken sollte, irgendjemanden zur Strecke zu bringen. Wird mich bestimmt vor dem Knast bewahren.« Tränen glänzten in seinen Augen. »Ich will doch nur mein verdammtes, altes Leben zurück. Ist das so schwer zu verstehen?«

»Ist es nicht.«

»Aber?«

»Aber ich verlange ebenso Verständnis.«

Sean verschränkte seine Arme, während er gegen die Tränen kämpfte. »Das kann ich dir nicht garantieren.«

»Erlaube mir, dir Teile von Lunarum zu zeigen. Erlaube mir, dich in diese Welt einzuführen und dir einen Weg zu geben.«

»Ich will zurück in mein Hotelzimmer«, wich Sean aus.

Deprimiert über den Verlauf des Gesprächs schloss ich für einen Atemzug meine Augen. »Wie du bemerkt hast, tragen wir Krieger der Monde Fähigkeiten in unseren Gedanken. Wir unterteilen sie in Gaben und Künste.«

»Ich will keine verdammten Erklärungen, sondern einen Weg zurück«, unterbrach mich Sean.

»Jeder Krieger trägt eine eigene Gabe in sich, die die Monde für jeden Einzelnen von uns mit Sorgfalt auswählen«, setzte ich unbeirrt fort. »Sie steht dem Krieger vollkommen und der Führung Lunarums in abgeschwächter Form zur Verfügung. Anders verhalten sich die Künste der Monde. Sie können und einige Künste müssen durch jeden Krieger erlernt werden. Die Kunst des Wechsels ist eine von ihnen. Sie ist eine Kunst der einfachsten Form und erlaubt es, an Orte beliebiger Wahl zu gelangen. All unsere Fähigkeiten, ob Gabe oder Künste, steuerst du über deine Gedanken. Forme das Bild deines Hotelzimmers vor deinen Augen, so wird dich diese Kunst dorthin bringen.«

»Teleportation also?«

»Willst du zurück in dein Hotel, wechsle dich dorthin. Doch die Konsequenzen deiner Entscheidungen trage nicht ich. Zu keinem Zeitpunkt.«

Sean schnaubte. »Es wird mit der Zeit fast ein bisschen langweilig, dass, egal, was ich mache, ich sterbe, wenn ich es den Monden nicht passt.«

»Es wird einen Zeitpunkt geben, in dem ich einen Rückzug aus meiner Lehre einzig in begründeten

Fällen erlaube. Entscheidungsunwille, Faulheit oder bewusste Zeitverschwendung sind keine solcher bergründeten Fälle.«

»Ach, es gibt auch noch die Bestrafung der Chefin selbst? Sehr einfallsreich«, sagte Sean schnippisch.

»Wir dienen den Monden, Sean. Sie erlauben es uns, einen Teil ihrer Macht in sich zu tragen, doch sie verlangen im Gegenzug unsere Gefolgschaft.«

»Nur, wollte ich das hier nie. Du hast das immer noch für mich entschieden, schon vergessen?«, sagte Sean mit Nachdruck.

»Du warst es nicht fähig, eine Entscheidung zu treffen, so trage die Konsequenzen deiner Unwilligkeit.«

Sean presste seine Kiefer aufeinander. »Weil ich das eine Mal, bei dem ich zu selbstbewusst entschieden habe, zwei Menschen schwerverletzt habe.«

Ich hielt inne. »Es tut mir leid.«

»Muss es nicht. War ja nicht deine Schuld«, murmelte Sean.

Ich spürte, wie seine Abneigung und seine Wut zu versiegen begannen und die Faszination in ihm zurückkehrte, die sich mit Angst und Unsicherheit mischte. »Sean. Es steht in meinem Wissen, dass ich für dich entschieden habe und es steht in meinem Wissen, dass du damit nicht einverstanden bist. Mein einziger Wille war es, dein Leben zu retten. Wenn du mir die Erlaubnis gibst, dir meine Welt zu zeigen und deine Fragen zu beantworten, so kann ich dir vielleicht eine Möglichkeit aufzeigen, warum ich derart handelte.«

»Du willst mir also Teile von Lunarum zeigen?«, zögerte er zu fragen.

»Ich möchte.«

»Und ich darf diese Welt auch wirklich sehen?«

»Du bist gezeichnet zum Krieger der Monde. Natürlich darfst du die zweite Heimat aller Krieger sehen.«

»Was ist mit meinen Freunden? Darf ich mit ihnen hierüber reden?«

»Nein«, antwortete ich. »Zu viel Wissen in den Köpfen der Ungezeichneten kann überfordern.«

»Meinen Kopf könnte das doch genauso überfordern.« Er atmete tief ein. »Eigentlich bin ich das schon.«

»Die Monde kümmern sich um überforderte Krieger, sind wir doch eine überschaubare Anzahl an Gefolgsleuten. Doch die Zahl der Ungezeichneten ist zu hoch.«

»Verstehe.« Sean nickte. »Gut. In Ordnung. Ich bin dabei bei einer Führung. Vielleicht hilft das gegen das Chaos in mir.«

Ein Lächeln huschte über meine Lippen. »Folge mir.«

Ich wandte mich ab und nutzte einen der vier Eingänge, die sich jeweils in den Ecken des Daches befanden, um in das Innere der Burg zu gelangen. Wir folgten den Stufen der ersten Treppe hinab in den zweiten Stock, während die Nässe des Gemäuers in meine Nase drang. Jeder einzelne, verbaute Stein zeigte sich an den Wänden.

»Diese Feuer sind schön. Die sind mir vorhin gar

nicht so aufgefallen«, sagte Sean.

»Es sind die Feuer der Monde, eine der wichtigsten Machtquellen der Monde. Sie erhellen jeden Raum der Burg Lunarums ihren Farben «, antwortete ich, ehe ich über einen Raum die zweite Treppe ansteuerte, die uns ein weiteres Stockwerk hinab führte.

»Warum gibt es hier keine Fenster?«, fragte Sean.

Ich drückte die Tür zum zweiten Zeichnungsraum auf, um zu derselben Treppe zu gelangen, die meine Krieger und mich bereits vor einigen Stunden hinab in das Erdgeschoss geführt hatte. »Fiele das Licht des Tages oder der Nacht durch Fenster in die Burg hinein, erschienen die Feuer der Monde nicht in dem Glanz, den sie verdient haben zu tragen.«

»Verstehe.«

Vor einer Flügeltür aus Holz blieb ich stehen. Ich musste meinen Kopf in meinen Nacken legen, um das obere Ende des Holzes zu erkennen. »Das ist ein Raum von höchster Bedeutung für uns Krieger der Monde.« Ich öffnete die Tür. »Es ist unser Vorbereitungsraum und dient als Sammlungsraum zur Besprechung der Kämpfe gegen die Gier Infernas.«

Der Raum erstreckte sich exakt hundert Meter vor mir, während zwölf Feuer der Monde in ihren Fackeln an den Wänden hingen. Jede Farbe zeigte sich viermal. Der Boden wurde durch drei Teppiche, ebenso in den Farben der Monde, bedeckt und ein Stück Stoff hing am anderen Ende des Raumes, der kaum mehr als einige Quadratmeter der Wand verdeckte. Ich folgte dem roten Teppich in der Mitte, während mir Sean folgte. Kaum einige Meter vor dem Stoff blieb ich stehen und ließ meinen Blick über das Abbild schweifen. Die Träger standen nebeneinander, während sich über ihren Köpfen die Monde zeigten. Ihre Augen leuchteten in der Farbe ihres Mondes, ebenso gleich schimmerten ihre Mäntel, die aus Mondfasern gewebt worden waren.

»Sind das diese Ebenbilder? Die Träger?«, fragte Sean.

»Sind sie«, antwortete ich. »Einst von den Monden eigenhändig und mit Bedacht als ihre Ebenbilder erwählt. Aliya, befindet sich in der Mitte. Sie war Träger des Blutmondes. Dewi steht zu Aliyas rechter Seite und war Träger des Vollmondes. Lias befindet sich zu Aliyas linker Seite und war Träger des Blaumondes. Die erstmalige Entzündung der Feuer der Monde lag einst in ihren Händen.«

»Wie lange brennen diese Feuer schon?«

Ich erwiderte Seans neugierigen Blick. »Sie erloschen vollständig mit dem Tod der Träger. Mit meiner Akzeptanz als Führung Lunarums vor beinahe zweitausend Jahren entzündeten Mardono und ich sie mit Aatamias Hilfe von neuem.«

»Wie alt bist du wirklich, Mera?«

»Ich wurde 110 nach Christus geboren.«

»Seid ihr alle so alt?«

»Rouven, als mein jüngster Krieger nach dir, wurde um 1700 in Marseille geboren. Wir retteten ihn einst vor der Pest.«

Sean schob seine Hände in die Taschen seiner Hose. »Ein so langes Leben ... Was ist mit meinen Freunden oder meinen Kindern, sollte ich jemals welche haben? Ich müsste ihnen beim Sterben zusehen.«

»Die Freundschaft zu Kriegern und die Gemeinschaft, die sich daraus bildet, bringt Leichtigkeit in dieser Last.«

»Frei nach dem Motto geteiltes Leid ist halbes Leid. Blöd nur, dass man dafür erstmal Freunde braucht.«

»Gebe dir die Zeit, die du benötigst.«

»Die Drei hatten sicher auch ihre Probleme damit, oder?«

Mein Blick glitt zu dem Abbild. »Ihre Lebenszeit erreichte kaum hundertfünfzig Jahre.«

»Wirklich?«, fragte Sean etwas erstaunt.

Ich sah in Aliyas rote Augen. Obwohl der Stoff nicht mehr als ein Abbild ihrer gleichen zeigte, schien mich ihr Blick durchbohren zu wollen. »Sie unterlagen ihrer Begierde nach Macht und ihrer Ignoranz zu den Abtrünnigen, die aus ihren eigenen Federn stammten.«

»Hätte ich mir denken können. Gibt es ein besseres Bild von ihnen oder ist das das Einzige?«

»In der siebten Zeichnungshalle hängt ein größeres Abbild.« Mit diesen Worten wandte ich mich ab, während Sean mir nachging. Wir verließen den Vorbereitungsraum und folgten dem Flur, den wir gekommen waren, um zurück in den ersten Stock und somit in den zweiten Zeichnungsraum zu gelangen. Doch statt ebenso wieder Richtung Dach der Burg abzubiegen, folgte ich dem Flur, der von diesem Raum abging.

»Was ist das mit dem schwarzen Rand im Auge als Relikt?«, fragte mich Sean währenddessen.

»Eine Kunst der Monde ist die Faszination Ungezeichneter mit unserem Erscheinungsbild. Wir nutzten sie für die Rückbringung des Glaubens der Ungezeichneten in die Monde. Der schwarze Rand ist ein Relikt dessen«, antwortete ich ihm, während ich ihn mit einer Geste durch eine der Holztüren bat.

»Faszination auf Ungezeichnete? Das wäre mir noch nicht aufgefallen.«

»Wir nutzen diese Kunst nicht mehr.«

»Aber ihr könntet, wenn ihr wolltet?«

»Natürlich.«

Sean ließ seinen Blick über die Mauern gleiten. »Kann es sein, dass die Burg wie ein mehrstöckiges Labyrinth aufgebaut ist?«

»Ist es«, stimmte ich zu. »Aatamia, Ira, Mardono und ich sind den Wegen der Burg Lunarums vollkommen erschlossen. Einige Bereiche sind für die Mehrheit der Krieger jedoch unter keinen Umständen zugänglich.«

»Zum Beispiel?«

»Die Türme der Monde. Nicht jedem Krieger ist es erlaubt, einen Zugang zu ihnen zu finden.«

»Hat das Gründe?«

»Natürlich, doch diese sind ebenso wenig zugänglich.«

»Warum nutzten wir nicht diesen Wechsel, statt durch dieses Labyrinth zu laufen?«

»Die Burg Lunarums duldet diese Fähigkeit nicht. Ein Wechsel ohne Koordination und ohne Kontrolle kann einen Ausgang im Tod finden. Lunarum gestattet den Wechsel einzig in drei Möglichkeiten. Die Möglichkeit auf das Dach der Burg oder zur Lichtung des Waldes in diese Welt hinein, die Möglichkeit über Dach der Burg oder der Lichtung des Waldes aus dieser Welt hinaus und, die Möglichkeit zwischen dem Dach der Burg und der Lichtung des Waldes.«

»Hast sich jemand deswegen schon verletzt hat?«

»Nichts anderes begründet die Sperre.«

Vor einer ebenso großen Flügeltür, wie die des Vorbereitungsraumes, und, dessen Holz mit den Feuern der Monde in deren Farben schimmerte, blieb ich stehen. Ich öffnete sie und betrat die siebte Zeichnungshalle. Sean erstarrte und seine Atmung stockte. Die siebte Zeichnungshalle unterschied sich kaum vom Vorbereitungsraum. Sie zeigte dieselbe Größe und denselben Aufbau, doch hunderteinundvierzig Feuer der Monde brachten Glanz an das Mauerwerk. Das rote Feuer überwog und auf dem Boden lag ebenso einzig ein roter Teppich. Der Stoff, der am andere Enge des Raumes an der Wand hing, zeigte eine Größe, die beinahe vollkommen die Mauer dahinter verdeckte. Das Abbild glich dem im Vorbereitungsraum, doch nicht einzig die Gesten der Träger unterschieden sich, sondern sie trugen ebenso die Kapuzen ihrer Mäntel nicht auf ihren Köpfen.

Seans Blick klebte am Abbild und seine Augen weiteten sich mit dessen Glanz. »Das hat was … furchteinflößend. Gibt es einen Grund, warum Aliya ihre Hände so ausstreckt und, warum Lias und Dewi eine ihrer Hände unter denen von Aliya halten?«, fragte er.

Ich folgte dem Teppich bis zur Mitte des Raumes. »Es steht nicht in meinem Wissen, doch schenke ich einer Bedeutung dieser Geste meinen Glauben. Was siehst du, Sean?«

»Abgesehen von der Haltung der Träger, sehe ich Aliya wieder in der Mitte. So jung, dass man meinen könnte, sie wäre deine Schwester. Rechts daneben ist Lias, also von unserer Perspektive aus gesehen. Er mag kaum älter sein als Aliya aber mit den grauen Haaren und diesen blauen Augen … Er wirkt, als würde er alles wissen und, als würde er weise entscheiden. Dann ist da noch Dewi, auch jung, aber älter als Aliya. Er wirkt schüchtern und trotzdem hat er noch so eine Wirkung, die ich kaum beschreiben kann.«

»Der Blutmond ist ein Mond von höchster Gefahr. Das Blut aller Art von Lebewesen klebt an ihm, ebenso seine Wärme. Aliya wirkt nicht zu Unrecht einschüchternd. Der Blaumond hingegen ist der Weise aller. Er trifft keinerlei Entscheidung ohne Wissen und Recherche.«

»Was ist mit dem Vollmond? Was ist mit Dewi?«

Ich erwiderte Seans Blick. »Dewi stand uneingeschränkt an Aliyas Seite. Sein Handeln war in vielen Teilen abhängig von Aliyas Meinung und ihren Vorstellungen.«

»Klingt nach einer toxischen Beziehung«, stellte Sean fest. »Warum heißt das hier siebte Zeichnungshalle?«

»Krieger der Monde tragen bis zu sieben Zeichen auf ihren Körpern. Jedes von ihnen hält seine eigene Bedeutung. Das erste Zeichen bezeugt die Zugehörigkeit zu Lunarum. Das siebte und letzte Zeichen ist dasjenige der Führung, einzig ich trage es.« Ich strich meine Haare vor meiner Stirn beiseite und zeigte Sean mein siebtes Zeichen.

»Und, weil das Führungszeichen ein bisschen mehr besonders ist, habt ihr dafür gleich eine Halle?«

»Jede Zeichnung fordert ihren eigenen Zeichnungsraum, worin sich die Macht der Monde für den Moment der Zeichnung bündeln kann. Die Zeichnung des siebten Zeichens erfordert darüber hinaus uneingeschränkte und vollkommene Zustimmung der Monde.«

»Deswegen diese hohen Decken? Wie im Vorbereitungsraum, um den Monden … Raum zu schaffen?«

»Es ist ein Geheimnis der Burg Lunarums«, antwortete ich, ehe ich mich abwandte und Sean und mich zurück auf das Dach der Burg brachte.

Stia erwartete uns bereits. Sie hatte Sean als neugezeichneten Krieger gespürt und wusste, ich benötigte ihre Dienste. Ihr Fell zeigte schwarze Füße, die beinahe bis zu ihrem Bauch reichten, ebenso ihre Mähne und ihr Schweif waren schwarz. Im Schimmer der Sonne und der Monde zeigten sie die rote Farbe des Blutmondes. Ihr Deckhaar am restlichen Körper war in einem Weiß und Grau gehalten und erinnerte an die Konturen des Vollmondes wie ihn die Ungezeichneten kannten. Ein bläulicher Schimmer stach im Licht hervor.

Sean erstarrte. »Wie kommt ein Pferd auf das Dach?«

»Ihr Name ist Stia. Sie ist ein langjähriger Begleiter Lunarums und der Fähigkeit des Fliegens mächtig.«

»Fliegende Pferde?«, fragte Sean ungläubig, während er auf Stia deutete. »Ich sollte vielleicht anmerken, dass ich mit Pferden nie warm geworden bin.«

»Stia ist ein friedliches Tier.«

Sie trottete zu uns. Ich streckte ihr meine Hand entgegen und ließ sie daran schnuppern, ehe ich meine Finger unter ihren Schopf gleiten ließ und sie kraulte.

»Sie ist verdammt groß, aber sie hat schönes Fell«, sagte Sean.

»Ihr Fell ist eine Verkörperung der Monde.« Ich stellte mich neben Stia und schwang mich auf ihren Rücken. Meine Hand streckte ich Sean entgegen. »Dein Zögern ist unbegründet.«

Er schluckte und schloss seine Augen. »Ich kann das nicht.«

»Ein Satz, der weder bei Lunarum noch bei mir Duldung findet. Stias Fähigkeit des Fliegens beinhaltet eine Gewährleistung der Rückkehr.«

»Eine Absturzsicherung, wie … nett.«

»Vertrauen, Sean.«

»In ein fliegendes Pferd?«

»Die Monde verlangen Vertrauen ohne Bedingung. Steht es nicht in deinem Willen, dieses zu geben, werden sie eine Strafe für dich finden. Doch je mehr Vertrauen du den Monden gewährst, je mehr wirst du sie greifen können. Sean, sie haben mir geholfen, dein

Leben zu retten. Es ist das Mindeste, ihnen einen Teil deines Vertrauens entgegen zu strecken.«

»Ja klar, was denn sonst?«, murmelte er.

»Vertrauen ohne Bedingung entsteht nicht aus dem Nichts. Die Monde sind sich dessen bewusst. Es wächst mit jedem Graben, den du für sie überspringst und mit jedem Fall, den sie für dich abfedern. Ich möchte dir das Gebiet Lunarums zeigen. Ein Blick von oben gewährleistet dies am besten. Es dient zu deiner eigenen Sicherheit.«

Sean atmete tief ein, ging auf mich zu und griff meine Hand. Ich zog ihn auf Stias Rücken und er krallte sich an mir fest. Das Zittern seines Körpers drang zu mir vor, während er seine Stirn an meine Schulter lehnte. Stia ließ ihre Flügel mit den roten Federn aus ihrem Körper wachsen, die ihr das Fliegen ermöglichten, holte Schwung und sprang in die Luft.

Ich legte meine Hände an Seans Finger. »Sean, dein zweites Zuhause hat einen Moment deiner Aufmerksamkeit verdient.«

Er krallte sich fester in meinen Körper, doch ich zog seine Hände von meiner Taille und verschränkte unsere Finger ineinander. Sean atmete ein und hob seinen Kopf von meiner Schulter.

»Sehr gut«, sagte ich sachte.

»Sehr gut ist das erst, wenn ich mit beiden Beinen wieder sicher auf Boden stehe.«

»Ebenso wie die Burg ist der Wald Lunarums von Bereichen geprägt, deren Zugang du nicht mächtig bist. Um dir hierüber einen Überblick zu schaffen und ein ungewolltes Betreten zu verhindern, ist dieser Weg der einzig Richtige. Wir sind ein Volk des Friedens, doch war es uns nicht erlaubt zu verhindern, Lebewesen, die diesen Begriff nicht kennen, den Zugang zu verwehren. Ein alleiniges Betreten des Waldes ist Unerfahrenen wir dir einzig soweit erlaubt, solange die Mauern der Burg in deinem Sichtfeld bleiben.«

»Das kriege ich hin«, murmelte Sean.

Berge türmten sich in einiger Entfernung auf und gewährten dem Wald Lunarums kein weiteres Vordringen. Obwohl es einzig Fünf waren, schienen sie kein Ende zu finden. Einzig eine Lücke zwischen zwei Bergen, die sie für kaum einen Kilometer voneinander trennte, erlaubte einen Blick auf die Burg Infernas und ihrem zugehörigen Wald.

»Siehst du die Berge?«, fragte ich Sean. »Solange du Unerfahrenheit in dir trägst, sind sie für dich ein Ort, den du nicht ohne Hilfe besiegen kannst. Sie sind durch Decanus entstanden und stehen somit im Besitz Infernas, demnach sind sie kein Gebiet Lunarums. Ihre einzige Aufgabe, die Decanus ihnen mit ihrer Erschaffung gab, ist die fußläufig beinahe unüberwindbare Trennung von Lunarum und Inferna.« Mein Blick blieb an der Burg Infernas hängen. Nicht mehr als eine Dunkelheit und die Umrisse der Burg zeigten sich. »Die Burg Infernas ist durch die Lücke zwischen den Bergen erkenntlich. Es ist ebenso ein Ort, den du nicht ohne Hilfe besiegen kannst.«

»Was auch immer du mit besiegen meinst«, murmelte Sean.

Sein wachsendes Unwohlsein drang zu mir vor, so lenkte Stia zurück auf das Dach der Burg und ließ ihn absteigen. Er schwankte einige Schritte, während das Zittern noch immer in seinem Körper steckte. Ich rutschte ebenso von Stias Rücken und sah ihr zu, wie sie sich in die Luft schwang und aus meinem Sichtfeld verschwand, ehe ich mit Sean zurück in die Menschenwelt kehrte.

NEUN

Ich war Seans Wechsel aus Lunarum gefolgt und stand nun in seinem Hotelzimmer in Brüssel, das ebenso luxuriös ausgestatten war, wie das Zimmer in Paris.

»Danke«, sagte er. »Das war wirklich … schön.«

»Es gibt nichts, wofür du dich zu bedanken hast.«

Sean setzte sich auf das Bett und fuhr sich mit seinen Händen durch sein Gesicht. »Ist es normal, dass ich keine Ahnung habe, was ich mit eurer Welt und den Monden anfangen soll?«

Ich ließ mich neben ihm nieder. »Du stehst am Anfang deines Lebens als Krieger. Die Überforderung, die Zweifel und die Abneigung, die du spürst ist vollkommen normal.«

Ein Vibrieren drang in meine Ohren, ehe Sean ein Mobiltelefon aus seiner Hosentasche zog und eine Nachricht tippte.

»Luke und Sabriel sind auf dem Weg zu euch«, hörte ich währenddessen Mardonos Worte in meinen Gedanken. »Sabriel hat gespürt, dass ihr zurück seid und Luke ist ausgerastet.«

»Sabriel hat versucht, ihn zu besänftigen, aber es hat nicht viel gebracht«, ergänzte Aatamia.

Ein lautes Klopfen drang in meine Ohren und ließ meinen Blick zur Eingangstür des Zimmers gleiten. Ich spürte Mardono, Aatamia, Luke und Sabriel vor der Tür stehen, während sich Sean auf hievte. Ich stand ebenso auf und begab mich vor eines der Fenster, als Sean die Tür öffnete und die Vier in den Raum ließ. Mardonos und Aatamias verschleierte Gestalten befanden sich hinter Luke und Sabriel.

Luke stürmte an Sean vorbei auf mich zu. »Du verdammte Schlampe.«

»Scheiße, Luke, verdammt!«, fluchte Sabriel, der ihm zuvorkam, ihn kaum zwei Meter vor mir aufhielt und zwei Schritte zurückschubste. »Was soll der Schwachsinn?«

»Alles in Ordnung?«, fragte Sean verwirrt.

Lukes Augen funkelten, ohne von mir zulassen. »Sie soll mit ihrem Scheiß verdammt noch mal verschwinden oder wenigsten ihre dreckigen Finger von uns lassen.«

»Was ist denn hier los?«, hörte ich Aarons Stimme, der an der noch offenen Zimmertür stand.

»Das frage ich mich auch«, sagte Diyar, der sich verschleiert bei Aaron befunden hatte und ihm gefolgt war. Einzig Mardono, Aatamia und mich ließ er seine Worte hören.

»Wir riskieren euer aber vor allem Seans Leben, ließen wir euch allein«, entgegnete ich Luke.

Luke versuchte, auf mich zuzugehen, doch Sabriel hielt ihn auf. »Denk nicht mal dran«, sagte dieser.

»Woher willst du verdammt nochmal wissen, dass dein scheiß Leben und dein scheiß übernatürlicher Dreck uns helfen soll?«, fragte Luke.

Unverständnis keimte in Sean auf. »Was zur Hölle ist los mit dir, Luke?«

»Im Hyde Park war sie nicht bei uns, im Haus hat sie nichts getan und das in Paris hätten wir auch noch allein hinbekommen.«

»Soll ich ihm ein Bier geben, damit er sich wieder beruhigt?«, warf Aaron ein, der sich neben Sean stellte und seine Hände in die Hosentaschen schob.

»Eher mir einen Whisky«, erwiderte Sean.

»Ich kann dir wenigstens Whiskysteine anbieten.«

Sabriel versuchte, Lukes Blick einzufangen. »Du gibst dem Ganzen nicht mal eine verdammte Chance. Das ist scheiße unfair von dir.«

»Weil das letzte Mal, als ich was Neuem eine Chance gegeben habe, das Leben …« Luke beendete den Satz nicht.

»Das ist ein verdammt beschissener Vergleich, Luke. Was ist mit Neverending Light? Was ist mit mir?«

»Hast du eigentlich mal an Sean gedacht?«, warf Aaron ein. »Oder ihn gefragt, wie es ihm mit der ganzen Sache geht oder pöbelst du einfach nur rum, weil es für dich der Weg des geringsten Widerstands ist?«

Luke schnaubte und fuhr sich durch sein Gesicht. »Hätte ich mir denken können, dass du dich auf ihre Seite schlägst.«

»Ich schlage mich auf Seans Seite, nicht auf ihre, weil das Freunde so machen.«

»Wenn du nicht gerade mit einer deiner Affären beschäftigt bist und nicht anderes mehr im Kopf hast, als deinen Schwanz in irgendwelche Löcher zu stecken!«

»Wenigsten finde ich noch Löcher.«

Sabriel stellte sich zwischen sie. »Es reicht, verdammt. Hört auf damit. Beide!«

Luke deutete auf mich. »Verschwinde mit deinen scheiß Drecksleuten.«

»Beleidige meinetwegen mich, wenn es deiner Wut auf mich und mein Handeln hilft, doch hör auf, meinen Kriegern derart zu begegnen. Das ist respektlos«, erwiderte ich.

»Und was willst du machen, wenn ich nicht auf dich höre?«, schnaubte Luke. »Die Polizei rufen? Die wird sich bestimmt freuen, wenn du ihr sagen kannst, wer die Arschlöcher sind, die uns auf der Bühne angriffen haben.«

»Verdammt nochmal, lass es gut sein!«, tobte Sabriel, ehe er Lukes Arm packte. »Ich habe auf den Scheiß keinen Bock mehr! Wir gehen jetzt.«

»Als ob er darauf hören würde«, schnaubte Aaron.

Sabriel deutete auf ihn. »Du hältst deine verdammte Klappe, Aaron.«

»Nein«, widersprach Luke, während er seinen Arm aus Sabriels Hand riss.

»Verdammt nochmal!« Bevor Sabriel Lukes Arm ein weiteres Mal greifen konnte, hatte Luke ihn zwei Schritte zurück in Aarons Arme geschubst. »Luke …!«

Luke stellte sich vor mich. »Ich habe da noch was vergessen.« Er packte meine Kehle und brachte sein Gesicht bis auf wenige Millimeter an das meine. »Lass deine verdammten Drecksfinger von uns. Du hast schon genügend Schaden angerichtet.«

»Scheiße«, hörte ich Mardono fluchen.

Lukes Finger bohrten sich in meine Haut. Es war nicht mehr als ein Griff, dem ich mit einem Hieb entfliehen konnte, doch seine Worte ließen Bilder vor meine Augen ziehen, die ich verdrängt hatte. Ich sah diesen einen Mann, der mich verabscheut und diesen einen Jungen, den ich geliebt hatte. Luke grub seine Finger tiefer in meine Kehle und ein Zittern legte sich in meinen Körper. Tränen drangen aus meinen Augen und liefen an meiner Wange hinab. Ich schaffte es nicht mehr, zu atmen.

Mardono löste seine Verschleierung und versuchte, sich zwischen Luke und mich zu drängen. »Lass sie los!«

»Warum sollte ich?«, erwiderte Luke.

Mardonos Wut schäumte über und brachte ihn dazu, Luke einige Schritte von mir wegzuschubsen. »Nur, weil du nichts von dem verstehst, was wir machen, gibt dir das keinen verdammten Freifahrtschein, Mera anzugreifen!«

Luke fixierte Mardonos Augen und ließ kaum mehr als wenige Zentimeter zwischen ihren Körpern. Mardono mochte größer sein als Luke, doch Lukes trainierter und muskulöser Körper ließ ihn beinahe mickrig wirken.

»Aber ihr Arschlöcher habt natürlich einen?«

»Wir versuchen, euch am Überleben zu halten!«, rechtfertigte Mardono.

»Mera?«, hörte ich Aatamias Stimme. Seine unverschleierte Gestalt drang in mein Blickfeld, während sich seine Hände an meine Schultern legten.

»Was ist los mit ihr?«, fragte Sabriel.

Ich schloss meine Augen, wich einen Schritt zurück und zog mich aus Aatamias Berührungen. Jemand schien meine Arme zu greifen und zu versuchen, mich in diesen einen Schuppen zu ziehen. Ich sah diesen Jungen vor mir. Er war mir gefolgt, doch er blieb vor dem Schuppen stehen. Tränen lagen in seinen Augen und sein Körper zitterte. Ich wusste, er weinte um mich und um sich selbst, denn niemals hatte er es geschafft, an meiner Seite zu einzustehen.

»Mardono, diese Gefühle in ihr … Sie hat einen Rückfall«, sagte Aatamia.

»Scheiße«, flüsterte Mardono.

»Einen Rückfall von was?«, fragte Sabriel.

Mardonos Hände legten sich an meine Wangen. »Mera, hörst du mich? Wir sind hier. Aatamia und ich sind doch hier.«

Die Griffe schienen sich tiefer in meinen Arm zu graben und zogen mich in diesen einen Schuppen. Eine Hand legte sich auf meinen Mund und nahm mir die Luft zum Atmen. Ich wollte mich wehren und mir Schutz suchen, doch der Schuppen gab ihn mir nicht. Dieser eine Mann nahm das Stück Holz neben der Tür in seine rechte Hand. Der erste Schlag schien sich in meinen Körper zu bohren. Niemals hatten meine Gedanken und Erinnerungen einzig einen Moment diese Schmerzen vergessen, die mir dieser Mann zugefügt hatte. Er hatte sich mein Vater genannt, doch er hatte mich verachtet, misshandelt und verbrannt. Hätte ich dem Jungen, den ich liebte, jemals erlaubt an meiner Seite zu stehen, wäre er mit mir in diesem Schuppen gelandet. Mein Körper zitterte und meine Lunge rang nach Luft.

»Mera, das ist nicht real. Das sind nur deine Erinnerungen«, flüsterte Mardono. »Mera …«

»Können wir ihr helfen?«, fragte Sabriel.

»Machst du dir ernsthaft Sorgen um sie?«, spottete Luke.

Mardonos Hände an meinen Wangen verspannten sich, bedacht darauf, sich nicht in mir festzukrallen. »Immerhin ist er kein respektloses Arschloch.«

Seine Berührungen wurden von mir gerissen.

»Luke, verdammt! Lass ihn los!«, tobte Sabriel. »Weißt du eigentlich, wie scheiße dumm das gerade ist?«

»Ihr seid verdammte Drecksmenschen, die unsere Leben zerstören, statt sich um ihren eigenen Scheiß zu kümmern«, sagte Luke.

Das Gefühl, das mich mein Vater immer hatte spüren lassen, keimte in mir auf. Es war schuld. Schuld am miserablen Leben meiner Eltern. Schuld an den Missernten. Schuld an den Krankheiten. Schuld an einfach allem. Ich war schuld und ich hatte niemals eine Möglichkeit gehabt, diese Schuld von mir zu lassen, stattdessen hatte ich sie in mir eingegraben.

Ich öffnete meine Augen und sah, wie Luke in Mardonos Augen starrte und sich in dessen Oberteil festkrallte. Ich fixierte Lukes Hände, nutzte meine Fähigkeiten als Führung Lunarums und legte einen Schmerz auf seine Haut. Seine Augen weiteten sich kaum Sekunden später. Er ließ Mardono los, wich einige Schritte zurück und starrte auf seine Hände, die zu zittern begonnen hatten, während in mir das Bedürfnis der Vergeltung meiner selbst aufkeimte.

»Was zur Hölle …?«, fluchte Luke.

Mardonos Blick schnellte zu mir. »Mach das nicht, Mera.« Er wusste, was dieses Bedürfnis in mir bedeutete. »Mach das bitte nicht.«

Ehe er mich erreichen konnte, wechselte ich an einen bestimmten Ort in Lunarum. Es war ein Ort, der es mir erlaubte, durch Vergeltung meiner selbst die Schuld in mir für diesen Moment freizulassen.

Die Nässe der Erde drückte sich in meine Kleidung, als ich auf den Knien landete. Meine Sicht verschwamm, doch sie genügte, dass ich diese eine Felswand der Berge Infernas vor mir erkannte. Ich hievte mich auf, wandte mich um und ließ meinen Blick in den Wald Lunarums gleiten, der sich vor mir erstreckte. Kaum mehr als die Bäume des Randes waren in seiner Dunkelheit zu erkennen, denn es war einer der Bereiche, die für Unerfahrene unzugänglich waren.

Ein Zischen drang in meine Ohren. »Zeig dich mir.«

Ein Schatten bewegte sich zwischen den Bäumen und ließ mich ihre Gestalt erahnen. Sie öffnete ihre Augen und das vergiftete Grün ihrer Iris funkelte mir entgegen, ehe sich ihr Zischen verstärkte. Sie kam aus ihrem Versteck und zeigte mir ihre Gestalt. Gut zwei Meter überragte sie mich. Sie ähnelte einer Mischung aus Wolf und Bär, doch sie war vielmehr als das. Einst als Alphaweibchen gezüchtet, um Lunarum zu verteidigen, kämpfte sie seit Jahrtausenden nicht mehr für diese Welt der Monde. Sie fletschte ihre Zähne, duckte ihren Kopf und näherte sich mir. In ihren Augen sah ich, wie sie diesen Moment genoss. Sie wusste, begegneten wir uns an dieser Felswand, erlaubte ich es ihr, mich als ihre Spielpuppe zu verwenden.

»Kleiner Apfel«, schien ich die Stimme des einen Jungen in meinen Ohren zu hören. »Ich bin doch bei dir. Es ist nicht deine schuld und das weißt du. Kleiner Apfel, bitte …«

Das Alphaweibchen sprang auf mich zu, rammte ihre Krallen in meine Brust und drückte mich gegen die Kanten der Felswand, die sich in meinen Rücken bohrten. Ihr raues und struppiges Fell kratzte an meiner Haut. Ihre Zähne waren kaum Millimeter von meinem Gesicht entfernt und ich roch das Blut ihres Atems. Sie zog mich von der Wand und schleuderte mich über den Boden. Steinchen rissen meine Haut auf und Dreck fraß sich in die Wunden. Mit geducktem Kopf schlich sie auf mich zu. Es war ihre Geste mir zu drohen und zu zeigen, dass sie die Stärkere war. Ihrer Nase schnupperte nach meinem Geruch und die Freude in ihren Augen stieg in das Unermessliche. Sie fletschte ihre Zähne, an denen Blut, Haut und Fell klebten. Sie hatte erst gefressen, doch es änderte nichts an ihrem unersättlichen Hunger nach mir, nach meinen Verletzungen und nach meinem Bedürfnis auf Vergeltung meiner selbst.

»Nira, lass von ihr«, hörte ich seine Stimme ein weiteres Mal. Wut aber ebenso Verzweiflung und Sorge schwangen in ihr. »Deine Gier ist fehl am Platz.«

Das Alphaweibchen blieb stehen und warf ihren Kopf in den Nacken. Ein Gebrüll drang aus ihrer Kehle, das einen Schauer über meinen Rücken laufen ließ. Mit ihren Vorderkrallen scharrte sie über den Boden und hob ein Loch aus, genügend für das Grab eines Menschen. Ich hievte mich auf, ohne meinen Blick von ihr zu lassen, als sie mit ihrem Maul den Stamm eines Baumes neben sich mit einer Leichtigkeit abbrach, die ich einzig von ihr kannte. Sie schleuderte ihn zur mir, doch ich wich nicht aus. Holzsplitter rammten sich in meine Brust. Ich zog den Schmerz in meine Lung, ehe ich mich abwandte und in den Wald hineinlief. Kaum Sekunden später hörte ich sie in meinem Rücken. Sie folgte mir nicht, sie jagte mich. Die Dunkelheit des Waldes verbat es mir, Gestrüpp, Äste und Sträucher zu erkennen, während ihr Körper gnadenlos sämtliche Bäume zerbrach, die ihren Weg kreuzten. Das Bersten des Holzes ließ den Boden unter meinen Füßen beben. Ihre Krallen bohrten sich in meinen Rücken und brachen einige meiner Rippen, doch ich rannte weiter. Bis ich über eine Wurzel stolperte und in einen Busch landete, dessen Dornen sich in meine Haut gruben. Dreck und Blut klebten an meinen Fingern und meiner Haut, mein Körper zitterte und Schwärze stieg vor meine Augen, während meine Lunge versuchte, Luft in mich zu lassen. Nicht mehr als ein Keuchen brachte sie zustande, das mich spüren ließ, wie sehr mich die Krallen des Alphaweibchens verletzt hatten.

»Es genügt!«, hörte ich die Stimme des Jungen ein weiteres Mal. »Nira, lass von ihr ab. Sofort!«

Das Alphaweibchen brüllte, löste sich von mir und rannte von mir weg in den Wald hinein.

»Mera?«, hörte ich Mardonos Stimme näherkommen. Seine zitternden Hände legten sich an meine Wangen. »Lass mich dich wegbringen. Bitte.«

Ohne ihn wechselte ich aus dem Bereich des Waldes, als ein Stechen durch meinen Körper schoss und ein Keuchen aus meiner Kehle drang. Ich wagte es nicht, zu atmen.

»Was zur Hölle hast du dir dabei gedacht?«, brüllte Sabriel. »Du bist sie angegangen wie ein hirnloser, aggressiver Idiot, anstatt einmal vernünftig nachzudenken. Nein, lieber schubst du alle weg von dir.«

Ich erkannte, wie mich der Wechsel zurück in das Hotelzimmer gebracht hatte. Sean saß auf dem Bett, neben ihm Aaron. Sie beide hatten ein Glas Whisky in den Händen. Luke und Sabriel standen sich in der Mitte des Raumes gegenüber und stritten sich.

»Scheiße«, hörte ich Aatamia murmeln, der mit Diyar verschleiert bei den Freunden zurückgeblieben war.

»Sie sieht gar nicht gut aus«, sagte Diyar.

Sabriel hielt inne. »Mera ist hier. Irgendwas

stimmt nicht.« Meine Krieger scheinen ihn ihre Worte nicht hören zu lassen.

»Fängt der Scheiß schon wieder. Da steht verdammt nochmal niemand!«, sagte Luke.

Ich wusste nicht um die Verschleierung meiner Gestalt, doch ich schien sie unbewusst auszuführen.

»Sabriel hat Recht«, stimmte Sean zu, der sich vom Bett schob.

»Mera«, hörte ich Mardonos Stimme, während er vor mich wechselte. »Das habe ich nicht mit wegbringen gemeint.«

»Mardono ist auch wieder da«, stellte Sabriel fest.

»Das kann doch nicht wahr sein«, fluchte Luke, ehe er auf Mardono und mich zuging.

Mardono stellte sich vor Luke, drückte seine Hand an dessen Brust und hielt ihn auf. »Du hast verdammtes Glück, dass ich Mera nicht als Vorführobjekt missbrauche, sonst würde ich dir jetzt zeigen, was du mit deinem scheiß Verhalten von vorhin angerichtet hast.«

Sean zuckte und wich einen Schritt zurück. »Mardono?«

»Zeig du dich wenigstens und versteck dich nicht hinter deiner verdammten Unsichtbarkeit«, forderte Luke.

Mardono löste wortlos seine Verschleierung.

»Ist mit Mera alles in Ordnung?«, fragte Sabriel.

»Nein«, antwortete Mardono.

»Können wir helfen?«

Ein Kribbeln legte sich in meine Füße und Hände und eine Wärme schoss durch meine Körper, die weder von meinem Mond noch von Mardono oder mir stammte.

»Ihr habt schon genug Schaden angerichtet.« Mardono ließ seine Hand von Luke, wandte sich ab und ging zu mir.

»Lukes Verhalten euch gegenüber war Scheiße, keine Frage, aber nicht ganz unverständlich«, sagte Aaron, der den letzten Schluck Whisky aus seinem Glas leerte.

Schwärze stieg vor meine Augen und ließ mich schwanken.

»Scheiße«, fluchte Mardono.

Ich spürte seinen Wechsel an mir und ein weiteres Mal schoss ein Stechen durch meinen Körper, das mir beinahe das Bewusstsein nahm. Mardono schlang seine Arme um mich und drückte mich gegen seinen zitternden Körper, während ich meinen Kopf gegen seine Schulter lehnte und meine Augen schloss. Meine Finger krallte ich in die seinen, während seine Wärme in mich floss, sein Atem gegen meinen Hals schlug und seine Tränen durch meine Kleidung drangen. Er nutzte die höchste aller Künste, die die Monde erschaffen hatten und heilte die Wunden an meinem Körper. Jeder einzelne, gebrochene Knochen wuchs zusammen und jedes Stück offene Wunde verschloss sich. Der Schmerz, der mit dieser Heilung einherging, ließ mich keuchen und mich gegen Mardonos Körper drücken.

»Schh«, flüsterte Mardono. »Alles wird gut.«

Er verkrampfte sich, krallte sich in den Stoff meines Oberteils und vergrub sein Gesicht in meiner Halskuhle. Meine Schmerzen ließen langsam aber stetig nach und Ruhe legte sich in meinen Körper. Ich öffnete meine Augen und erkannte trotz der Dämmerung, wo wir uns befanden. Wir saßen zwischen Lavanyas Ästen auf einer kleinen Plattform, die nicht mehr als zwei Personen nebeneinander erlaubte. Die Linde stand in einem Wald in der Menschenwelt, der einzig von Kriegern betreten werden konnte, während Ungezeichnete durch die Macht der Monde an ihm vorbeigeleitet wurden.

Aatamia wechselte zu uns, setzte sich rechts daneben und nahm meine Hand. Sachte verschränkte er unsere Finger ineinander und strich über meine Haut. »Wie geht es dir, Mera?«

»Nicht gut«, antwortete ich.

Mardono zog mich fester an sich. »Wir sind bei dir. Aatamia und ich sind immer bei dir.«

»Was hast du gesehen?«, fragte Aatamia.

Ich wagte es nicht, meine Augen zu schließen. Zu groß war meine Befürchtung, ein weiteres Mal diese Bilder zu sehen. »Ich sah dasselbe wie jedes Mal.«

»Nael, der Schuppen und deinen Vater?«

»Natürlich.«

»Nach so vielen Jahren …«, murmelte Aatamia.

»Luke gab mir die Schuld an seinem Leid auf dieselbe Art und Weise, wie mein sogenannter Vater es einst tat, während er dieselbe Geste der Bedrohung gegen mich verwendete.«

Mardono hob sein Gesicht aus meiner Halskuhle, während er seine Wange liebevoll an die meine schmiegte. »Es ist so verdammt lange nicht mehr vorgekommen, dass du dich dem Alphaweibchen zum Fraß vorgeworfen hast.«

»Doch waren meine Verletzungen gering.«

»Jede Verletzung, die du dir so zulegst, ist zu eine viel.«

Aatamia zog seine Hand aus meinen Fingern und legte sie an meine Wange. »Mardono hat Recht. Das nächste Mal packe ich dich und lasse dich nicht mehr los.«

Ich griff nach seiner Hand. »Es wird kaum in meinem Willen stehen.«

»Ich weiß, dass hat es in solchen Situationen noch nie. Aber, wenn ich bei dir bin, wirst du dich zumindest nicht dem Alphaweibchen aussetzen.«

Ich zog seine Hand von meiner Wange und legte sie in meinen Schoß, während ich seine so viel größeren Finger betrachtete. Mardonos Wärme erfasste ihn und ließ ihn frieren.

»Vielleicht kommt irgendwann noch der Tag, an dem mein Körper eure Wärme nicht …blöd findet«, murmelte Aatamia.

»Du trägst die Gabe der Eisbändigung in dir. Diese Art der Reaktion ist nichts anderes als logisch«, erwiderte ich.

»Ich weiß.«

Ich ließ meinen Blick nicht von Aatamias Fingern. »Während meiner Begegnung mit dem Alphabweibchen dachte ich, Nael wäre bei mir. Er sprach mit mir und mit dem Alphabweibchen, dass er Nira nannte. Er befahl ihr, von mir zu lassen, doch sie hörte kaum auf ihn.«

»Bist du dir sicher?«, fragte Mardono.

»Bin ich mir.«

»Hattest du das schon mal?«

Ich sah in seine so liebevollen und fürsorglichen, braunen Augen. »Ich hätte meine Gedanken mit euch geteilt, hätte ich Nael bereits einmal gesehen.«

Aatamia ließ seinen Daumen über meinen Handrücken streichen. »Wahrscheinlich war es eine Halluzination.«

»Die Möglichkeit besteht.«

»Trotzdem klingt das komisch«, murmelte Mardono.

»Das tut es«, stimmte Aatamia zu. »Diyar hat vorhin übrigens den Vorschlag gemacht, dass du ihn mit Sean näher bekanntmachst, als wir eure Diskussion auf dem Dach mitgehört haben. Vielleicht hilft ihm das, den richtigen Weg zu finden.«

»Es wird kaum in Seans Willen stehen«, erwiderte ich.

»Ich bezweifle nur, dass er noch lange Zeit hat.«

»Die Frage ist nur, was ihn für die Monde so besonders macht«, sagte Mardono.

Aatamia sah zu ihm. »Ich habe so eine Ahnung.«

»Welche Ahnung?«, hakte ich nach.

»Ihr beide habt doch die Kühle des Vollmondes bei ihm gespürt?«, rückversicherte sich Aatamia.

»Das erste Mal überhaupt«, stimmte Mardono zu.

»Was, wenn diese Kühle ein Vorbote auf einen

möglichen Blüter des Vollmondes in ihm ist?«

»Das macht es uns nicht einfacher mit ihm«, murmelte Mardono, während er seine Stirn auf meiner Schulter ablegte. »Wir können fast von Glück reden, dass Sabriel ein sensibler Ungezeichneter ist und Sean zumindest etwas zur Seite steht.«

Ich erwiderte Mardonos Blick. »Als wäre es gewollt.«

Er zog seine Augenbrauen hoch. »Sabriel als sensibler Ungezeichneter?

»Was bedeuten würde, dass die Monde gewusst haben müssten, dass sich Decanus auf ihn fixiert«, warf Aatamia ein.

»Das erklärt nur nicht, warum Sean ein Krieger geworden ist.«

»Was ist mit der Machtrückleitung an die Monde? Ich will nicht ausschließen, dass Sean ein Teil ihres Versuchs ist, ihren Wunsch danach mal wieder auszudrücken.«

»Den Gedanken hatte ich auch schon«, murmelte Mardono. »Wenn ich die ganzen Gedanken weiterspinne, müsste es auch bedeuten, dass für die Rückleitung die Macht von Blütern nötig ist. Dann ergäbe zumindest der Umstand Sinn.« Er zog mich fester an sich. »Wenn du mit dem Blüter in Sean Recht hast, könnten seine Zweifel für Mera und mich beschissen schmerzhaft enden.«

Ich ließ meinen Blick in den Wald vor mir schweifen. »Ich werde Diyars Vorschlag nachgehen. Wir müssen jede Möglichkeit nutzen, die Sean einen Weg in unsere Richtung vorgeben könnte.«

»Noch hättest du ein paar Stunden, bis sie für ihren Flug nach Amsterdam abgeholt werden.«

»Ich möchte diese Stunden einzig mit euch beiden verbringen«, widersprach ich Aatamia.

ZEHN

Mardono und ich befanden uns in verschleierter Gestalt bei den Freunden in einem separaten Bereich am Brüsseler Flughafen. Wir standen vor einer Fensterfront, gegen dessen Scheiben Regen prasselte und warteten auf den Abflug. Es blitzte, ehe Sekunden später Donner über das Flughafengelände grollte.

»Wie lange müssen wir noch warten?«, hörte ich Benjamins Stimme in meinem Rücken. »Wir haben Termine, die wir einhalten müssen.«

»Ich mag Gewitter«, sagte Aaron, der mit Sean kaum zwei Meter neben Mardono und mir stand. »Als Kinder haben Athalia und ich uns nachts immer in den Garten geschlichen, wenn es gewittert hat.«

Sean verschränkte seine Arme. »Das hätte mir nicht passieren können. Ich hatte Angst vorm Donner. Immerhin haben dann Raven und Vivi immer auf mich aufgepasst.«

»Deine Nachbarszwillinge? Waren die nicht jünger als du?«

»Es waren nicht nur meine Nachbarszwillinge«, erwiderte Sean. »Aber ja, die beiden sind ein knappes dreiviertel Jahr jünger als ich. Deswegen konnten sie nicht weniger schlecht auf mich aufpassen, als ich auf sie.«

»Hast du dich mittlerweile bei einer von ihnen gemeldet?«

»Ich bin noch nicht dazu gekommen.«

»Das hast du letztes Jahr auch gesagt.«

»Ich weiß«, sagte Sean etwas reumütig.

»Unverständlich«, murmelte Aaron, während er die Hände in seine Hosentaschen schob. »Da hat der Typ zwei heiße Bräute in der Nachbarschaft, bei denen er nichts hat anbrennen lassen, verliert dann den Kontakt, weil er die Schule gewechselt hat und kriegt es nicht mehr auf die Reihe, sich eine der Beiden wieder zu krallen.«

»Weißt du eigentlich, wie abwertend das klingt?«

Aaron erwiderte dessen Blick. »Deswegen ist es nicht weniger wahr.«

Luke und Sabriel, die eben noch auf den Warte-sitzen gesessen und auf ihren Mobiltelefonen getippt hatten, waren aufgestanden und stellten sich neben Sean und Aaron.

»Das ist verdammt viel Regen«, sagte Luke. »Bin ich froh, dass ich vorhin die Chance noch genutzt habe, um eine zu rauchen.«

Ich zuckte unter den Lauten seiner Worte, doch Mardono zog mich sachte an sich.

»Ich bin bei dir«, sagte er, während er mir einen sachten Kuss in die Haare drückte. Seine Worte ließ er einzig ich hören.

Sabriel verschränkte seine Arme und starrte

skeptisch aus dem Fenster. Sein mulmiges Gefühl schwappte unaufhörlich zu mir. »Ich hasse fliegen bei Gewitter.«

»Dir reicht doch schon Regen, damit dir schlecht wird«, warf Aaron ein. »Ich bezweifle aber, dass wir bei dem Wetter in den nächsten Stunden starten werden.«

»Ich habe Neuigkeiten, wenn auch keine Guten«, sagte Benjamin, während er sich neben die Freunde stellte. »Wir müssten mindestens noch zwei Stunden warten. Die Winde am Boden erlauben weder einen Start noch eine Landung.«

»Das ist verdammt viel Wartezeit dafür, dass Amsterdam nicht wirklich weit weg ist von Brüssel«, stellte Aaron skeptisch fest.

»Ich bin auch schon dabei, Alternativen zu buchen. Unsere Maschine würde nachfliegen, sobald sich das Wetter beruhigt hat«, erwiderte Benjamin.

»Dann können wir auch gleich fliegen«, warf Sabriel ein.

»Wenn ich den Meteorologen hier am Flughafen vertraue, sind das über uns Wärmegewitter. Das Gewitter, das wir jetzt sehen baut sich gerade ab, aber das Nächste ist wohl schon dabei sich aufzubauen.«

»Dann sind die zwei Stunden Zeitrechnung auch nur auf das neue Gewitter ausgelegt und beinhalten keine Gewitter, die sich noch aufbauen könnten?«, fragte Sean.

Benjamin nickte. »Exakt. Mal abgesehen von den ganzen Linienflügen, die sich gerade aufstauen. Nur, weil wir mit einer Privatmaschine fliegen, bekommen wir nicht automatisch den ersten Zug. Einzelne Maschinen stehen noch vollständig geboardet an den Gates und haben Vorrang. Wir können nur darauf hoffen, dass sich das nächste Gewitter etwas ruhiger verhält oder sich zwischen den Gewittern ein Zeitfenster ergibt, dass wir zum Starten nutzen dürfen.«

»Mir wird schon schlecht, wenn ich nur daran denke, bei so einem Wetter noch starten zu müssen,«, murmelte Sabriel.

Luke sah zu ihm. »Soll ich dir eine Cola besorgen, damit deinen Kreislauf nicht jetzt schon umkippt?«

Sabriel nickte dankend. »Gern.«

»Ich komme mit«, sagte Aaron.

»Und ich halte euch auf dem Laufenden, sobald ich was Neues habe.« Benjamin zog sein Mobiltelefon aus einer seiner Jackettaschen und wandte sich ab, während Luke und Aaron zu einer Theke unweit von ihnen gingen.

»Ich kann Sabriel verstehen. Ich habe darauf auch keine Lust«, sagte Mardono.

Ich ließ meinen Blick nicht von Luke und Aaron, als die Macht der Gabe eines Dieners zu mir schwappte. Die Beiden wurden von einer Frau bedient, die ihnen vier Gläser mit dunkler Flüssigkeit zuschob. Die Macht der Gabe ging von ihr aus.

»Adalar ist hier«, stellte Mardono fest.

Ich wusste, er spürte ebenso diese Macht in seinem Körper. Adalar nutzte seine Gabe der Gestaltenwandlung und überspielte sein Erscheinungsbild mit einer Täuschung. Ihm war es möglich, jederzeit den Körper eines anderen Lebewesens anzunehmen. Die Perfektion in seiner Gabe erlaubte es ihm, in seiner wahren Gestalt unentdeckt unter den Ungezeichneten zu verweilen, sie zu täuschen und für seine Handlungen unschuldige Menschen büßen zu lassen.

»Da ist Hagebutte in der Cola«, sagte Mardono.

Eine weitere Fähigkeit der Monde war die Kunst des Riechens, die es erlaubte, Gerüche über weite Distanzen hinweg zu erkennen. Mardono zog ein Schutzschild über die Gläser in Lukes und Aarons Händen, bedacht darauf, den Geruch innerhalb des Schildes zu belassen. Die Kunst des Schutzschildes erlaubte es, eine Barriere zwischen dem zu ziehen, was der Schutzschild schützen sollte und den Elementen, vor denen er schützen konnte.

Ich sah auf die Gläser. »Ein Gift?«

»Wenn es wirklich ein Gift ist, dann DANMUN VITAE, ein Dämmerungsgift aus dem Wald Infernas, das nur gegen Ungezeichnete wirkt. Das ist das einzige Gift, das ich kenne, das nach Hagebutte riecht. Die vergifteten Körper sacken durch das Einatmen binnen weniger Sekunden bis Minuten in eine Bewusstlosigkeit, als würden sie einfach einschlafen. Unbehandelt kann die Bewusstlosigkeit mehrere Wochen andauern. Lias hat das Gift aus dem Grund auch als Dornröschens Kraut betitelt. Die Reichweite des verflüchtigten Gifts im Geruch der Cola beträgt maximal einen Meter um dessen Quelle. Wir werden sehen, wie viel die Beiden eingeatmet haben, bevor ich den Schutzschild über die Gläser gezogen habe. Sobald ich eine Einschätzung habe, kann ich die Menge an Gegengift zubereiten.«

»Was ist mit der Einnahme des Giftes über die Flüssigkeit?«

»Unproblematisch. Es wirkt nur als Geruch über die Atemwege. Meistens haben Ungezeichnete allerdings keinen Geruchssinn, der ausgeprägt genug ist, damit sie den Geruch nach Hagebutte wahrnehmen können.«

Luke hatte zwei der Gläser in der Hand, stellte sich neben Sabriel und gab ihm eines. Eine wachsende Schwäche in seinem Körper schwappte zu mir.

»Luke ist betroffen«, stellte ich fest, ehe ich meinen Blick zu Aaron gleiten ließ. Er hatte sich neben Sean gestellt und umklammerte die Gläser.

»Alles in Ordnung?«, fragte Sean ihn besorgt. »Du siehst ganz schön müde aus im Gegensatz zu eben.«

»Bin ich auch«, antwortete Aaron.

»Aaron trägt ebenso Gift in seinem Körper.« Ich sah zu Mardono. »Das Gegengift?«

Er erwiderte meinen Blick. »Dafür muss ich nach Lunarum, und ich brauche ein paar Minuten um das passende Serum zu fertigen. Es ist in der Herstellung nicht gerade einfach und ziemlich ressourcenverschwendend. Ich werde Aatamia gleich mit Kräutern zu dir schicken, die das Gift in der Cola neutralisieren, bevor sie noch mehr vom Geruch einatmen. Dann bist du vielleicht zwei oder drei Minuten allein. Er wartet schon auf der Lichtung auf mich.«

Ich spürte nach Mardonos Schutzschild und legte meinen darüber. »In Ordnung.«

»Ich bin gleich wieder bei dir«, sagte er und küsste meine Stirn. »Und Aatamia auch.«

»Du solltest dich setzen, Aaron«, hörte ich Sean.

Ich ließ meinen Blick nicht von Mardono. »Du solltest das Serum herstellen.«

Mardono küsste ein weiteres Mal meine Stirn. »Bis gleich.« Er wechselte nach Lunarum.

»Bis gleich«, flüsterte ich mit einem Lächeln auf den Lippen, wohlwissend, er nutzte seine Kunst des Hörens, um mich nicht vollkommen allein zu lassen.

Mein Blick glitt zu Sean. Er hatte die Gläser aus Aarons Hand genommen und sie auf den Boden gestellt, während sich Aaron auf einen der Wartestühle fallen gelassen hatte.

»Du auch, Luke.« Sabriel setzte ihn neben Aaron, nahm dessen Glas und stellte es gemeinsam mit seinem eigenen auf den Boden.

»Alles in Ordnung bei euch?«, fragte Benjamin, der unweit von den Freunden stand.

»Luke und Aaron geht es nicht gut. Sie scheinen einen Schwächeanfall oder sowas zu haben«, antwortete Sean.

Aatamia wechselte mit verschleierter Gestalt vor mich und legte seine Hand an meine Wange. »Ich bin bei dir, Mera.«

»Es steht in meinem Wissen.«

Er nahm seine Hand von meiner Wange und legte sie an meinen Oberkörper, dort, wo sich mein Herz befand. »Hier drin hoffentlich auch.«

Ein liebevolles Lächeln huschte über meine Lippen. »Ich danke dir, Aatamia.«

»Nicht dafür, Mera. Das weißt du doch.«

Ich erkannte vier Krautblätter in seiner anderen

Hand und deutete darauf. »Das Kraut zur Neutralisation?«

Aatamia nickte. »Das sind die Blätter von IN AMARUM DOLORE. Daraus stellt Mardono auch das Serum her.«

Ich legte seine Hand zwischen die meinen und nahm mir zwei der Blätter. »Ich übernehme Seans und Aarons Gläser.«

Aatamia strich sachte über den Stoff meines Oberteils, ehe er seine Hand von meinem Körper nahm. »Und ich die Gläser von Luke und Sabriel.«

Ich ging zu den Gläsern, die Sean auf den Boden gestellt hatte und sah in die dunkle Flüssigkeit. Nichts schien darauf hinzuweisen, dass sie Gift in sich trug. Einzig der Geruch nach Hagebutte war unverkennbar für meine Fähigkeiten.

Benjamin beugte sich kaum einen Meter neben mir zu Luke und Aaron hinab. »Die Sanitäter sind schon auf dem Weg. Habt ihr eine Idee, warum ihr beide gleichzeitig einen Schwächeanfall habt?«

»Vielleicht haben wir was zum Frühstück gegessen, dass wir nicht vertragen haben«, murmelte Aaron.

Benjamin zog seine Augenbrauen hoch. »Dass ihr beide den Kaffee, den ihr getrunken habt, nicht vertragt, lasse ich mir noch eingehen aber, dass ihr gleichzeitig und mit denselben Symptomen Probleme habt, ist mir doch zu viel Zufall.«

Aaron vergrub sein Gesicht in seinen zitternden Händen. »Gutes Argument.«

»Ich hole euch Wasser, bevor ihr noch komplett umkippt« Benjamin stand auf und ging zur Theke.

Mein Blick folgte ihm, doch Adalars getäuschte Gestalt war verschwunden. Ein Zischen drang in meine Ohren und ließ mich zu Aatamia sehen, der das Kraut in die Gläser gegeben hatte. Ich tat ihm gleich, gab das Kraut in die Flüssigkeit und hörte das Zischen aus den beiden Gläsern vor mir.

»Was war das?«, fragte Sabriel, dessen Blick zu mir schnellte. Er sah mich nicht, doch er spürte mich. »Was machst du da?«

»Hier. Bevor ihr beide auch noch umkippt.« Benjamin war zurückgekehrt und drückte Sean und Sabriel Wasserflaschen in die Hände.

Sanitäter kamen aus einem der Zugänge in den Bereich und eilten zu den Freunden. Ich stand auf und wich zurück, bedacht darauf, nicht berührt zu werden. Sean und Sabriel wichen ebenso, als ein Stechen durch meinen Körper schoss. Wie bei der Vergiftung seines Vorzeichens ließen die Monde Mardono und mich um Seans Bestrafung für seine Zweifel in sie spüren.

Aatamia stellte sich besorgt neben mich. »Sag mir nicht, dass das, was ich gerade bei dir spüre, das ist, was ich denke.«

»Seans Zweifel eröffnen den ersten Schub«, bestätigte ich.

»Das hat gerade noch gefehlt.«

Seans Finger krallten sich in den Stoff seines Oberteils und Schweiß legte sich auf seine Stirn.

»Sean?« Sabriel stellte sich vor ihn und legte seine Hand an dessen Stirn. »Du glühst ja richtig.« Er wandte sich zu den Sanitätern. »Wir brauchen hier einen von euch, Sean scheint auch einen … Schwächeanfall zu haben.« Seans Beine gaben nach, doch Sabriel fing ihn auf, ehe sein Körper auf den Boden prallte. »Bleib bei mir, Sean.«

»Verdammt«, hörte ich einen Sanitäter fluchen. »Hinlegen. Beide. Sofort!«

Mehrere Sanitäter legten Luke und Aaron auf den Boden, denn beide hatten das Bewusstsein verloren.

»Mr Dearing können Sie mich hören?«, fragte einer der Sanitäter, während er gegen Lukes Wange klopfte. »Lucas? Hören Sie mich?«

»Das ist nicht gut«, murmelte Aatamia.

»Was passiert hier?«, flüsterte Sabriel.

»Sabriel, komm da weg.« Benjamin ging zu ihm, legte seinen Arm um dessen Taille und zog ihn hoch und von Sean weg, nicht ohne, dass Sabriel über seine eigenen Beine stolperte. »Komm mit, wir gehen an die Seite, damit die Sanitäter Platz haben und wir nicht im Weg stehen.«

Ein Keuchen drang in meine Ohren, ein Schrei folgte und ein Stechen schoss durch meinen Körper. Mein Körper wollte zusammensacken, doch Aatamia hielt mich.

»Diyar, sieh bitte nach Mardono«, ließ mich Aatamia in Gedanken mithören. »Wenn es ihm gerade so schlecht geht wie Mera, braucht er dringend Hilfe.«

»Ich bin schon bei ihm und es geht ihm genauso beschissen, aber er lässt sich davon abhalten, das Serum herzustellen«, ließ uns Diyar wissen.

»Sean geht vor, sonst kann sich Mardono das Serum abschminken.«

»Er blutet!«, brüllte einer der Sanitäter. »Ich brauche hier noch jemanden. Sofort!«

Ich erkannte Blut an Seans Rücken kleben. »Aatamia, nutze deine Kunst der Zeichenverschleierung für Sean. Ich habe nicht die nötige Kraft dafür«, keuchte ich.

»Mera, du weißt, dass ich das bei anderen nie gelernt habe.« Sorge lag in seinen grauen Augen.

»Du kannst das, Aatamia. Vertraue dir und deinen Fähigkeiten.«

Er nickte. »Ich probiere es.«

Ich hörte, wie eine Schere durch Stoff schnitt. Aatamia atmete ein, während sich seine Hand in den Stoff meiner Kleidung krallte. Der Sanitäter, der sich um Sean kümmerte, entfernte dessen Oberteil und ließ mich einen Blick auf Seans Rücken erhaschen. Nicht eine Linie unseres Zeichens war zu sehen.

»Sehr gut, Aatamia«, flüsterte ich.

»Nur die Wunden kann ich nicht verstecken.«

»Es steht in niemandes Macht, Wunden zu verdecken.«

Der Sanitäter hielt inne und starrte auf Seans Rücken. »Wie zur Hölle bekommt man solche Verletzungen? Mr Coleman, was haben Sie in den letzten Minuten gemacht, bevor Sie angefangen haben, zu bluten?«

Sean keuchte. »Ich war bei Aaron.«

Der Sanitäter drückte eine Kompresse auf dessen Rücken. »Wie sind diese Verletzungen auf Ihren Rücken kommen?«

»Keine Ahnung.«

Ein zweiter Sanitäter kniete sich dazu. »Was ist hier passiert?«, fragte er mit einem verwirrten Blick.

»Das wüsste ich auch gern«, erwiderte der erste Sanitäter. »Mr Coleman, um Sie richtig versorgen zu können, müssen wir wissen, was Sie in den letzten Minuten gemacht haben.«

»Ich war bei Aaron«, wiederholte sich Sean.

»Woher kommen diese Verletzungen auf ihrem Rücken?«

Ein Stechen schoss durch meine Brust. Sean schrie und verkrampfte sich.

»Ich kann Ihnen nicht helfen, wenn Sie mir nicht sagen, was Sie gemacht haben, verdammt nochmal!«

»Ich habe keine Ahnung, verdammt!«, keuchte Sean.

Ich löste mich aus Aatamias Berührungen und kniete mich zitternd vor Sean. Er sah mich nicht, doch er spürte mich, hob seinen Kopf und schien in meine Augen zu blicken. Sachte legte ich meine Hände an seine Wangen.

»Es ist die Bestrafung der Monde«, ließ ich ihn meine gesprochenen Worte hören. »Sie beginnen, dein erstes Zeichen von deiner Haut trennen.«

»Spannendes Timing«, murmelte Sean.

»Wir können dir Abhilfe verschaffen. Erinnerst du dich an die grüne Paste, die Mardono für Lukes und Sabriels Wunden verwendete? Sie kann deine Bestrafung nicht heilen, doch sie lässt den Schmerz abklingen und verschließt die Wunden gegen den Tribut der Narben.«

»Die beiden müssen ins Krankenhaus. Wir kriegen sie hier nicht wach«, hörte ich einen der Sanitäter in meinem Rücken, der sich um Luke und Aaron kümmerte.

Sean erstarrte. »Ins Krankenhaus?«

»Ist die Wunde gewachsen? Die war vorher doch nicht da unten«, murmelte einer der Sanitäter in Seans Rücken.

»Das haben wir gleich.« Der andere Sanitäter zog einen Kugelschreiber hervor und malte auf Seans Haut, ehe er und sein Kollege einige Sekunden auf die Stelle starrten. »Scheiße, die Wunde wächst.«

Ein Stechen legte sich auf meine Brust und nahm mir die Luft zum Atmen. Ich war bedacht darauf, meine Finger nicht in Seans Wangen zu krallen, während sich Aatamia neben mich kniete.

»Diyar hat etwas Paste für Sean gemacht und das Serum für Luke und Aaron ist auch fertig«, hörte ich Mardonos Stimme in meinen Gedanken.

Ich erkannte den Schmerz in seinen Worten.

»Der hier muss auch mit ins Krankenhaus. Er hat wachsende Verletzungen«, schrie der Sanitäter in Seans Rücken.

Mardonos und Diyars Keuchen drang in meine Ohren. Sie hatten unweit von Aatamia und mir gewechselt.

»Das hat noch beschissener wehgetan, als dich mit Seans Vorzeichenvergiftung zu wechseln«, fluchte Diyar.

Schweiß klebte an Mardonos Körper. Er zitterte und seine Lunge rang nach Luft. Sein Blick glitt über die Menschen. »Das sind zu viele Ungezeichnete. Bevor wir alle in Trance haben, wachen die ersten schon wieder auf.«

Rouven wechselte zu uns, ebenso mit verschleierter Gestalt. »Das sind wirklich viele Ungezeichnete.«

Aatamias Verwirrung schwappte zu mir. »Rouven? Was machst du hier? Niemand von uns hat dich gerufen.«

»Ich habe gespürt, dass bei euch irgendwas nicht stimmt und nach euren Worten gehört. Ich habe mir schon gedacht, dass das bei so einem Ort viel zu viele für die Trance-Blüten sind, also habe ich den Wald Lunarums nach Alternativen gefragt.« Rouven zeigte uns eine blutrote Blüte. »Die Pflanzen haben mich zu dieser Blüte geführt. Ihren Namen wollte sie mir nicht verraten, aber sie meinte, sie kann Ungezeichneten ein falsches Bild vorgaukeln und uns so Zeit verschaffen, Luke und Aaron das Serum und Sean die Paste zu geben. Und bevor ihr fragt, keine Ahnung, woher sie wusste, wofür wir sie brauchen. Das wollte sie mir auch nicht sagen.«

Rouvens Gabe war die Gabe der Sprachenbändigung. Ihm war es möglich, mit jeder Art von Lebewesen zu kommunizieren, so ebenso mit Pflanzen.

»Ich habe die Blüte noch nie gesehen«, murmelte Mardono.

»Es gibt auch nur diese eine«, sagte Rouven.

»Wo hast du sie gefunden?«

Rouven zögerte. »In einem Dunkelgebiet. Und ja, ich habe mein Blut für sie gegeben.«

»Weißt du, in welche verdammte Gefahr du dich damit gebracht hast?«, fragte Aatamia. »War wenigstens Ira bei dir?«

»Du kennst sie. Sie würde mich niemals allein in ein Dunkelgebiet gehen lassen.«

»Wie lange ist die Wirkungsdauer?«, fragte Mardono.

»Solange, wie ich möchte.«

»Weißt du, wie man die Blüte anwendet?«

»Ich komme nicht mit einer Wunderpflanze um die Ecke und habe keine Ahnung, wie sie funktioniert.« Rouven sah zu Diyar. »Es gibt wohl mehrere Möglichkeiten, aber die Pflanze hat mir nur eine verraten, und dafür brauche ich deine Gabe.«

Diyar nickte. »Was muss ich tun?«

»Ich werfe die Blüte in die Luft. Du verbrennst sie und verteilst die Asche über die Ungezeichneten, während ich mich um das falsche Bild kümmere.«

»Was ist mit den Freunden?«, fragte Aatamia.

»Ich lasse die Drei außenvor. Bei Sean wird sie als Gezeichneten sowieso nicht wirken. Bereit?«

»Bereit«, erwiderte Diyar.

Rouven warf die Blüte in die Luft, ehe sie an ihren Höhepunkt in Flammen aufging. Ein Wind erfasste und verteilte die Asche über die Ungezeichneten. Diyars Gabe erlaubte die Elementenbändigung in unterschiedlichen Ausführungen. Durch seine Perfektion in seiner Gabe trug er eine Macht in sich, die kaum einer meiner Krieger erlernt hatte. Ein lieblicher Geruch von Rosen drang in meine Nase.

Benjamin löste sich von Sabriel. »Sind die Vier im Separee?«

»Sie sind«, antwortete einer der Sanitäter, während er seine Tasche packte. »Sie sollten ein besseres Auge darauf haben, wie viel Ihre Jungs essen und trinken.«

»Sollte ich.«

Jeder einzelne der Sanitäter packte seine Sachen, stand auf und verließ den Bereich.

»Es funktioniert«, murmelte Mardono.

»Was ist hier los?«, fragte Sabriel verwirrt und wenig begeistert über das Verhalten von Benjamin und der Sanitäter.

»Sabriel?«, fragte Sean.

Sabriel deutete auf die Ungezeichneten, die den Bereich verließen. »Hast du das gerade auch mitbekommen? Dass wir angeblich in einem Separee wären?«

»Habe ich«, bestätigte Sean.

Rouven löste seine Verschleierung. »Hallo ihr zwei. Ich bin Rouven. Wir haben uns mit einer Pflanze etwas Zeit verschafft, um euch zu helfen«, erklärte er.

Sean erwiderte dessen Blick: »In dem ihr allen vorgaukelt, meine Freunde und ich wären nicht hier?«

Ich löste meine Verschleierung und Mardono, Aatamia und Diyar folgten mir. Sean zuckte, als er mich sah, denn ich kniete noch vor ihm.

»Es ist die Macht einer Pflanze aus dem Wald Lunarums. Durch das falsche Bild können wir die Paste auf deinem Rücken verteilen und Luke und Aaron das Gegengift in der Form eines Serums geben«, ergänzte ich Rouvens Worte.

Seans Augen weiteten sich und Sorge und Angst schwappten zu mir. »Luke und Aaron sind vergiftet worden?«

»Ich übernehme Sean.« Diyar kniete sich in dessen Rücken und stellte ein Schälchen mit grünlicher Paste auf den Boden.

»Ich helfe Mardono. Wir sind nicht weit weg, Mera«, sagte Aatamia.

Ich erwiderte seinen Blick. »Es steht in meinem Wissen.«

»Rouven, kannst du mit dem falschen Bild bitte auch dafür sorgen, dass die Vier heute nicht mehr fliegen werden?«, fragte Mardono.

»Schon dabei.«

»Warum sollen wir nicht mehr fliegen?«, hakte Sean nach.

Mardono tastete Lukes Handrücken ab, ehe er dessen Oberteil am Arm hochschob. »Das Serum, dass ich Luke und Aaron gleich geben werde, habe ich aus dem Heilkraut IN AMARUM DOLORE hergestellt. Die heilenden Bitterstoffe ähneln in ihrer chemischen Zusammensetzung fast vollständig der Struktur von Kokain. Werden die beiden nach Verabreichung des Serums innerhalb der nächsten vierundzwanzig Stunden auf Drogen getestet, schlagen sie an wie leuchtende Weihnachtsbäume. Und da Drogentests an Flughäfen nicht unüblich sind, will ich euch den Ärger ersparen.«

»Danke.«

»Sean, ich fange an«, sagte Diyar. »Bist du bereit?«

Für einen Atemzug schloss Sean seine Augen. »Ich habe es nicht verdient, dass mir geholfen wird.«

»Das dachte ich damals auch«, sagte Diyar.

Sean hielt inne. »Das dachtest du damals auch?«

»Wenn du möchtest, kann ich dir gern diesen Teil meiner Geschichte erzählen. Vielleicht hilft es dir für ein bisschen mehr Verständnis uns gegenüber.«

»Vielleicht.« Sean atmete tief ein. »Ich bin bereit.«

Diyar nahm etwas Paste auf und verstrich sie auf Seans Wunden. Ein Keuchen drang aus dessen Kehle.

Ich lehnte meine Stirn gegen die seine, während meine Hände noch immer an seinen Wangen lagen. »Du bist nicht allein, Sean«, flüsterte ich.

»Du folgst mir ja auch überallhin.«

Ich schmunzelte und spürte, wie das Stechen der Warnung in meinem Körper zu versiegen begann. »Zu eurem Schutz.«

Sean griff eine meiner Hände an seiner Wange. »Wie wurden Luke und Aaron vergiftet?«

»Das Gift wurde durch die Cola verabreicht. Der Geruch allein genügte. Mardono agierte zügig, doch es reichte nicht, um die Vergiftung vollkommen zu verhindern. Aatamia und ich haben den Wirkstoff in der Zwischenzeit neutralisiert. Es besteht also keine Gefahr mehr, für niemanden von euch.«

Sean verschränkte unsere Finger ineinander. »Danke.«

»Es gibt nichts, wofür du dich zu bedanken hast, Sean.«

Er keuchte und krallte sich in meiner Hand fest. »Das brennt wie Hölle.«

»Ich bin schon fertig«, sagte Diyar. »Mera?«

Ich hob meinen Kopf von Sean und sah zu ihm.

Sorge lag in seinen Augen. »Die erste Wunde hat

einen kompletten Kreis eingenommen. Bei mir war das damals nicht so viel.«

»War es nicht«, stimmte ich zu. »Ich danke dir für deine Hilfe.«

Diyar schüttelte seinen Kopf. »Nicht dafür.«

»Wir sind hier auch fertig«, sagte Mardono. »Das Serum hat schon angeschlagen. Ihre Herzschläge und Atmungen haben sich binnen Sekunden verstärkt.«

»Zum Glück«, murmelte Sean. »Danke.«

»Es gibt nichts, wofür du dich zu bedanken hast«, wiederholte ich mich.

ELF

Warum zweifelst du an den Monden?«, fragte ich Sean, der sich unweit von Diyar und mir ebenso auf der Lichtung Lunarums befand.

»Meinst du die Monde, die mir Wunden in die Haut eingeritzt haben nur, weil ich einen scheiß Tag nach meiner ungewollten Verwandlung zum Krieger noch nicht mal im Ansatz davon überzeugt bin, ein Teil von dem hier zu werden?« Sean streckte seine Arme von sich und unterstrich damit sein Unverständnis über meine Frage, das in seinen Worten zu deutlich mitschwang.

»Warum bist du nicht von den Monden überzeugt?«

»Weil ich keine guten Gründe habe.«

»Nenne mir gute Gründe«, forderte ich ihn auf.

»Keine Ahnung, diese verdammten Schmerzen von vorhin gehören jedenfalls nicht dazu. Und der Gedanke, dass ich davon sterben könnte definitiv auch nicht.«

»Die Monde entfernen dir nicht einzig dein erstes Zeichen durch eine Ablösung von deinem Körper, sondern sie nutzen diese Schmerzen ebenso, um dir zu zeigen, dass du uns Kriegern dein Leben blind anvertrauen kannst. Denn so sehr sich ein Neugezeichneter gegen uns stellt, so sehr kämpfen wir um ihn und sein Leben.«

»Nette Idee. Ist nur eine scheiß Umsetzung, finde ich. Aber mich fragt ja keiner nach meiner Meinung.«

»Unsere ersten Tage in Lunarum könnten nicht ähnlicher sein, Sean, denn es mangelte mir ebenso an Vertrauen in die Monde. Mardono und Aatamia wagten es nicht, meine Seite verlassen. Sie kämpften für mich und mit mir. Sie bewahrten mich vor dem Weg, den du gehen möchtest und sie zeigten mir, welchen Wert das blinde Vertrauen zu ihnen und zu den Monden in sich trägt. Ebendiesen Weg möchte ich dir aufzeigen. Wo er für dich und für uns enden wird, steht nicht in meinem Wissen. Was jedoch in meinem Wissen steht ist, dass du diesen Weg niemals allein gehen wirst, wenn du ihn nicht allein gehen möchtest.«

»Für was sollte ich dieses blinde Vertrauen brauchen?«

»Für dem Kampf um den Weiterbestand der Monde und der damit verbundene Weiterbestand der Menschenwelt.«

»Ich habe keine Ahnung, was ihr alles draufhabt, aber das, was ich bisher mitbekommen habe, scheint mir genügend zu sein, damit ihr mich nicht braucht. Warum sollten mich also die Monde für ihren Kampf haben wollen?«

»Du drehst dich im Kreis, Sean«, warf Diyar ein. »Niemand von uns weiß, warum du hier bist und, warum sich die Monde ausgerechnet jemanden wie dich ausgesucht haben. Aber wie Mera dir schon angeboten hat, ist sie bereit, mit dir Antworten auf deine Fragen zu finden. Nur wird das nicht von jetzt auf gleich funktionieren.«

Sean deutete verwirrt auf Diyar. »Woher weißt du von Meras Angebot? Es war niemand von euch dabei, als sie das angesprochen hat.«

»Eine Kunst der Monde ist die des Hörens. Diejenigen von uns, die sie beherrschen und perfektioniert haben, können Gespräche über die Grenzen der Welten hinaus mithören, solange sie wissen, wo sich die sprechenden Personen befinden. Zu den Kriegern gehören Mardono, Aatamia, Ira, Rouven und ich. Mardono lässt Mera nie nur eine Sekunde unbeobachtet und damit momentan auch genauso wenig dich.«

Sean schnaubte. »Verstehe. Dieser übernatürliche Überwachungsstaat nimmt gerade eine ganz andere Ebene an.«

»Dieser übernatürliche Überwachungsstaat hat einigen von uns schon das Leben gerettet, mich eingeschlossen«, verteidigte Diyar. »Sean, wenn du wissen willst, warum du hier bist, musst du zumindest Mera einen kleinen Vertrauensvorschuss geben, damit sie überhaupt die Möglichkeit hat, irgendeine Antwort gemeinsam mit dir zu finden.«

Sean verschränkte seine Arme. »Warum sollte ich?«

Diyar fuhr sich durch sein Gesicht, ehe er zur mir sah und auf Sean deutete. »War ich auch so anstrengend?«

»Jede Anstrengung um dich lohnte sich aus«, erwiderte ich.

»Warst du auch so anstrengend?«, fragte Sean verwirrt. »Hat das was mit den Worten am Flughafen zu tun, als du meintest, du hättest gedacht, dass du die Hilfe auch nicht verdient hättest?«

Diyar nickte. »Ich wurde 1634 südlich von Edinburgh in eine hohe Adelsfamilie geboren. Ich hatte alles, was ich wollte, und bekam alles, was ich mir gewünscht habe. Als sich die Hexenjagd über Schottland gelegt hat, sind meine Brüder und ich selbst zu Jägern geworden. 1661, mitten in der Hochzeit der schottischen Hexenjagd, haben mich die Monde vorgezeichnet, was dazu geführt hat, dass ich selbst der Hexerei beschuldigt worden bin. Einer meiner eigenen Brüder hat mich verurteilt aber statt Mera zu folgen, habe ich mich für den Scheiterhaufen entschieden. Sie, Mardono und Aatamia haben mir mein Leben gerettet, indem sie mein Vorzeichen über meinen Kopf hinweg vervollständigt haben. Und ich habe sie gehasst dafür. Also habe ich mich in meine Zweifel gestürzt, genau wie du. Sean, du wirst den Weg, den du gerade einschlägst, nicht überleben. Die Monde dulden niemanden, der Zweifel in sich trägt und ein Zeichen auf dem Rücken noch dazu. Und Mera rettet nicht einfach irgendwelche Leben, weil sie es schön findet, sich über andere hinweg zu setzen. Sie rettet nur die Leben der Menschen, von denen sie nicht will, dass sie sterben.«

»Sehr poetisch«, sagte Sean wenig beeindruckt.

Diyar zog sein Oberteil aus. »Ich trage sechs der sieben Zeichen auf meiner Haut. Ich trage sie mit Bürde, aber ich trage sie vor allem mit Stolz und mit Ehrfurcht. Genauso wie du, habe ich mich nach der ersten Zeichnung gegen Mera, Mardono und Aatamia gestellt. Sie wollten mich an die Hand nehmen, aber ich habe es ihnen nicht verziehen, dass sie mich für mein Überleben gezeichnet haben. Sieben Wochen haben die Monde dieses Verhalten beobachtet, bis sie sich entschlossen haben, mir zu zeigen, dass ich sterben würde, sollte ich mein Verhalten und mein Vertrauen nicht ändern. Ich hatte dieselben Schmerzen, die du am Flughafen gespürt hast.«

»Soll mich das jetzt bekehren?«

»Lass deine Augen nicht von mir.« Diyar wandte sich um.

Sean erstarrte, ehe sich ein Zittern in seinen Körper legte. Seine Augen weiteten sich und seine Atmung stockte, als er Diyars Rücken sah.

»Die Monde dulden keine Zweifel in sie«, erklärte ich. »Die Entwicklung der Abtrünnigen unter ihrer Gnade zeigte ihnen auf eine erbarmungslose Weise, das eine Flucht aus Lunarum einzig unter der Bedingung des Todes ihren Weiterbestand uneingeschränkt sichert.«

»Weißt du eigentlich, wie unfair das ist?«, fragte Sean, ohne seinen Blick von Diyars Rücken zu lassen. »Ich habe mich nicht für dieses Leben entschieden, sondern du und trotzdem werde ich bestraft, weil ich meine Zweifel an dem hier habe.«

»Sie schnitten sich ins eigene Fleisch, mich als Führung Lunarums für ihren Wunsch nach dir zu bestrafen.«

»Das ändert nichts an der Tatsache, dass es unfair bleibt.«

Diyar wandte sich zurück zu Sean. »Ich habe mich lange geweigert zu akzeptieren, dass ich mich in den Tod treibe, bis ich irgendwann genau das wollte. Ich wollte nur noch sterben, so wie ich auf dem Scheiterhaufen längst hätte sterben sollen.«

»Warum lebst du noch?«

Ein Lächeln legte sich auf Diyars Lippen. »Wegen Mera, Mardono und vor allem wegen Aatamia. Sie haben mich aufgefangen und mir gezeigt, wie wertvoll das Leben als Mensch und als Krieger sein kann. Und, weil Mera mich nicht sterben lassen wollte. Zu keinem Zeitpunkt. Du wirst Schübe haben, Sean, und jeder Schub wird länger andauern als der Vorherige. Das, was du am Flughafen gespürt hast, ist nur der Vorgeschmack auf das, was noch kommen wird.«

Sean ballte seine Hände. »Das ist ganz schön grausam.«

»Ist es und ich bin durch die Hölle gegangen für meinen Wunsch nach dem Tod. Ich habe mein Leben für meine Naivität riskiert. Für die Naivität, die auch du hast, weil du denkst, dass du uns nicht vertrauen kannst und, weil du denkst, dass wir etwas sind, dass es gar nicht geben kann. Und doch bist du ein Teil von uns. Aber diese Naivität ist es nicht wert. Die Monde hatten ihren Grund, dich vorzuzeichnen und dir damit die Möglichkeit zu geben, ein Krieger zu werden. Genauso wie sie ihren Grund hatten, Mera und auch Mardono zu zeigen, dass dein Überleben wichtig für sie ist. Und es ist wunderschön hier in Lunarum, Sean. Vor allem, wenn man solche Menschen wie die Drei um sich hat.«

»Ich weiß nicht so recht«, murmelte Sean.

»In meiner Zeit der Zweifel waren die Krieger immer für mich da, ob ich wollte oder nicht, vor allem die Drei«, sagte Diyar weiter. »Aatamia hat mir Halt gegeben, Mardono hat mich verarztet und Mera hat mir gezeigt, was Vertrauen wirklich bedeutet. Ich habe mich kaum anders ihnen gegenüber verhalten als Luke es tut, aber sie haben mich nicht allein gelassen. Sie haben mich nicht nur einmal gerettet, weil sie für mich da waren. Aber erst als ich diese Nähe und Fürsorge auch zugelassen habe, konnte ich mich selbst retten und auch überleben.«

»Warum?« Seans Blick glitt zu mir. »Warum zur Hölle sind eure verdammten Monde so grausam? Warum können sie mich nicht wieder gehen lassen?«

»Ihre Vergangenheit um die Abtrünnigen und um Decanus hat die Monde gelehrt, Sean«, antwortete ich.

»Wie?«

»Decanus ist der Älteste dreier Söhne der Flavius-Blutlinie, einer Familie aus ehemaligen Kriegern der Monde. Er ist in Lunarum aufgewachsen, was sein Wissen über diese Welt unser Wissen über Inferna um ein Vielfaches übersteigen lässt. Seine Eltern Lior und Mahalia trieben ihn und seine beiden jüngeren Brüder Abiel und Hiram in die Abtrünnigkeit, genauso wie sieben weitere Krieger, darunter ebenso Adalar. Die Hoffnung der Monde, dass diese Abtrünnigen zur Besinnung kommen und zurück nach Lunarum kehren könnten, war größer als die Einsicht, dass jeder einzelne von ihnen längst verloren war. Mit ihrer Verbannung nach Inferna, verloren die Abtrünnigen als einzige

Strafe für ihr Verhalten neben dem tributfreien Zugang zu Lunarum ebenso all ihre Fähigkeiten außer ihre Gabe, der Kunst des Wechsels und der Kunst des Rufs.«

»Das ist nicht meine Schuld.«

»Natürlich trägst du nicht die Verantwortung für die Naivität der Monde oder für das Handeln der Abtrünnigen. Die Monde bedachten nicht, dass die Zeichen auf den Körpern der Abtrünnigen Macht weit über die Abtrünnigkeit hinaus entstehen lässt. Macht, die genügte, um aus der Burg Infernas eine vollkommene Welt entstehen zu lassen. Sie erkannten, dass Gnade der falsche Weg war. Doch ihr Wille, die Zeichen von den Körpern der Abtrünnigen zu entfernen, wurde durch deren Zeichen, das sie dank ihrer Macht und der Macht Infernas haben entstehen lassen, verhindert. Den Monden verblieb einzig die Möglichkeit der Vergiftung ihrer Zeichen an deren Körpern, doch ebenso dieses Vorhaben wurde durch die Macht Infernas für Decanus aufgedeckt. Abseits von seiner Familie bildete er einen Verbund mit Adalar und entfernte ihm und sich selbst die Zeichen der Monde. Er schnitt jedes Stück schwarz verfärbte Haut aus ihren Körpern und umging derart die Vergiftung.«

Sean runzelte seine Stirn. »Warum hat nur er das erkannt?«

»Es steht nicht in meinem Wissen, Sean.«

»Haben deswegen Adalar und Henri die Narben an ihren Händen? Weil Decanus ihnen die Zeichen auf ihren Handrücken rausgeschnitten hat?«

»Haben sie.«

»Was ist mit Decanus' Familie und den restlichen Abtrünnigen passiert?«

»Decanus verachtete die Machtgier seiner Eltern und seiner beiden jüngeren Brüder, so nutzte er die Möglichkeit auf Verrat an ihnen. Er behielt den Umstand der Vergiftung und der Rettung aus ihr bei Adalar und sich. Es verhinderte jedoch nicht, dass Mahalia erkannte, wie ihr Körper und der Körper ihres Mannes und ihrer Abtrünnigen zu Grunde gingen. Als Mächtigste aller vergifteten Abtrünnigen verblieben Lior, Mahalia, Abiel und Hiram übrig. Sie wussten, dass ebenso sie sterben würden, so verschafften sie sich einen Zugang zu Lunarum, um die Träger mit letzter Macht zu töten. Durch den herben Machtverlust begannen die Monde, eine erneute und zweite Schwäche nach dem Unglauben der Ungezeichneten zu entwickeln. Diese Schwäche stürzte sie beinahe in den Tod und damit ebenso beinahe in die Vernichtung ihrer Welten und der Menschenwelt«

»Das erklärt so einiges. Zumindest, was die Grausamkeit angeht«, murmelte Sean.

»Mit diesem Geschehnis entschieden sich die Monde, jeden Zweifel durch die Ablösung des ersten Zeichens und dem damit verbundenen Tod zu bestrafen. Dennoch sehen sie in jedem Vorgezeichneten die Möglichkeit eines aufrichtigen und loyalen Kriegers. Das ist der Grund, warum ihre Bestrafung Zeit in Anspruch nimmt. Eine Zeit, die eine Gefahr für die Monde birgt, denn die Entfernung der Zeichen durch Decanus' Methode und eine damit verbundene Abtrünnigkeit nach Inferna ist weit weniger zeitaufwendig.

Die Monde sind sich dieser Gefahr bewusst, doch für jeden ihrer Krieger nehmen sie sie in Kauf. Sie schenken Hoffnung, Sean, und sie schenken Vertrauen, das ebenso ich dir bieten möchte.«

»Warum geben sie mir dann nicht die Zeit, meine Zweifel zu überdenken? Diyar hatte sieben Wochen und ich nicht mal einen Tag. Warum bin ausgerechnet ich etwas Besonderes?«

»Und schon wieder dieselbe Frage«, murmelte Diyar.

»Es steht noch nicht vollkommen in meinem Wissen, Sean, doch ich biete dir noch immer an, an meiner Seite eine Antwort auf diese Frage zu finden«, antwortete ich.

»Was ist mit meinen Freunden?«, hakte Sean weiter nach.

»Du wirst deinen Weg finden, mit deinen Freunden und auch mit uns. Das Einzige, was du tun musst, ist es diesen Weg auch zuzulassen, egal, wie beschissen er auf den ersten Blick aussehen mag«, erwiderte Diyar.

»Ich möchte dir etwas zeigen, Sean«, sagte ich.

Er erwiderte meinen Blick. »Was?«

»Folge mir.« Ich wandte mich ab und ging in den Wald Lunarums hinein. Jeder meiner Schritte ließ das Knirschen von Laub in meine Ohren dringen, während sich das Zwitschern der Vögel hinzumischte.

Sean holte an meine Seite auf. »Schöner Wald«, sagte er.

»Die Monde ließen ihn nach dem Vorbild eines europäischen Mischwaldes entstehen, wenngleich nicht alle Pflanzen ebenso in der Menschenwelt wachsen.«

»Für ein paar Heimatgefühle?«

»Natürlich«, erwiderte ich. »Ich möchte gern deine wahren Gründe für deine Zweifel erfahren, einzig so kann ich dir die richtige Hilfe anbieten.«

Sean starrte bedrückt und unsicher auf den Waldboden, während er die Hände in seine Hosentaschen schob. »Ich habe nicht das Gefühl, bereit für das hier zu sein, was auch immer es ist.«

»Ich war es ebenso wenig.«

»Bemerkenswert, dass du nach all den Jahren trotzdem immer noch lebst.«

»Ich fand meinen Weg, Sean, und mein Vertrauen, das mich überleben lässt.«

»Das kann bei mir noch dauern«, murmelte er, ehe er zu mir sah. »Kann es sein, dass sich Mardono mit Pflanzenheilkunde auskennt?«

»Er beherrscht vieles, dass sich mit der Heilung von Wunden befasst«, bestätigte ich, während Seans wachsende Neugierde zu mir schwappte.

»Was bedeutet das?«, fragte er.

Nicht ein Pfad zog sich durch die Bäume und doch wusste ich, wohin mich mein Weg führte. »Mardono hat ein großes Wissen über Pflanzenheilkunde ebenso wie er die Kunst der Heilung beherrscht. Sie ist die höchste Kunst der Monde und bedarf enormer Anstrengung, um vollkommen erlernt zu werden. Mardono beherrscht sie als einziger Krieger.«

»Ist das eine Art übernatürliche Heilung?«

»Die Kunst der Heilung erlaubt es, Wunden aller Art verheilen zu lassen, ähnlich der Wirkung der grünen Paste. Im Gegenzug fordert sie jedoch

Tribute für jede Art der Heilung. Mardono bezahlt diese Tribute zu gern, doch es gibt Grenzen, die nicht überschritten werden sollten.«

»Welche Grenzen sind das?«

»Die Grenze der Heilung Ungezeichneter und die Grenze der Heilung schwerstverletzter Krieger. Die Tribute hierfür reichen bis in den Tod des Heilers.«

»Und mit euren Pflanzen funktionieren solche Heilungen auch?«

Ich wich den Ästen einiger, junger Tannen aus, die sie in unseren Weg streckten. »Die Pflanzen aus den Welten der Monde stammen in ihren Wurzeln aus der Menschenwelt, weswegen sie ebenso bei Wunden von Ungezeichneten helfen. Die Wirkungen, die du bisher gesehen hast, sind Zuchten und Mutationen der Monde und ihrer Gezeichneten.«

»Verstehe«, sagte Sean. »Hat die Zahl sieben eine Bedeutung für euch?«

Ich erwiderte seinen Blick. »Eine ungewöhnliche Frage.«

»Die Zahl wiederholt sich nur dauernd. Sieben Tage bis zur Vergiftung des Vorzeichens, sieben Wochen bis zur Bestrafung bei Zweifeln, sieben Zeichen.«

»Die Zahl sieben begründet sich in der Geschichte der Monde. Es dauerte sieben Jahrhunderte bis der Unglaube der Ungezeichneten die Monde beinahe zu Fall brachte.«

»Das ist lange.«

»Bedenkt man, dass die Menschenwelt seit einigen Milliarden Jahren unter der Macht der Monde existiert, ist es nicht mehr als ein Moment«, widersprach ich.

»Warum sind es drei Monde?«

»Der Blutmond versorgt das Leben mit Wärme, der Vollmond mit Wasser und der Blaumond mit Erde.«

»Als du uns von den Monden erzählt hast, hast du von einer Rückleitung gesprochen. Was bedeutet das?«

»Seitdem der Glaube an die Monde zurück in die Ungezeichneten gebracht wurde, hegen die Monde den Wunsch, ihre Macht, die sie auf Träger und Krieger verteilten, vollkommen zurückzuerhalten. Nach dem Tod der Träger versuchten sie, uns einen Weg zu geben, doch wir scheiterten. Es fehlte uns schlichtweg an Wissen.«

»Könnten euch die Monde das nicht einfach sagen?«

»Sie können durchaus mit einigen ihrer Krieger in eine direkte Verbindung treten, doch sie wagen es zu selten, diesen Schritt zu gehen.«

»Warum?«

»Es steht nicht in unserem Wissen.«

Sean schnaubte. »Das klingt paradox. Sie wollen ihre Macht zurück und wissen wahrscheinlich auch wie es geht, aber sie trauen sich nicht, euch das zu sagen. Warum nicht?«

Zwischen den Ästen eines Baumes erkannte ich die gelben Augen der Sperbereule, die Mardono Aatamia und mir vor einigen Nächten vorgestellt hatte. Sie erwiderte meinen Blick und neigte ihren Kopf.

»Die Monde verfügen über enormes Wissen, das selbst uns Krieger überfordern könnte. Sie behalten es für sich, solange sie um unsere Überforderung fürchten«, erklärte ich.

»Warum sollte euch die Rückleitung überfordern?«

»Es steht nicht in meinem Wissen.«

»Ihr scheint mir, einiges nicht zu wissen«, stellte Sean fest. »Wie funktioniert das mit den Zeichen? Bekommt man nach einer gewissen Zeit ein weiteres oder muss man dafür eine Art Prüfung ablegen?«

»Letzteres. Jeder Krieger hat eine Lehre unter Mardono, Aatamia und mir zu absolvieren. Entscheiden sich die Monde, einen Krieger als würdig genug für ein weiteres Zeichen anzusehen, so erhält dieser ein Vorzeichen dafür«, antwortete ich, während ich mich unter einem tiefhängenden Ast einer Eiche hindurch duckte.

»Was müsste ich machen, damit ich als würdig genug angesehen werde?«, fragte Sean.

»Deine Lehre erfolgreich durchlaufen.«

»Dann haben die Zeichen also ihre Bedeutung nach Lehrinhalten?«

»Von den sieben Zeichen gehören neben dem Zeichen der Zugehörigkeit und dem Zeichen der Führung, zwei zum Kampf, zwei weitere zu deiner Gabe und ein Letztes zum Charakter des jeweiligen Kriegers.«

»Mein Charakter?« Sean runzelte seine Stirn. »Wie habe ich das zu verstehen?«

Die Umrisse des Baumes, zu dem ich uns brachte, zeigten sich unweit von uns.

»Jeder Krieger ist durch eine einzigarte Charaktereigenschaft gekennzeichnet. Sie begründet das sechste Zeichen auf dem Bauch«, antwortete ich.

»Das sechste Zeichen? Ich muss mich also erst durch deine Lehre schlagen, bevor ich meinen Charakter entdeckte?«

»Einzig das erste Zeichen ist in seiner zeitlichen Reihenfolge gefestigt. Jedes weitere Zeichen kommt mit der Entscheidung der Monde.«

»Ich könnte das sechste Zeichen vor dem Zweiten haben?«

»Natürlich.«

»Was ist deine Charaktereigenschaft?«

»Selbstlosigkeit.«

Ich blieb vor dem Baum stehen, an dessen Äste Blüten, Blätter und Früchte hingen, die unterschiedlicher nicht sein konnten. Als ich die roten Kakaobohnen an einem der Äste sah, huschte ein Lächeln über meine Lippen. Ebenso wie all die anderen Früchte, hingen sie seit mehreren Jahrhunderten unverändert am Baum der Krieger. Sie waren zu unreif und zu klein, um geerntet zu werden.

»Interessanter Baum«, stellte Sean fest.

»Es ist der Baum der Krieger«, erklärte ich. »Seine Krone trägt einen Ast für jeden Gezeichneten Lunarums, wobei sich jeder Ast seine Kraft aus einer eigenen Wurzel zieht. Je nach Krieger gestaltet sich der Ast und je nach Krieger findet sich die Wurzel an einem bestimmten Ort in Lunarum wieder.«

»Sollte so ein Baum nicht im Zentrum von irgendwas sein? Von der Lichtung von eben zum Beispiel?«

»Der Baum der Krieger ist kein Mahnmal, dass Imposanz verstreuen soll. Er ist lediglich ein Abbild aller Krieger.«

»Hat er deswegen abgestorbene Äste, weil das die gefallenen Krieger sind?«

Ich blieb an Decanus' Ast hängen. »Sie wirken abgestorben, doch sie sind es nicht. Jeder Ast dieser Art ist ein Ebenbild für einen abtrünnigen Krieger.«

»Das sind weniger als ich erwartet habe.«

»Dreizehn an der Zahl.« Ich deutete in die Krone. »Siehst du den schwarzen Ast mit den blauen Rosen? Dieser Ast gehört zu Decanus. Seine Wurzel endet an der Grenze zu Inferna.«

»Decanus und blaue Rosen? Ich hätte eher etwas Schwarzes erwartet. Wie der Ast daneben, mit den schwarzen Beeren.«

Ich erkannte den Ast. »Er gehört zu Henri.«

»Henri war ein Krieger?«

»Er stammte aus denselben Gefilden wie Diyar und war ebenso ein Hexenjäger in seiner Zeit als Ungezeichneter, doch seine Begierde nach Jagd verließ ihn niemals. Die Beeren an seinem Ast sind schwarze Nachtschatten. Henris Handeln ließ sie für jeden hochgiftig werden, der es selbst mit Henris Erlaubnis wagt, sie zu probieren. Einzig Henri ist es fähig, sie ohne Bedenken zu essen.«

»Warum zeichnen die Monde Leute mit so einer Vergangenheit wie ihn oder Diyar?«

Ich erwiderte Seans Blick. »Die Monde sahen Potenzial als Krieger in ihm, genauso wie sie es in dir sehen. Henri erfüllte es mit Würde, doch seine

Begierde nach Jagd trieb ihn in Decanus' Fänge. Er ist der einzige Krieger, der unter meiner Führung den Weg in die Abtrünnigkeit gegangen ist.«

»Das heißt, er war mal nicht ganz so … böse?«

»Er folgte Mardono, Aatamia und mir bedingungslos.«

»Schwer zu glauben«, sagte Sean. »Darf ich deinen Ast auch sehen?«

Ich benötigte nicht lange, um meinen Ast zu finden, der sich unweit von den roten Kakaobohnen befand. »Siehst du den Ast mit den roten Äpfeln? Dieser gehört zu mir.«

»Warum rote Äpfel?«

»Ich möchte die Bedeutung meines Asten zu diesem Zeitpunkt nicht mit dir teilen.«

»Schade.« Sean hielt inne. »Habe ich auch einen Ast?«

Ich erkannte einem neuen Ast mit zwei unterschiedlichen Blüten. Weinreben baumelten in der Nähe des Stammes, während weiße Blüten, ähnlich wie sachte Blätter, an der Spitze des Astes hingen. Ich deutete auf ihn. »Dort.«

Seans Verwirrung drang zu mir vor. »Warum hat mein Ast als einziger zwei Blüten?«

»Du trennst die Welten, in denen du stehst. Die Weintrauben stammen aus deinem Leben in der Menschenwelt, doch die Silberblätter gehören zu den Monden.«

Er lächelte liebevoll. »Als Kind habe ich Wein von meinen Eltern geklaut und genau einen einzigen Schluck runterbekommen, bevor mir davon schlecht geworden ist. Seit dem Tag habe ich mir abgeschworen, jemals wieder Wein zu trinken oder überhaupt Weintrauben zu essen. Aaron, Luke und Sabriel finden es lustig genug, mich damit aufzuziehen. Wenn wir auf Tournee sind, hat es schon Tradition, dass die Drei mir ein Glas Traubensaft und eine Schale Weintrauben zum Frühstück ordern.« Sein Lächeln verschwand. »Auf dieser Tournee haben sie es noch nicht einmal gemacht.«

»Es tut mir leid.«

Sean zog seine Augenbrauen hoch. »Was tut dir leid? Dass ich keinen Wein mag oder, dass mich die Drei damit ärgern?«

»Es tut mir leid, dass eure Unbeschwertheit seit Decanus' und unserem Erscheinen leidet.«

»Es war ja nicht wirklich deine Entscheidung.« Sean sah zu seinem Ast. »Was haben diese weißen Blüten zu bedeuten?«

»Es sind die Blätter des Silberblattes. Ihr korrekter Name ist LUNARIA ANNUA.«

»Sehr unauffällig für die Mondseite in mir«, murmelte Sean. »Wenn sich schon dieser Baum nicht entscheiden kann, wie soll ich es dann?«

»Die Blüte deines Astes ist abhängig von deinem Handeln. Wirst du es schaffen, beide Welten zu vereinen, so werden sich ebenso die Blüten deines Astes miteinander verbinden.«

»Eine silberblattförmige Weintraube. Das will ich sehen«, erwiderte Sean. »Kann man nachvollziehen, wohin die Wurzeln wachsen?«

»Das Ende deiner Wurzel wird sich dir zu einem bestimmten Zeitpunkt ergeben.«

»Verstehe. Danke, dass du mir das gezeigt hast.«

»Es gibt nichts, wofür du dich zu bedanken hast«, sagte ich, während ich erkannte, wie sich die Dämmerung zur Nacht über Lunarum legte. »Ich bringe dich zurück zur Lichtung.« Ich wandte mich ab und ging den Weg zurück.

Sean folgte mir. »Ich stecke in meinen Zweifeln fest und trotzdem habe ich einen Ast an diesem Baum«, murmelte er bedrückt und doch fasziniert.

»Die Monde glauben an dich und dein Handeln, Sean.«

»Immerhin jemand.«

»Deine Freunde glauben ebenso an dich.«

Sean erwiderte meinen Blick. »Wir sind Freunde. Ist es da nicht normal aneinander zu glauben?«

»Befreundet zu sein bedeutet mehr als einzig aneinander zu glauben. Es bedeutet füreinander zu Sorgen.«

»Da ist was Wahres dran.«

Nach einigen Minuten erreichten wir die Lichtung des Waldes und Sean und ich wechselten zurück in sein Hotelzimmer in Amsterdam.

Sean stellte sich vor eines der Fenster. »Ich wünschte, wir hätten mehr Zeit die Städte zu sehen, in denen wir auftreten.«

Ich begab mich neben ihn. »Es gibt schönere Städte.«

»Welche Stadt ist für dich die Schönste?«

Ich erwiderte seinen Blick. »Rom.«

»Warum?«

»Wenngleich einige meiner Erfahrungen mit der römischen Geschichte weniger angenehm waren, behielt sie einige der schönsten Momente für mich vor.«

»Was ist deine schönste Erinnerung, die du mit Rom in Verbindung bringst?«

Ich wandte mich einige Schritte von Sean ab, ehe ich zu ihm sah. »Versuche, etwas Ruhe für den Tag zu finden.«

»Das ist nicht die Antwort auf meine Frage.«

Ich lächelte. »Es steht in meinem Wissen.«

»Dir ist klar, dass du mir noch eine Antwort schuldig bist?«

Ohne ein weiteres Wort zu sagen, wechselte ich aus dem Hotelzimmer zurück auf die Lichtung Lunarums, während ich Aatamia bat, Sean von Aarons Zimmer aus zu überwachen. Ich benötigte einzig wenige Minuten, ehe ich den Baum der Krieger ein zweites Mal erreichte. Ich pflückte eine der Weintrauben von Seans Ast, als ich hörte und spürte, das Mardono zu mir kam.

»Sean scheint aufzutauen«, sagte er.

Ich wandte mich um und machte mich auf den Weg zurück zur Lichtung, während mir Mardono folgte. »Diyar, meine Worte und der Baum der Krieger lassen ihn seine Zweifel überdenken.«

»Ich weiß. Ich habe es mir nicht nehmen lassen, euch zuzuhören. Warum hast du eine Weintraube von Seans Ast gepflückt?«

Ich sah auf die Frucht in meinen Händen. »Für Aaron.«

»Legst du sie ihm auf den Nachttisch, in der Hoffnung, er ordert Traubensaft und Weintrauben zum Frühstück?«

Ich ließ die Weintraube in einer Tasche meiner Kapuzenjacke verschwinden, während ich nach Aarons Zustand spürte. Sein regelmäßiger und ruhiger Herzschlag drang zu mir vor.

»Begleitest du mich zu Aaron?«, fragte ich Mardono, als wir die Lichtung erreichten.

Er lächelte, wechselte in Aarons Hotelzimmer und nahm mich mit.

Aatamia stand am Fenster des Zimmers und lehnte sich gegen den Sims. »Weintrauben und das Silberblatt. Wie damals bei Diyar. Er hatte auch zwei Blüten.« Einzig Mardono und mich ließ er seine Worte hören.

Ich sah Aaron friedlich in seinem Bett liegen und schlafen. Bedacht ihn nicht zu wecken, ging ich zu seinem Nachttisch und legte die Weintraube ab.

»Das ist lieb von dir«, sagte Mardono.

»Sie sind Freunde«, erwiderte ich.

ZWÖLF

Mardono und ich standen verschleiert in den Zuschauerrängen der Arena in Amsterdam, während sich Aatamia und Diyar bei den Freunden befanden. Unzählige Menschen hatten sich seit Beginn des Einlasses vor der Bühne gesammelt, ebenso viele suchten in den Rängen nach ihren Plätzen.

»Aatamia könnte mit dem Blüter in Sean Recht haben, auch wenn sich die Schriften bedeckt halten«, sagte Mardono.

Während ich mit Sean und Diyar auf der Lichtung Lunarums gewesen war und Sean zum Baum der Krieger geführt hatte, hatte Mardono seine Zeit in der Bibliothek Lunarums verbracht und in den Schriften nach Antworten für Sean gesucht.

Ich erwiderte seinen Blick. »Sie verrieten ihr Wissen nicht?«

»Keine einzige Schrift hat einen Hinweis auf Sean oder einem möglichen Blüter des Vollmondes gezeigt. Es ist ja nicht ungewöhnlich, dass die Monde Teiles ihres Wissens verbergen, um uns nicht zu überfordern, aber der Zeitpunkt und Seans Situation irritieren mich.«

»Benjamin schickt die Freunde auf die Bühne. Wir sind gleich bei euch«, ließ Aatamia Mardono und mich über die Kunst des Rufs in unseren Gedanken hören.

Einige Sekunden später verdunkelte sich das Licht in der Arena. Von der Bühne war noch der brennende Schriftzug ihres Bandnamens auf der Leinwand und die ebenso brennenden Worte infinitum lumen darunter zu sehen. Das Grölen der Besucher wurde lauter, während Aatamia und Diyar mit ebenso verschleierten Gestalten zu uns wechselten.

»Das ist das dritte Konzert von ihnen, dass wir uns ansehen, und trotzdem habe ich mich immer noch nicht an diese Lautstärke gewöhnt«, murmelte Mardono. Einzig Aatamia, Diyar und mich ließ er seine Worte hören.

»Auch du wirst nicht jünger«, stichelte Aatamia.

Der Rhythmus des Schlagzeugs ließ den Boden unter meinen Füßen beben, ehe sich der Klang einer Violine hinzumischte. Mit jedem Bassschlag, den Sean abgab, wurden vier Flammen am vorderen Bühnenrand abgefeuert und zeigten für kaum mehr als eine Sekunde Aaron und ihn. Luke und Sabriel stiegen mit Gitarre und Synthesizer in das Spiel ein, während zeitgleich zwei Feuerfontänen am seitlichen Bühnenrand mehrere Meter hochschossen. Die Hitze der Flammen schien sich in meine Haut einzubrennen. Mit dem Erlöschen der Fontänen versiegte ebenso die Musik und die Menschen in der Arena schienen die Luft anzuhalten. Für mehrere Sekunden hörte man nicht mehr als diese Stille, die die Spannung unter den Fans zum Zerreißen brachte, ehe Neverending Light vollkommen in ihr erstes Lied einstieg.

»Von all ihrer Tourneen hat die infinitum lumen-Tournee eindeutig den besten Auftakt«, schwärmte Aatamia.

»Bei wie vielen Konzerten von den Vieren hast du schon dort unten gestanden und mitgegrölt?«, fragte Mardono.

»Zu viele.«

»Wie zu Zeiten Beethovens. Nur, dass du Mera, Diyar und mich damals noch an deiner Seite hattest.«

»Wenn ich mir eure Gänsehaut ansehe, hätte ich euch auch zu Neverending Light mitnehmen können, ohne dass ihr mir schreiend davongelaufen wärt.«

Ich erwiderte sein Lächeln. »Ich hätte dich begleitet.«

Aatamia zog seine Augenbrauen hoch. »Wirklich? Wisst ihr was, wenn die Vier von Decanus wieder los sind, gehen wir auf eins ihrer Konzerte. Erste Reihe, wie damals.«

»Nichts anderes erwarte ich«, sagte ich, ehe ich zurück zur Bühne sah.

Mardono schnaubte. »Ich fasse es nicht. Mera auf einem Rockkonzert und das völlig freiwillig.«

»Gefällt dir das Konzert, meine kleine Maus?«, hörte ich Decanus' Stimme in meinen Gedanken.

Mein Lächeln versiegte. »Decanus ruft mich«, sagte ich.

»Was will er?«, fragte Mardono.

»Sprich doch mit mir«, ließ mich Decanus hören.

»Decanus«, antwortete ich ihm in Gedanken.

»Wie schön dich zu hören, meine kleine Maus.«

»Was ist dein Anliegen?«

»Ist es nicht verwunderlich, wie vehement und zügig die Monde gegen Seans durchaus berechtigte Zweifel vorgehen? Nahmst du ihm doch die Entscheidung ab, ein Krieger zu werden, um sein mickriges Leben zu retten.«

Mein Blick glitt zu Sean, auf dessen Lippen ein Lächeln lag, während seine Freude und Sorglosigkeit zu mir schwappten.

Mardono stellte sich vor mich und schnitt mir die Sicht ab, während seine Hände meine Arme griffen. »Mera, was will Decanus?«, fragte er mich mit Nachdruck.

»Er steht im Wissen um die Vehemenz der Monde und Seans Zweifel«, antwortete ich.

»Das ist nicht gut«, murmelte Aatamia.

»Adalar muss es am Flughafen mit dem Schub mitbekommen haben«, fluchte Mardono.

»Wozu dein Interesse an Sean?«, fragte ich Decanus.

»Warum pochen die Monde derart auf einen Neugezeichneten wie ihn?«, ließ er mich in Gedanken hören. »Es ist dieselbe Frage, die auch ihr euch stellt, nicht wahr?«

»Ich brauche dir diesen Umstand nicht zu verleugnen.«

»Aber nicht nur deswegen rede ich mir dir. Weißt du, meine kleine Maus, bevor ich mir nach so vielen Jahrzehnten wieder Spielpuppen gesucht habe, habe ich mich zuvor mit dir und deiner Vergangenheit auseinandergesetzt. Ich bin über einen Tag in deinem

Leben gestolpert, von dem alle wissen, dass er existiert. Doch kaum jemand kennt die ganze Wahrheit.«

»Alles in Ordnung, Mera?«, fragte Mardono.

Ich hatte meinen Blick nicht von seinen Augen gelöst. »Er weiß um den einen Tag.«

Mardono erstarrte, denn diese wenigen Worte genügten, damit er wusste, wovon ich sprach. »Scheiße! Mera, du musst bei mir bleiben, hörst du?«

»Ich habe mich immer gefragt, meine kleine Maus, wie dein Leid nach deiner Ankunft in Lunarum so vermaledeit stark werden konnte, dass die Verdunkelung der Menschenwelt nach dem Tod der Träger über sieben lange Monate anhalten konnte. Genauso wie sich auch Lunarum unter dem fehlenden Feuer der Monde abgedunkelt hat«, ließ mich Decanus in Gedanken hören. »Die Ungezeichneten gaben dir die Schuld, hattest du doch dieses Zeichen auf deinem Rücken getragen, das sich niemand zu erklären wusste. Sie wollten dich töten, doch dieser eine Junge, Nael, warf sich vor dich und rettete dein Leben. Nicht einmal verabschieden konntest du dich von ihm, ehe dich Mardono nach Lunarum geholt hat. Du warst getränkt in Trauer und Schuld, dass du es sieben Monate lang nicht geschafft hast, eine Verbindung zu den Monden aufzubauen. Diese Geschehnisse habe ich genutzt, um die Vergangenheit zweier meiner Spielpuppen so anzupassen, sodass sie deine verletzlichsten Charakterzüge angreifen.«

Ich wagte es nicht mehr, zu atmen. Etwas in mir sagte, dass Decanus Recht behielt. In einigen Charakterzügen ähnelten die Freunde Nael und meiner

Vergangenheit, begründete es doch meine Reaktion auf Lukes Verhalten in Brüssel zu gut. »Du suchtest dir Luke und Sabriel aus, um ihre Leben zu verunstalten und mir zu schaden«, ließ ich ihn wissen.

»Mera? Verdammt!«, hörte ich Mardonos Stimme wie durch Watte zu mir durchdringen. »Wir können sie nicht mal wegbringen, weil das absolut nutzlos ist, solange er über den Ruf mit ihr redet.«

»Meine kleine Maus. Ich weiß, wie sehr der Wunsch über eine Rückkehr zu Nael immer noch in dir schlummert. Seit zweitausend Jahren trägst du einen derart wunden Punkt in dir, der es mir einfach gemacht hätte, dich in den Tod zu treiben, richte ich nur die richtigen Worte an dich.«

»Doch tust du es erst zu diesem Zeitpunkt.«

»Dein Blutmond ist zu stark, um an deinem Tod ein weiteres Mal Schwäche zu gewinnen. Es wäre also unnütz, dich ohne Vorbereitungshandlungen genau dorthin zu treiben. Selbst wenn Mardono dir folgen würde, bestünde kaum Sorge um eine Schwäche des Blutmondes. Stattdessen nutze ich meine Spielpuppen, genauso wie ich den Umstand nutze, dass die Monde dachten, eine meiner Spielpuppen in einen ihrer Krieger verwandeln zu müssen. Es ist mein Glück, dass er bereits jetzt die Schmerzen seiner Zweifel in sich trägt, kaum zwei Tage nach seiner Zwangszeichnung.«

Mardonos Hände krallten sich in meine Wangen, während ich vage erkannte, wie Tränen der Verzweiflung in seinen braunen Augen blitzen. Er sprach, doch seine Worte hörte ich nicht mehr.

»Wie sieht dein Angriff aus?«, fragte ich Decanus über die Kunst des Rufs.

»Ich treibe dich mit meinen Worten in den Wunsch, zurück zu Nael kehren zu wollen, während die Monde versuchen werden, dich über deine Selbstlosigkeit am Leben zu halten. Du wirst überleben, aber Sean wird nicht ohne Schaden davonkommen.«

»Welche deiner Worte sollten eine derartige Stärke in sich tragen können?«

»Was, wenn ich dir sage, dass sich Nael nichts Sehnlicheres wünscht, als endlich wieder an deiner Seite zu stehen und dich so zu lieben, wie er es immer wollte?«

Ich wusste, Decanus' Worte waren eine Lüge. Ich wusste, er war es nicht fähig, Kontakt mit Toten zu halten. Die Liebe, die ich für Nael in mich trug, mag sich in meinem Gedanken versteckt haben, doch sie war niemals versiegt. Ich hatte Nael in den Tod folgen wollen, doch Mardono hatte meinen Weg zu ihm verhindert. Ich war schlichtweg zu schwach gewesen.

Die Tränen, die eben noch in seinen braunen Augen geglitzert hatten, klebten nun an Mardonos Wange, während sich Aatamias Arme um meine Taille schlangen und sich sein Gesicht an meines schmiegte. Mein Körper wollte schreien, doch ich ließ es nicht zu, denn mein letzter Schrei hatte das Leben meines Retters getötet. Ein Wechsel wollte mich erfassen, doch ich wehrte ihn ab. Ich wollte nicht, dass jemand bestimmte, wohin ich gebracht wurde. Ich wollte nicht, dass jemand dachte, er wüsste, was gut für mich war.

Mardono schlang ebenso seine Arme um mich, ehe ich aus seinen und Aatamias Berührungen und aus der Menschenwelt nach Lunarum wechselte. Meine Gestalt verschleierte ich nicht, doch ich nutzte die Kunst der Verschleierung von Fähigkeiten und täuschte die Künste meiner Krieger. Ich ließ mich weder hören noch spüren noch ließ ich den Ruf zu mir durchdringen.

Umrisse von Bäumen erstreckten sich vor mir. Sie waren nicht mehr als Schatten der Dunkelheit. Der Geruch von feuchter Erde und von Blut drang in meine Nase, ehe ich losrannte. Das Knirschen des Laubes unter meinen Füßen hallte in meinen Ohren und das Schmatzen des Bodens mischte sich hinzu. Mit jedem Atemzug drang eine Wärme in meinem Körper, die einzig diese Bereiche des Waldes Lunarums in sich trugen. Ich kannte diese Wärme zu gut, hatte ich sie doch ebenso in meinem Körper. Das Flüstern von Stimmen drang zu mir vor. Es waren die Stimmen derjenigen, die der Grausamkeit meines Mondes und seines Trägers erlegen waren. Sie zeugten von Angst, Wut und Rache und suchten nach Vergeltung für ihre Schmerzen und ihren Tod. Ich verstand ihre Worte nicht, doch sie ließen mich ihre Gefühle spüren. Niemand meiner Krieger war es fähig, diese Last zu tragen, doch mich erfüllte sie. Ich blieb stehen und atmete tief ein. Blut legte sich auf meine Schleimhäute und die Stimmen drangen näher zu mir vor. Sie schienen sich um mich zu sammeln und meine Anwesenheit zu begehren. Jede dieser Stimmen ließ ein rotes Licht um mich kreisen.

Sie hüllten mich nicht einzig ein, sondern gaben mir ebenso eine Sicherheit. Ich war sicher vor Decanus und ich war sicher vor meinen Kriegern. Einzig Mardono und Aatamia kannten diese Bereiche des Waldes zu gut, doch ebenso sie schafften es kaum, diese Last zu tragen. Obwohl Mardono ebenso wie ich diese Wärme in sich trug und, obwohl wir uns die Fähigkeiten desselben Mondes teilten, hatte er es unserem Mond niemals vollkommen erlaubt, all diese Fähigkeiten in seinem Körper zuzulassen.

»Mera?«, hörte ich ihn nach mir rufen.

Er musste meinen Wechsel in diesen Bereich des Waldes gespürt haben, ehe ich meine Täuschung über mich gelegt hatte. Ich sah in die Richtung, aus der ich seinen Ruf vermutete, während das Licht der Stimmen mir eine Sicht von einigen Metern gewährte.

»Mera?«, rief ebenso Aatamia meinen Namen.

Sie zeigten sich unweit vor mir und suchten nach meiner Gestalt. Ihre Bewegungen trugen Angst und Unsicherheit in sich, denn ebenso wie ich hörten sie diese Stimmen um sich und ebenso wie ich spürten sie die Wärme in ihren Körpern.

»Mera?«, rief Mardono ein weiteres Mal meinen Namen. Verzweiflung, Angst und Sorge tränkten dieses eine Wort.

Sie kamen näher, doch trotz der roten Lichter um mich, sahen sie mich nicht. Die Stimmen waren auf meiner Seite. Sie spürten meinen Drang der Einsamkeit in diesem Moment und versteckten meine Gestalt vor aller Augen. Selbst vor denjenigen, die es fähig waren, Gestaltenverschleierungen zu durchschauen.

»Mera?« Dieses Mal schrie Mardono kaum zwei Meter neben mir.

Aatamia blieb stehen und legte seine Hand an dessen Schulter. »Sie täuscht uns.«

Mardono starrte in den Wald. »Nicht nur sie. Das ganze Dunkelgebiet täuscht uns.« Seine Stimme zitterte.

»Woher willst du das wissen?«

»Die Stimmen, Aatamia. Sie lachen uns aus. Mera hat schon immer gewusst, wie sie die Dunkelgebiete kontrollieren kann.«

Für einen Atemzug schloss Aatamia seine Augen.

Eine Träne lief an Mardonos Wange hinab. »Weißt du, was das Schlimmste ist, Aatamia? Ich könnte das auch. Ich könnte das verdammt nochmal auch, würde ich mich nicht so sträuben, diese Grausamkeit zuzulassen.«

»Hör auf, dir die Schuld dafür zu geben«, flüsterte Aatamia.

Mardono zog sich aus dessen Berührung und wich einen Schritt zurück. »Wenn Decanus wirklich um Meras letzten Tag in der Menschenwelt weiß, haben wir ein verdammtes Problem, Aatamia.«

»Sie wird dich zu dir lassen, wenn sie einsieht, dass es nichts nützt, wegzulaufen.«

Mardono sah zu ihm. »Du weißt genauso gut wie ich, was passieren kann, wenn sie sich hierher flüchtet.«

Aatamia ballte seine zitternden Hände. »Ich weiß. Ich hätte euch beide hier schon fast verloren, Mardono. Euer Mond hat euch damals gerettet und das wird er dieses Mal auch.«

»Woher willst du dir so sicher sein?«

Eine Träne löste sich aus Aatamias Auge. »Das bin ich nicht. Ich hoffe es. Irgendwer muss ja die Hoffnung behalten.«

Mardono hielt inne, ehe er seine Hand zu Aatamia streckte. »Lass uns zur Lichtung, in der Hoffnung, dass wir Hilfe bekommen.«

Aatamia nahm dessen Hand, ehe Mardono ihre Körper wechselte. Sekunden später spürte ich sie auf der Lichtung Lunarums.

»Mera?«, hörte ich Naels Stimme klar und deutlich zu mir vordringen.

Ich hielt die Luft in meiner Lunge und ließ meinen Blick um mich gleiten. Doch nicht mehr als die Dunkelheit und die roten Lichter der Stimmen, die noch immer um mich kreisten, erkannte ich. Eine Träne löste sich aus meinen Augen, während Decanus' Worte in meinen Gedanken hallten.

»Nael?«, flüsterte ich.

»Hallo kleiner Apfel.«

Ein Lächeln huschte über meine Lippen, ehe es wieder versiegte. »Wieso höre ich deine Stimme? Du gabst dein Leben für meines.«

»Ich bin tot aber ich habe niemals deine Seite verlassen, kleiner Apfel.«

»Warum sehe ich dich nicht?«

»Ich habe nicht die Erlaubnis, dir zu zeigen, dass ich hier bin. Genau genommen habe ich nicht mal die Erlaubnis, dich meine Worte hören zu lassen.«

»Doch höre ich dich.«

»Ich widersetze mich den Regeln. Für dich.«

»Du hast dich niemals Regeln widersetzt.«

»Doch. Ich habe mich den Worten unserer Väter widersetzt, um dein Leben zu retten.«

Ich schluckte, denn ich wusste, worauf er ansprach.

»Mera, ich habe Decanus' Worte an dich gehört. Er hat Recht, was meinen Wunsch betrifft aber der Weg, den er dir vorgibt, bringt dich nicht zu mir.«

Hoffnung schwappte in mir hoch. »Es gibt einen Weg zu dir?«, flüsterte ich.

»Ich bin bei dir, kleiner Apfel. Ich war immer bei dir.«

»Warum sah ich dich niemals? Warum hast du zweitausend Jahre gewartet, diese Worte mit mir zu teilen?«

»Die Regeln haben mein Handeln eingeschränkt.«

»Von welchen Regeln sprichst du?«

»Ich habe nicht die Erlaubnis, die Regeln oder ihren Ursprung mit dir zu teilen.«

»Warum nicht?«

»Ich würde mein Leben und das Leben der Monde riskieren. Aber vor allem würde ich dein Leben riskieren.«

»Warum?«

»Kleiner Apfel … Mera, ich …« Verzweiflung prägte seine Worte.

»Du könntest ebenso eine Halluzination sein, eine Einbildung meines kaputten Verstandes«, unterbrach ich ihn.

»Mera«, flüsterte Nael. Tränen schienen in seiner Stimme zu liegen. »Ich bin keine Halluzination.«

»Beweise mir das Gegenteil, Nael.«

»Ich kann nicht, noch nicht. Ich brauche deinen Glauben und dein Vertrauen bis ich dich vom Gegenteil überzeugen kann.«

Verzweiflung, Angst und Schuld schossen durch mich und Tränen verschwammen meine Sicht. Ohne weiter nachzudenken, rannte ich durch die roten Lichter der Stimmen hindurch. Mit jedem Meter mehr, den ich blindlings durch den Wald lief, verstärkte sich ein Rauschen in meinen Ohren. Die Dunkelheit um mich versiegte mit dem einen Schritt, der mich diesen Bereich des Waldes verlassen ließ. Eine fortgeschrittene Tagesdämmerung erwartete mich, die mir eine Sicht von mehreren Metern erlaubte. Der Geruch von Blut verließ meine Nase und wich dem Geruch von natürlichem Wald. Ein Wind legte sich um meinen Körper und schenkte mir eine sachte Wärme, die nichts mit der Wärme des Dunkelgebietes zu tun hatte. Das Rauschen in meinen Ohren war nicht mehr zu überhören, als sich das Ufer des Flusses zwischen den Bäumen vor mir bildete und mich stehen bleiben ließ. Der Fluss hatte eine Breite von weniger als zwei Metern und eine Tiefe von kaum einigen Zentimetern, doch dieser Anblick täuschte. Bat man den Fluss um Einlass, zeigte er sein wahres Gesicht.

»Mera«, hörte ich Naels Stimme ein weiteres Mal. Sie schien mir gefolgt zu sein.

Ich starrte auf das Wasser, als ein Zittern meinen Körper zum Beben brachte und meine Hände so sehr ballen ließ, dass sich die Nägel in meine Haut gruben.

»Willst du Decanus diesen Triumph wirklich

geben?«, fragte Nael. »Er hat dir deinen Weg gezeigt und du hast ihm nicht geglaubt, dass er Worte kennt, die stark genug sind, damit du diesem Weg folgst. Und trotzdem stehst du hier.«

Ich stieg in das Wasser, das kaum über meine Knöchel reichte und seine Kühle an meinen Körper schmiegte. Mit dem Fluss hatte ich die Quelle des Waldes erreicht, die die Last der Verantwortung des Lebens in Lunarum trug.

»Willst du Sean dieses Leid überlassen, weil du mir nicht glaubst?«, flüsterte Nael.

»Sean befindet sich unter Schutz der Krieger. Sie werden ihn versorgen, sollte ihm das Leid eines zweiten Schubs einholen.«

»Kleiner Apfel …«

»Ich will einen Moment die Ruhe des Flusses genießen.«

Ehe Naels Stimme reagieren konnte, bat ich den Fluss um Einlass. Mein Körper tauchte ab und ließ sich durch das Wasser tragen, während eine Leichtigkeit zu mir vordrang. Die Wasseroberfläche verschwand aus meinen Sichtfeld, doch eine Dunkelheit kannte dieser Fluss nicht. Meine Tränen versiegten, als ich aus dem Augenwinkel Kanja erkannte. Er war der Älteste aller Fische des Flusses. Seine weißen Schuppen schimmerten im Glanz des Wassers, während seine Flossen wie Tücher aus Seide schwebten und in den Farben der Monde schimmerten.

Mein Leben unter den Ungezeichneten war niemals sicher gewesen. Niemals hatte es Momente gegeben, in denen ich sein konnte, wer und wie ich zu sein vermochte. Menschen hatten zwischen mir und meiner Freiheit, zwischen mir und meinem Leben gestanden. Mardono hatte versucht mir zu zeigen, wie es war, frei zu sein. Er war der Meinung, jeder wäre seines eigenen Glückes Schmied. Ich trug die Schuld, dass dieser eine Mensch, den ich geliebt hatte, wie niemand und nichts anderes auf der Welt ich je gewagt hätte, zu lieben, tot war. Nael hatte den Speer abgefangen, der mich hätte durchbohren sollen und war für mich gestorben.

Ein sachtes Stechen drang in meine Brust vor. Ich kannte dieses Stechen, war es doch die Warnung meines Mondes um Seans zweiten Schub in seinen Zweifeln. Der Fluss erlaubte es nicht, diesem Stechen überhand gewinnen zu lassen. Mein Mond versuchte, mich zu retten, kannte er doch die Bedeutung meines sechsten Zeichens: meine Selbstlosigkeit. Ich wusste, Sean war bei Mardono, Aatamia und meinen Kriegern in Sicherheit. Sie würden ihm seine Schmerzen ein Stück nehmen und ihm helfen, den zweiten Schub durchzustehen. Das Stechen wanderte und schien sich in jeden Zentimeter meines Körpers zu legen. Einzig mein Herz sparte es aus.

Ein Arm schlang sich um mich und zog mich in eine Richtung, die Luft bedeutete. Ich schlug um mich, als sich eine weitere Hand an meinen Körper legte und Sauerstoff in meine Lunge dringen ließ. Ich wollte diesen Sauerstoff nicht. Ich wollte nicht atmen und nicht spüren, wie meine Lunge arbeitete. Ich stemmte gegen die Berührungen an mir. Muskeln schienen unter meinen Händen zu spielen. Ich nutzte

Diyars Gabe, bändigte das Wasser und zog mich aus den Berührungen. Sekunden später spürte ich die Freiheit um mich und schwamm in die Tiefe hinab, als eine Hand meinen Fuß griff. Ich versuchte, mich zu befreien, doch eine Wärme drang in meinen Körper ein und beruhigte mich. Arme schlangen sich ein weiteres Mal um meinen Oberkörper und eine Wange legte sich an mein Gesicht, ehe sie sich in meine Halskuhle grub. Das Stechen zog aus jedem Zentimeter meines Körpers in mein Herz und die Hände an meinem Oberkörper gruben sich tiefer in meine Kleidung. Der Mensch in meinem Rücken wollte schreien, doch das Wasser ließ ihn nicht. Ich lehnte meinen Kopf gegen ihn, hob meine Hand und ließ meine Finger durch die Haare gleiten. Der Fluss trug eine heilende Wirkung in sich, doch Zweifel und deren Konsequenzen besiegte er nicht.

Zitternde Hände legten sich an meine Wangen. »Mera, wir sind bei dir«, hörte ich Mardonos Worte in meinen Gedanken. »Unser Mond versucht, dich zu retten. Sie haben Sean in den zweiten Schub geschickt, noch während er auf der Bühne gespielt hat, und sie haben ihn und Diyar zu Aatamia und mir auf die Lichtung gebracht. Unser Mond will nicht, dass du stirbst, Mera. Und ich will es auch nicht.« Er lehnte seine Stirn gegen die meine. »Ich bin bei dir. Ich bin immer bei dir.«

Sean befand sich nicht mehr in der Sicherheit meiner Krieger, stattdessen spürte er die Schmerzen seiner Zweifel, während er versuchte, mir Halt zu geben. Mardonos Wärme in mir verstärkte sich. Ich löste meine Stirn von ihn und ließ meinen Blick zu Diyar gleiten. Er befand sich in dessen Rücken und ließ seine Hände nicht von ihm und ebenso wenig von Sean. Die Fähigkeiten seiner Gabe erlaubten es, unter Wasser atmen zu können und Sauerstoff ebenso an Besucher des Wassers weiterzugeben. Er spendete Mardono und Sean den Sauerstoff, den sie benötigten, um unter Wasser nicht zu ertrinken, während er versuchte, mir über Mardono ebenso Luft zu geben. Doch ich verwehrte es ihm.

»Denk nicht daran, dass wir dich allein lassen«, ließ mich Diyar über die Kunst des Rufs in meinem Gedanken hören. »Du hast mich damals auch nicht allein gelassen.«

Ich spürte nach dem Blut in ihren Körpern, griff es und zog die Drei von mir, ohne ihnen einzig eine Bewegung zu erlauben.

»Mera …«, ließ mich Mardono in Gedanken hören. Nicht mehr als Angst und Verzweiflung lagen in seinen Augen und seinen Worten.

Der Mangel an Sauerstoff machte sich bemerkbar, als ich die Schwäche in meinen Körper erkannte.

»Denkst du, Nael hätte das gewollt?«, hörte ich Mardonos Stimme in meinen Gedanken. »Er wollte, dass du lebst, Mera, sonst hätte er sich damals nicht vor dich geworfen.«

Seine Worte trieben Tränen auf meine Wangen und ein Röcheln drang in meine Ohren, als ich erkannte, dass das Stechen in meinem Herzen nicht versiegt war. Ich wandte mich um und sah Sean in meinem Rücken, der mich anstarrte. Angst und Schmerzen lagen in ihm und Blut schwebte um seinen Körper. Es war zu viel Blut für einen einzigen Menschen.

»Kleiner Apfel«, hörte ich Naels Stimme.

Ich erkannte seine Silhouette in Seans Rücken. Seine braunen Haare schwebten im Wasser und seine graublauen Augen sahen in die meinen.

»Sean braucht dich«, sagte er, ohne seine Lippen zu bewegen.

Kanja schwamm durch Naels Silhouette hindurch und ließ sie in den Wellen seiner Bewegungen verschwinden, ehe er zu mir sah. Ich schien seine Angst, seine Sorge und seine Verzweiflung zu spüren. Mein Blick glitt zurück zu Sean, dessen Schmerzen nicht weniger und, dessen Atemnot nicht geringer geworden waren. Tränen klebten an seinen Wangen und in seinen Augen sah ich die Schuld, die er in sich trug. Die Schuld weder mich noch sich selbst retten zu können. Ich schwamm in seinen Rücken und ließ meine Hände unter sein Oberteil gleiten. Sachte schob ich es hoch und erstarrte. Die Ablösung seines Zeichens war beinahe vollendet. Nicht mehr als wenige Zentimeter fehlten, ehe die Wunden sich durch alle Linien seines ersten Zeichens gegraben hatten. Ich ließ meine Blutbändigung fallen, nutzte Diyars Gabe und brachte uns zurück an das Flussufer. Sauerstoff drang in meine Lunge, während Sean keuchte und sich auf seine Arme stützte. Sein Körper zitterte und schaffte es kaum, sich selbst zu halten.

»Diyar, hilf Aatamia«, hörte ich Mardonos Stimme.

Diyar rappelte sich auf und rannte in den Wald, während ich mich vor Sean kniete. Sachte nahm ich sein Gesicht in meine Hände, ehe ich seinen Kopf gegen meine Schulter lehnte und meine Wange an die seine schmiegte. Mardono setzte sich in Seans Rücken und ließ seine Finger unter den Stoff des Oberteils gleiten.

»Das ist viel zu viel für den zweiten Schub«, murmelte er besorgt. »Das wird gleich brennen, Sean.«

Seans Hände legten sich an meine Taille und gruben sich in meine Kleidung. Sein Keuchen drang in meine Ohren und seine Tränen durch meine Kleidung. Ich ließ meine Finger durch seine Haare gleiten und gewährte ihm den Halt, den er in diesem Moment benötigte. Es dauerte kaum einige Minuten, ehe seine Griffe sachter wurden und sich sein Keuchen beruhigte.

»Sean, ich sage dir das nur ungern, aber einen dritten Schub überlebst du nicht mehr«, sagte Mardono.

Sean erstarrte und wagte es nicht, einzig einen Luftzug in seine Lunge zu lassen. Meine Annahme, ich wäre stark genug, war vollkommen falsch gewesen. Stattdessen bin ich den Weg gegangen, den Decanus mir vorgegeben hatte und hatte Sean damit an die Kante seines Todes getrieben. Während die Monde Diyar erst mit dem siebten Schub innerhalb sieben Wochen beinahe getötet hätten, gaben sie Sean einzig zwei Schübe innerhalb von zwei Tagen. Der dritte Schub würde ihn töten, dank meines Verhaltens.

»Die Monde haben deine Zweifel genutzt, um Mera zu retten, mit dem Preis, dich soweit an die Kante des Todes zu schieben, dass dir vielleicht noch ein Windhauch fehlt bis du fällst«, ergänzte Mardono seine Worte.

Ein Schluchzen drang aus Sean. Er löste seine Hände von meiner Taille, legte seine Arme um meinen Körper und zog mich an sich. »Hauptsache, du lebst«, flüsterte er.

Tränen legten sich in meine Augen und liefen über meine Wange, während sich meine Hände in den Stoff von Seans nasser Kleidung krallten. Eine Kühle legte sich unter meine Haut und wechselte Mardono, Sean und mich.

»Mera«, hörte ich Aatamias Stimme.

Ich spürte ihn, Diyar, Ira, Rouven und die Freunde unweit von mir, während das Grölen von Menschen in meine Ohren drang. Sie waren nicht unmittelbar bei mir, doch sie befanden sich unter demselben Dach wie ich. Ich sah den Raum des Backstagebereiches vor mir, löste meine Berührungen von Sean, stand auf und wich einige Schritte zurück. Das Zittern hatte meinen Körper nicht verlassen und die Kühle des Flusses klebte noch an mir.

»Was ist passiert?«, fragte Sabriel.

Aaron beugte sich zu Sean hinab und legte seine Hand an dessen Schulter. »Alles in Ordnung?«

»Irgendwie«, antwortete Sean, während er sich auf die Beine helfen ließ.

»Mera?«, hörte ich Mardonos Stimme, während seine noch immer zitternde Hand vorsichtig meinen Körper berührte. »Lass uns zu Lavanya. Nur du, Aatamia und ich.«

»Das ist ja noch mehr Blut auf deinem Rücken geworden«, stellte Sabriel besorgt fest.

Seans Blick glitt zu mir. »Sie hat mich gerettet.«

»Ich rettete dich nicht, Sean«, widersprach ich. »Ich ließ es zu, dass dich die Monde beinahe in den Tod trieben.«

»Warte, was?« Luke stellte sich schützend vor Sean, während seine Wut zu mir schwappte. »Du hast was zugelassen?«

»Ebenso ich bin nicht frei von Schwächen, Luke. Decanus fand sie heraus und nutzte sie gegen mich«, antwortete ich.

»Mera ...«, flüsterte Mardono.

»Ich stürzte mich in den Tod, doch die Monde schickten mir Sean. Sie nutzten ihr Wissen über mich und trieben ihn in die Schmerzen seiner Zweifel. Ich entschied mich gegen meinen Tod und für Seans Überleben, doch einen weiteren Schub seiner Zweifel wird ihn über die Kante des Todes stoßen.«

Luke schnaubte und raufte sich die Haare, während er vollkommen überrollt von meinen Worten einige Schritte durch den Raum ging.

»Kannst du Sean noch retten?«, fragte Aaron.

Ich erwiderte seinen Blick. »Es liegt bei Sean, nicht bei mir.«

»Die Monde brauchen euch, Mera. Dich und Sean«, sagte Sabriel.

»Deswegen treiben sie ihn auch in den verdammten Tod«, schnaubte Aaron.

»Weil sie verzweifelt sind.«

»Warum denkst du das?«, fragte Mardono.

Sabriel sah zu ihm. »Seit dem Tag als Mera in unserem Wohnzimmer stand, träume ich fast jede Nacht von den Monden. Sie reden nicht mit mir aber sie lassen mich spüren, dass sie meine Hilfe brauchen.«

»Du träumst von den Monden?«, fragte Aatamia verwirrt.

Sabriel nickte. »Sie zeigen sich mir als Glühwürmchen, die um mich kreisen. Ich habe versucht, sie zu fragen, warum sie Sean zu sich genommen haben und, warum jetzt aber sie geben mir keine Antwort. Das Einzige, was sie mich wissen lassen, ist ihre Verzweiflung.«

»Warum sollten die Monde verzweifelt sein?«

»Das weiß ich nicht. Aber ich glaube, dass das der Grund ist, warum Sean als Gezeichneter so viel leiden muss.«

Luke schnaubte. »Das ist verdammter Quatsch!«

»Langsam ergibt das keinen Sinn mehr«, murmelte Aatamia, der neben Mardono und mir stand.

»Begleitet ihr mich zu Lavanya?«, fragte ich ihn und Mardono.

Ohne ein weiteres Wort zu sagen, wechselte Mardono unsere Körper zwischen Lavanyas Äste.

DREIZEHN

Der Sonnenaufgang legte sich über die Menschenwelt und tränkte Lavanyas Wald in ein sachtes Rot. Noch immer saß ich mit Mardono und Aatamia zwischen ihren Ästen und genoss die Ruhe, die Zuneigung und die Nähe, die die Beiden mir schenkten.

»Mera? Sean möchte wegen gestern mit dir reden«, hörte ich Diyars Worte in meinen Gedanken. Er war die Nacht bei ihm verblieben.

Mardono saß in meinem Rücken und küsste sachte meine Haare. »Wir warten hier auf dich.«

Diyar hatte ebenso ihm und Aatamia die Worte hören lassen, die er an mich gerichtet hatte.

»Ich danke euch«, sagte ich, ehe ich wechselte.

Diyar stand in seiner Gestalt unverschleiert neben der Tür des Zimmers. »Ich bin nebenan, wenn du mich brauchst.«

»Ich danke dir«, erwiderte ich.

»Nicht dafür.« Er wechselte zu Rouven ein Zimmer weiter.

»Wie geht es dir?«, fragte mich Sean, der vor einem der Fenster stand und sich gegen den Sims lehnte.

Seine Unsicherheit schwappte zu mir. »Die Nacht mit Mardono und Aatamia half mir, zu mir zurück zu finden.«

»Danke, dass du mich gerettet hast.«

»Ich rettete dich nicht, Sean. Ich trieb dich beinahe in den Tod«, widersprach ich.

Seine Finger krallten sich im Sims fest. »Diyar hat mir letzte Nacht mehr vor seinen Zweifeln erzählt und, dass du nicht die Erste warst, die sich in den Fluss gestürzt hat. Als ich gestern meinen zweiten Schub auf der Bühne hatte, hat Luke mich gepackt und in irgendein Zimmer geschleppt, bevor ich mit Diyar plötzlich in Lunarum war. Mardono und Aatamia haben uns angestarrt und irgendwas von Hilfe gebrabbelt, bis mich Mardono gepackt, durch den Wald gezogen und in diesen Fluss gezerrt hat, der wie ein Bach ausgesehen hat. Ich wollte ihm nicht glauben, dass du da drin sein sollst, bis Diyar vor meinen Augen einfach spurlos im Flussbett versunken ist. Als ich dann selbst unter Wasser war und dich gesehen habe, wie du leblos im Wasser geschwebt bist, wollte ich dich nur noch rausholen. Die Schmerzen, die ich hatte, waren mir ab da völlig egal.« Er atmete ein. »Weißt du, was das Gute an der Sache ist? Ich habe euch zum ersten Mal richtig vertraut, weil ich das Gefühl hatte, dass ich euch brauche und ihr mich. Vielleicht mögen die Monde grausam sein aber, wenn Sabriel Recht hat und sie verzweifelt sind, habe ich wenigstens eine Erklärung, die ich akzeptieren kann.«

Ich stellte mich vor ihn und legte meine Hand an seine Brust, dort, wo sein Herz lag. »Du spürst das Vertrauen der Monde in dich.«

Sean griff meine Finger. »Ich wünschte, ich hätte den Mut, dieses Vertrauen auch gegen meine Angst auszutauschen, die meine Zweifel überhaupt erst hat wachsen lassen. Das würde so verdammt viel einfacher machen.«

Ein Klopfen ließ ihn zucken. Ehe sich die Tür öffnete und einer der beiden jüngeren Sicherheitsmänner in den Raum trat, verschleierte ich meine Gestalt.

»Mr Coleman, machen Sie sich bitte für die Abfahrt zum Flughafen in fünf Minuten bereit«, sagte er, während seine blonden Locken mit jedem Wort zu hüpften.

Sean nickte. »Mache ich. Danke Woods.«

Der Sicherheitsmann schloss die Tür und Seans Blick glitt auf meine Hand, die er nicht losgelassen hatte. Er sah sie nicht, doch spürte er sie zwischen seinen Fingern und an seiner Brust. Liebevoll ließ er seinen Daumen über meinen Handrücken strei-chen und lächelte. Ich zog meine Hand aus seiner Berührung, trat einen Schritt zurück und wechselte zwischen Lavanyas Äste. Über die Kunst des Rufs bat ich Rouven während der Fahrt bei Sean und Aaron zu bleiben, während Diyar nicht von Lukes und Sab-riels Seite weichen sollte. Ich saß vor Mardono und lehnte mich gegen seinen Oberkörper. Seine Hände legten sich um meine Taille, während Aatamia nach meiner Hand griff und unsere Finger ineinander verschränkte.

»Decanus wählte die Freunde nach Nael und meiner Vergangenheit aus und verunstaltete die

Leben von Luke und Sabriel«, sagte ich. »Er sprach davon, dass er mich mit den richtigen Worten in meinen Wunsch, zurück zu Nael zu kehren, treiben könnte, doch dass mein Tod kaum eine Schwäche für den Blutmond bedeuten würde. Er wartete auf die Freunde ab und nutzte den Umstand von Seans Zweifel, um mich nicht einzig in die Blindheit meines Wunsches zu treiben, sondern ebenso, um Sean Schaden über die Bedeutung meiner Selbstlosigkeit zuzufügen. Er gab mir den Weg vor, den ich mit diesem Angriff gehen sollte. Ich dachte, ich wäre stark genug, dem zu widerstehen, doch ich ging jeden einzelnen Schritt nach Decanus' Willen.«

»Was waren seine richtigen Worte?«, fragte Mardono.

Ich schloss meine Augen. »Er sprach davon, dass es Naels sehnlichster Wunsch sei, bei mir zu sein und mich so zu lieben, wie er es immer wollte.«

»Und, dass hast du ihm geglaubt?«, fragte Aatamia verwirrt.

»Ich erinnerte mich an meine Begegnung mit Naels Worten während meines Kampfes mit dem Alphaweibchen«, antwortete ich. »Im Dunkelgebiet hörte ich Naels Stimme wieder, als stünde er neben mir. Er sprach davon, dass Decanus Recht behielt, er aber nicht die Erlaubnis habe, sich mir zu zeigen und, dass er meine Seite niemals verlassen hätte. Er bestritt ebenso, eine Halluzination meines Verstandes zu sein. Im Fluss sah ich seine Silhouette in Seans Rücken, ehe Kanja durch sie hindurchschwamm und sie verschwinden ließ.«

»Das ist doch kein Zufall mehr«, murmelte Aatamia.

»Woher hätte Nael wissen sollen, was Decanus über den Ruf zu dir gesagt hat?«, hakte Mardono nach.

Ich sah auf Aatamias Hand, die noch immer meine Finger hielt. »Es steht nicht in meinem Wissen.«

»Ich werde in den Schriften nachlesen, ob ich was über Nael finden kann, dass wir noch nicht wissen«, sagte Mardono.

Ich schmiegte meinen Kopf an seine Schulter, ohne meinen Blick von Aatamias Fingern zu lassen. »Ich danke dir«, sagte ich. »Du bist im Recht. Nael hätte es nicht gewollt, dass ich mich meinen Gegenspielern hingebe. Er hätte gewollt, dass ich an seiner Stelle weiterkämpfe. Für all die Menschen, die unter meinem Schutz stehen und, die ich liebe.«

Mardono küsste meine Haare. »Und für dich.«

»Und für mich.«

»Er wäre stolz auf dich, dass du Sean aus dem Fluss gerettet hast, selbst wenn dein Zögern fast sein Leben gekostet hätte«, sagte Aatamia. »Und er wäre stolz auf dich, weil er weiß, dass du Sean nicht sterben lassen würdest, genauso wenig, wie du einen von uns sterben lassen würdest.«

»Die Vier sind gerade abgeholt worden und auf dem Weg zum Flughafen«, ließ Diyar uns in Gedanken hören.

»Ich danke dir, Diyar«, antwortete ich ihm ebenso über die Kunst des Rufs.

Aatamia strich sachte über meinen Handrücken. »So gern ich ihre Musik höre, aber mit ihnen tauschen möchte ich nicht. Dieses Reisen und jeden zweiten Tag in einer anderen Stadt zu sein, würde mich nerven.« Sein Wehmut schwappte zu mir. »Wir waren schon lange nicht mehr in unserer Blockhütte hier im Wald. Seit Diyar bei uns ist, genau genommen.«

Ein liebevolles Lächeln huschte über meine Lippen. »Du gabst ihn niemals auf.«

»Du auch nicht.«

»Wenn Decanus mit seinen Angriffen auf die Vier durch ist, gehen wir nicht nur auf eins ihrer Konzerte, sondern verbringen auch mal wieder ein paar Tage in unserer Blockhütte«, legte Mardono fest.

»Mit Diyar«, ergänzte ich.

»Wirklich?«, fragte Aatamia.

Ich nahm meine Hand von seinen Fingern, legte sie an seine Brust und spürte seinen Herzschlag unter meiner Berührung. »Er gehört zu dir, wie Mardono zu mir.«

»Mera hat Recht. Diyar kommt mit«, stimmte Mardono zu.

Aatamia griff meine Hand an seiner Brust. »Danke.«

Drei Stunden waren seit dem Start der Freunde vergangen. Nun befanden sie sich auf dem Weg vom Wiener Flughafen zu ihrem Hotel. Mardono, Aatamia und ich saßen noch immer zwischen Lavanyas Ästen und genossen die gemeinsame Zeit.

»Ich habe Luke und Sabriel verloren«, hörte ich Diyars nach Luft ringende Stimme in meinen Gedanken.

»Wie?«, fragte Mardono ihn in Gedanken, während ebenso Aatamia und ich seine Worte hörten.

»Ich war einfach weg und bin hier auf der Lichtung gelandet. Das ging alles so verdammt schnell.«

»Hast du eine Gabenausführung gespürt?«, fragte Aatamia.

»Nein.«

Aatamias Verwirrung schwappte zu mir. »Hast du irgendeine Fähigkeit gespürt, bevor du verschwunden bist?«

»Ich habe absolut nichts bemerkt.«

»Die Kunst der Täuschung der Fähigkeiten«, murmelte ich.

»Unmöglich«, widersprach Mardono. »Decanus und Adalar haben diese Kunst beherrscht, sie aber mit ihrer Abtrünnigkeit wieder verloren.«

Ich spürte und hörte nach Luke und Sabriel. Schmerzen und Angst schwappten zu mir. Ein Röcheln drang in meine Ohren und ein Schluchzen folgte, während Lukes Lunge nach Luft rang. »Sie sind verletzt.«

»Wir werden Trance-Blüten für die beiden Sicherheitsmänner brauchen«, sagte Mardono.

»Ira und Rouven haben etliche Blüten verbraucht, um die Sicherheitsleute beim Konzert in Amsterdam in Schach zu halten, während Sean weg war. Rouven hat nochmal versucht, diese blutrote Blüte zu finden, aber der Wald Lunarums hat keine mehr ausgespuckt«, erwiderte Aatamia.

»Es bleiben nur die Trance-Blüten als einzige Möglichkeit, in der Hoffnung, dass sie noch reichen.«

»Ich hole uns welche.« Aatamia wechselte und verschwand aus Lavanyas Ästen.

Mardono und mich wechselte ich verschleiert zu Luke und Sabriel. Eine Straße erstreckte sich vor mir, während der Geruch von Blut und Benzin in meine Nase stieg. Einzelne Bäume säumten den Fahrbahnrand und ein Zug ratterte an uns vorbei.

»Mr Dearing?«, hörte ich die Stimme eines Mannes. Es war die von Smith, der sich unter einem Baum neben einem blutverschmierten Körper kniete.

»Mr Candevish«, hörte ich eine andere, ebenso männliche Stimme. Sie gehörte zu dem zweiten, älteren Sicherheitsmann, den ich als Cooper identifizierte. »Das hat keinen Sinn, Sabriel. Sie können Ihrem Freund nicht helfen.«

»Ich will aber zu ihm! Lassen Sie mich zu ihm, Cooper, verdammt noch mal! Ich will zu Luke!«, schrie Sabriel vollkommen verzweifelt, angsterfüllt und mit Tränen in den Augen.

»Verdammt.« Mardono rannte zu Luke, dessen Körper es war, der blutverschmiert neben Smith auf dem Boden lag und sich nicht einen Millimeter bewegte.

Aatamia und Diyar wechselten ebenso verschleiert zu uns. Während Diyar von Schuld durchzogen auf die Szene starrte, ging Aatamia zu Sabriel und Cooper. Er zerrieb eine der Blüten in seinen Händen und pustete Cooper etwas von dessen Staub ins Gesicht. Dieser verfiel in eine Trance, die ihn nichts mehr von seiner Umwelt wahrnehmen ließ.

Sabriel nutzte diese Trance, riss sich aus dessen Griff und rannte. »Luke!«, schrie er, ehe er neben dessen Körper schlitterte, sich zu ihm kniete und seine Hände in dessen Gesicht festkrallte.

Smith packte dessen Arm und wollte ihn wegziehen. »Mr Candevish …« Weiter kam er nicht, denn Aatamia ließ ebenso ihn eine Trance verfallen und führte ihn abseits von Luke, Sabriel und Mardono.

Mardono löste seine Verschleierung und griff sachte Sabriels Arm. »Was ist passiert?«

Sabriel schaffte es kaum, seinen Blick von Luke zu lassen. »Ich … wir … das Auto …«

Das Geräusch von Sirenen drang in meine Ohren, als blaues Licht in unweiter Ferne zu erkennen war.

»Das hat gerade noch gefehlt«, murmelte Diyar.

Aatamia ging zu ihm und drückte ihm Blüten in der Hand. »Hier. Kümmere dich darum, dass die beiden Sicherheitsmänner nicht aus ihrer Trance aufwachen. Wir reden nachher in Ruhe über alles.«

Diyar schluckte und nickte. »In der Hoffnung, dass ich Luke bis dahin nicht umgebracht habe.«

Ich ging zu ihm und sah in seine blauen Augen, in denen Tränen glänzten. »Wie hast du ihre Spur verloren?«

»Ich saß verschleiert bei den beiden im Auto, als sie einfach nur zum Hotel gebracht werden sollten. Dann hat mich aus dem Nichts dieser Wechsel erfasst, den ich nicht abwehren konnte, weil ich, bevor ich reagieren konnte, schon in Lunarum auf der Lichtung war. Dann habe ich euch gerufen. Das ging alles so wahnsinnig schnell, Mera.«

Ich legte meine Hand an seine Wange, als sich eine Träne aus seinem Auge löste. Sachte strich

ich sie von seiner Haut. »Ich danke dir für deine Worte.«

»Diyar, die Sicherheitsmänner, bitte.« Aatamia hatte sich neben Mardono gekniet und seine Verschleierung ebenso gelöst.

Smith starrte auf Mardono und Aatamia. »Wer sind Sie?«

Diyar löste sich von mir und nutzte die Blüten in seiner Hand, um die Männer ein weiteres Mal in Trance verfallen zu lassen. Seine Verschleierung ließ er ebenso fallen.

»Luke, bleib bei mir, verdammt. Rettung ist auf dem Weg«, hörte ich Sabriel flüstern.

»Das sind keine Wunden von einem normalen Unfall.« Mardono ließ seine Hände über Lukes Brust schweben, ballte sie und versuchte, sein eigenes Zittern zu unterdrücken. »Und Sabriel riecht nach Apfel.«

»Die beiden Sicherheitsmänner riechen auch nach Apfel«, stellte Diyar fest.

Ich löste meine Verschleierung ebenso, während ich Lukes Körper begutachtete. Knochen und Wunden offenbarten sich unter blutverschmierter und zerrissener Kleidung.

»Deswegen sind die Drei auch unverletzt.« Aatamia ging zum Unfallwagen. »Was zur Hölle ist passiert?«

»Smith konnte das Auto nicht mehr steuern. Es ist … immer schneller geworden«, stammelte Sabriel. »Und, dann … sind wir gegen … den Baum geprallt. Das …« Seine Stimme brach unter Tränen ab.

»Wo habt ihr gesessen?«, hakte Aatamia nach.

»Auf der Rücksitzbank. Keine Ahnung, wie … Luke durch die Frontscheibe fliegen konnte.«

»Es ist Decanus' Werk«, schlussfolgerte ich.

»Das Luke überhaupt noch lebt, gleicht einem Wunder«, sagte Mardono. »Dieser Angriff ergibt nur keinen Sinn. Decanus war noch nie darauf aus, jemanden zu töten.«

»Was …?«, flüsterte Sabriel erschrocken. »Wollt ihr mir sagen, dass ich Luke auch sterben lassen soll?«

Aatamia stellte sich zu mir. »Mardono hat Recht. Das passt nicht in Decanus' Vorgehensweise. Tötet er jetzt jemanden, verliert er Teile seiner Grundlage gegen uns.«

»Ich weiß, Luke war nicht gerade … nett zu euch, aber … habt ihr nichts Übernatürliches, dass sein Leben retten könnte? Diese … diese grüne Paste zum Beispiel?«, flüsterte Sabriel.

Mardono erwiderte dessen Blick. »Die Paste wird nicht mehr helfen, dafür sind seine Verletzungen zu schwerwiegend. Die Frage ist nur, ob sie überhaupt helfen würde.«

Ich kniete mich neben Mardono, sah in Lukes Gesicht und erkannte Blut an seinen Wangen kleben, während Angst, Verzweiflung und Schmerzen in seinen Augen lagen. Sachte griff ich seine Hand, die neben seinem Körper lag und zitterte. »Es tut mir leid, Luke.«

»Hör auf … bitte … könnt ihr nicht irgendwas machen?«, flüsterte Sabriel.

Lukes Atmung beruhigte sich, als sich eine letzte Träne aus seinen Augen löste. Sein Brustkorb stoppte seine Bewegungen, das Pochen seines Herzens versiegte und seine Finger ließen meine Hand los.

Sabriels Finger krallten sich in dessen Wangen fest. »Nein, nein, nein, nein, nein! Luke! Verdammt noch mal!«

»Wir sollten unsere Gestalten verschleiern. Die Rettungswagen sind gleich da«, sagte Mardono.

Aatamia und Diyar verschleierten ihre Gestalten bereits, ehe Mardono und ich ihnen folgten. Smith und Cooper befanden sich noch in ihrer Trance, als das Blaulicht näherkam.

Aatamia starrte auf die Straße. »Warum werden sie nicht langsamer? Wenn sie mit der Geschwindigkeit bei uns stehen bleiben wollen, müssen sie gleich eine Vollbremsung hinlegen.«

Vier Rettungswagen, ein Notarztwagen und ein Polizeiwagen fuhren an uns vorbei, als hätten sie nichts von dem Unfall bemerkt.

»Habt ihr das gerade gesehen?« Aatamias verwirrter Blick folgte den Wagen, während er auf die Straße deutete. »Die sind einfach vorbeigefahren.«

»Hier stimmt irgendwas nicht«, murmelte Mardono.

Der Geruch von Rosen drang in meine Nase. Es war derselbe Geruch, den die blutrote Pflanze am Brüsseler Flughafen von sich gegeben hatte. »Es scheint mehr als eine Blüte zu geben.«

»Können Tiere die Welten der Monde verlassen?«, fragte Diyar, der über den Straßenrand hinweg starrte.

»Nicht von selbst«, antwortete Mardono.

»Was macht sie dann hier? Was macht dieses verdammte Biest in der Menschenwelt?«

Ich sah das Alphaweibchen unweit von uns stehen. Sie starrte mich an, ehe Bilder vor meine Augen zogen. Es waren Unfallbilder, die einen Wagen zeigten, der gegen einen Baum geprallt war. Sabriel, der um etliche Jahre jünger wirkte, stand völlig erstarrt daneben, ehe er aus meinem Sichtfeld rannte und die Bilder vor meinen Augen verschwammen. »Seht ihr die Bilder ebenso?«

»Welche Bilder?«, hakte Mardono nach.

Ich löste meine Verschleierung und sah zu Sabriel. »Wie starb Simeon?«

Sabriel schloss seine Augen, ließ seinen Kopf hängen und schluckte. »So, wie Luke.«

»Jetzt ergibt das Sinn«, murmelte Mardono. »Deswegen das Unfallszenario, um Sabriel an seine psychischen Grenzen zu bringen. Deswegen spielt Decanus auch so mit Henri.«

»Lukes Tod ergibt trotzdem keinen Sinn«, warf Aatamia ein.

Das Knurren des Alphaweibchens drang in meine Ohren. Sie scharrte mit ihrer rechten Vorderkralle und hob Erde aus, als Sean und Aaron zu uns wechselten.

»Schon wieder?«, hörte ich Seans genervte Stimme.

»Wir waren doch gerade noch am Hotel und haben auf Luke und Sabriel gewartet«, murmelte Aaron verwirrt.

Ich stand auf und entfernte mich einige Schritte von Lukes Körper.

»Was ist hier los?«, fragte Sean.

»Wir hatten einen Autounfall«, flüsterte Sabriel.

Aaron sah an mir vorbei. »Scheiße.« Er lief zu Sabriel und kniete sich neben ihn und Luke.

»Ist er …?«, fragte Sean, der völlig perplex stehen geblieben war und auf mich starrte. »Mera, sag mir nicht, dass Luke diesen Autounfall nicht überlebt hat?«

Das Knurren des Alphaweibchens drang ein weiteres Mal in meine Ohren. Sean zuckte, ehe er das Biest sah und einige Schritte zurückwich. »Heilige Scheiße …«

»Sean, komm zu uns«, sagte Mardono.

Sean stolperte zu ihm und kniete sich neben Sabriel und Aaron. Das Alphaweibchen senkte ihre Schnauze, als ein weiteres Bild vor meine Augen zog. Luke lag unter dem Baum und stützte sich auf. Kein Blut klebte seinen Körper und keine Wunde zerriss seine Haut, während die Blüte einer Lilie neben ihm lag. Das Bild verschwamm, ehe das Alphaweibchen brüllte, wegrannte und im Nichts verschwand.

»Mera?«, hörte ich Mardonos Stimme. »Alles in Ordnung?«

Ich wollte zu ihm sehen, doch mein Blick blieb in den Ästen des Baumes hängen unter dem Luke lag. Geschlossene Blüten waren an ihnen gewachsen.

»Warum leuchten eure Zeichen?«, fragte Aaron.

Ich sah auf meine Hände und erkannte die beiden Zeichen, die ich dort trug, in einem sachten Rot schimmern. »Das bin nicht ich.«

»Und ich auch nicht«, murmelte Mardono.

»Es sind die Blüten.« Ich hob meinen Blick und traf den seinen, in dessen Augen ein ebenso roter Schimmer lag. Beinahe zeitgleich sahen wir zu Sean.

Mardonos Faszination schwappte zu mir, der ebenso wie ich den weißen Schimmer in Seans Augen erkannt hatte. »Das ist unmöglich.«

Sean runzelte seine Stirn. »Was ist unmöglich?«

»Siehst du den Schimmer in meinen Augen?«, fragte Mardono ihn.

Sean nickte. »Ja. Er ist Rot.«

»Deine Augen schimmern auch, nur in Weiß.«

»Was zur Hölle hast du mit deinen Augen angestellt?«, murmelte Aaron, der in Seans Augen starrte.

»Sean, ich möchte deinen Rücken sehen«, sagte ich.

Er zögerte, ehe er aufstand. »Ist alles in Ordnung mit mir?«

Ich stellte mich hinter ihn, hob den Stoff seines Oberteils an und sah sein Zeichen in einem sachten Weiß leuchten.

Mardono stellte sich neben mich. »Aatamia hat tatsächlich Recht.« Er legte seine Hand auf Seans Zeichen. »Deswegen haben wir diese Kühle bei ihm gespürt. Der Vollmond hat sich bemerkbar gemacht hat.«

»Nur klärt das nicht alle Fragen um ihn«, sagte Aatamia, der sich zu uns gestellt hatte.

Ein mulmiges Gefühl beschlich mich. »Decanus steht im Wissen, dass die Monde Sean anders behandeln als all ihre Krieger zuvor.«

»Er testet uns«, schlussfolgerte Mardono. »Decanus nutzt Sabriels Vorgeschichte nicht nur, um ihn Simeons Tod nochmal durchleben zu lassen, sondern auch, um zu sehen, ob Sean ein Blüter sein könnte.«

Seans Unsicherheit schwappte zu mir. »Ist jetzt alles in Ordnung mit mir oder nicht?«

Ich ließ den Stoff seines Oberteils fallen. »Dein Zeichen leuchtet ebenso, Sean. Es nennt sich Mondleuchten und ist eine Kunst der Monde, die für eine Ausführung erlernt werden muss, doch die Blüten ignorieren diese Tatsache.«

Sean wandte sich zu uns um. »Warum leuchten Aatamia und Diyar nicht? Warum nur ihr beide und ich?«

»Der Zeitpunkt, dir diesen Umstand zu erklären, ist noch nicht gekommen.«

»Aber es gibt eine Erklärung?«

»Gibt es«, bestätigte ich.

»Hat das was mit Luke zu tun?«

»Das kommt darauf an, ob es tatsächlich die Blüten sind, die uns leuchten lassen«, antwortete Mardono.

»Welche Blüten?«, fragte Sean.

Mardono stellte sich unter den Baum und streckte seine Hand nach einer der geschlossenen Blüten aus. Das Leuchten auf seinen Zeichen verstärkte sich, während sich eine Blüte öffnete und ein rotes Farbenspiel zeigte.

»Seit wann wachsen Lilien an Bäumen?«, fragte Aatamia.

»Luke liebt Lilien«, flüsterte Sabriel mit einem Lächeln auf den Lippen.

Mardono sah zu Sean und mir. »Mera, du hattest Recht. Luke wird nicht sterben.«

»Luke wird nicht sterben? Er ist doch schon …«, murmelte Sean, während er auf den toten Körper deutete.

»Vertrauen, Sean.« Ich stellte mich neben Mardono und streckte meine Hand ebenso zu den Blüten aus. Eine Wärme legte sich unter meine Haut und eine weitere Blüte öffnete sich, die ebenso ein rotes Farbenspiel zeigte. »Es steht nicht in unserer Macht, Leben aus dem Reich der Toten zurückkehren zu lassen, doch es steht es in der Macht einiger Pflanzen.«

»Die Lilien gehören zu einer solchen Pflanze«, ergänzte Mardono.

»Ich hoffe ihr wisst, wie absurd das klingt.« Sean kam zu uns und streckte seine Hand nach einem der Äste aus. Eine Kühle legte sich zu der Wärme unter meine Haut und eine weitere der Blüten öffnete sich, die ein weißes Farbenspiel offenbarte. Jede der geschlossenen Blüten öffnete sich und jede von ihnen zeigte eine Lilie. Einige waren rot und einige weiß.

»Sind das Blüten der RADIX VITAE, die keine feste Blüte hat, sondern immer mit der Lieblingsblüte des Toten blüht?«, fragte Aatamia.

»Sind es«, bestätigte Mardono.

Ich roch den Duft der Lilien in meiner Nase. »Die Wurzel des Lebens.«

Mardono löste seine Berührung vom Baum, pflückte die Blüten und legte sie auf Lukes Körper.

Sein Blick glitt zu Sabriel und Aaron. »Bitte fasst weder die Blüten noch Lukes Körper an.«

Ich verstand wenig von Pflanzenkunde, doch ich wusste um ihre Grundsätze. Mardono hingegen kannte jede Schrift und jede Pflanze. Er wusste, wie sie anzuwenden waren und, welche Wirkungen sie in sich trugen. Aatamia befand sich seit Jahrzehnten in seiner Lehre, doch kaum mehr als ein Viertel des Wissens konnte ihm Mardono bisher weitergeben.

Ich half ihm die Blüten zu pflücken und sie auf Lukes Körper zu verteilen. Sean schloss sich ebenso an. Mit der letzten Blüte wich ich einen Schritt zurück und ließ meinen Blick über Luke gleiten. Ein roter und ein weißer Schimmer legten sich auf den toten Körper, während sich Blüte um Blüte in dessen Haut und Wunden einbrannten und ihn zurück in seine Form brachten. Wir starrten auf Luke, doch er atmete nicht.

Sean kniete sich an die Seite seiner Freunde. Seine Hand legte er auf Lukes Oberkörper. »Es tut mir so leid, Luke.«

»Das kann es noch nicht sein«, murmelte Mardono.

»Luke …«, flüsterte Sabriel.

Er ließ seine Hand auf Seans gleiten und verschränkte ihre Finger ineinander. Aaron schloss sich der Berührung an, während er seinen Arm um Sabriel legte und ihn gegen seine Schulter lehnte. Lukes Körper lag derart unter dem Baum, wie ich ihn in mit dem Bild gesehen hatte, doch lebte er nicht. Ich kniete mich neben ihn und legte meine Hand auf sein Bein, als eine Kühle zu mir vordrang und sich eine Wärme zu ihr mischte. Mardono kam zu mir, kniete sich neben mich und legte seine Hand ebenso an Lukes Körper. Mit seiner Berührung leuchteten wir in rot und weiß auf, ehe Lukes Körper einatmete.

»Das hat also noch gefehlt«, sagte Mardono.

»Er atmet«, flüsterte Sabriel. »Er atmet wirklich.«

Unsere Leuchten erloschen. Luke öffnete seine Augen, ließ seinen Blick über seine Freunde und uns schweifen und runzelte seine Stirn. »Warum seht ihr mich an als würdet ihr Geister sehen?«

VIERZEHN

Ich stand vor einem der Fenster in Lukes Hotelzimmer und sah in die Nacht hinaus, die sich
über Wien gelegt hatte, während Luke an der Balkontür stand und die letzten Züge seiner Zigarette
aufrauchte. Eine Mischung aus Unsicherheit, Wut
und Unglaube schwappten zu mir. Mardono, der
sich einen Raum weiter bei Sean befand, war nicht
wohl dabei, mich mit Luke allein zu lassen, hatten
mich dessen Worte das letzte Mal doch in die Fänge
des Alphaweibchens getrieben.

»Was habt ihr mit mir gemacht?«, fragte Luke
zu ruhig.

»Decanus tötete dich«, antwortete ich, ehe ich
mich zu ihm wandte.

Er drückte den Stumpen der Zigarette im Aschen-
becher neben sich aus. »Warum bin ich dann noch
hier?«

»Eine Pflanze aus Lunarum ließ ihre Macht
walten. Sie erschien, um dein Leben zurückkehren
zu lassen.«

»Warum sollte sie?«

»Es steht nicht in meinem Wissen.«

»Was frage ich auch«, murmelte er. »Hör zu, dich wegzuscheuchen scheint nicht zu funktionieren und selbst, dich an deine scheiß Grenzen zu bringen hält dich anscheinend nicht auf, aber lass deine verdammten Drecksfinger von mir. Ich will nicht, dass du mich auch nur einmal noch anfasst, oder sonst irgendwas mit mir machst. Und verdammt noch mal, hör auf, mir Sabriel wegzunehmen.«

Ich runzelte meine Stirn. »Es steht nicht in meinem Willen, dir deine Freunde wegzunehmen.«

»Nein, du gibst Sabriel nur diese scheiß … Eigenheit, euch spüren zu können.«

»Die Monde gaben Sabriel die Möglichkeit, ihre Krieger zu spüren. Es ist ein Umstand, über den ich keinen Einfluss besitze.«

»Aber du hast Seans verdammtes Tattoo vervollständigt oder willst du das jetzt auch abstreiten?«

»Ich respektiere deinen Wunsch nach Distanz zu mir und meinen Kriegern, doch werde ich diesem Wunsch nicht nachgehen, solange dein Leben in Gefahr schweben könnte.«

Luke ballte seine Hände und ging auf mich zu. Ehe er mich erreichte, trat ich einen Schritt vor und schnitt ihm seinen Weg ab. Kaum wenige Zentimeter trennten unsere Körper.

Ich fixierte seine grünen Augen. »Es steht nicht in meinem Willen, Leben zu verletzen, zu töten oder auf meine Seite zu ziehen, Luke.«

»Und da bist du dir wirklich sicher?«

»Luke«, sagte Sabriel, den ich an der Tür spürte.

Aatamia befand sich verschleiert bei ihm. »Sie hat geholfen, dein Leben zu gerettet und das ist alles, was du ihr zu bieten hast? Das ist verdammt schwach von dir.«

Luke trat einige Schritte zurück, wandte sich von mir ab und verschränkte seine Arme. »Ich wollte das verdammt nochmal nicht.«

»Dann wärst du also lieber gestorben? Glaubst du immer noch, dass sie eine Lügnerin ist, die uns tot sehen will? Wenn ja, dann muss ich dich leider enttäuschen, Luke. Würde sie dich tot sehen wollen, hätten sich weder sie noch Mardono, Aatamia oder Diyar um dich gekümmert als du blutüberströmt unter diesem scheiß Baum gelegen hast und ich dir beim Sterben zusehen musste, wie damals bei Simeon.« Ein Zittern legte sich in seine Stimme.

»Dafür hätte sie Sean fast getötet.«

»Du hast immer die passende Ausrede parat, anstatt einfach mal das zu sehen, was verdammt nochmal vor dir liegt. Ich will deine Ausreden nicht mehr hören, Luke. So, wie du ihre Anwesenheit satthast, habe ich dein Verhalten ihr gegenüber satt. Wenn du so weiter machst wie bisher, wird es wie damals enden. Ich glaube nicht, dass es dir egal ist, sondern ich glaube, dass du Angst hast und damit einfach nicht klarkommst.«

Lukes Körper begann zu zittern. »Verschwindet.«

»Kannst du mit mir mitkommen, Mera?«, fragte Sabriel.

Ich erwiderte seinen Blick. »Natürlich.«

»Ich fasse es nicht«, schnaubte Luke.

Sabriel starrte ihn an. »Ich will ihr von Simeons Unfall erzählen. Da alles zusammenzuhängen scheint, ist es vielleicht von Vorteil, wenn sie weiß, was damals passiert ist.«

»Bleibe bei Luke«, ließ ich Aatamia in seinen Gedanken hören, während ich in seine grauen Augen sah.

Aatamia nickte. »Mach ich.«

Ich verschleierte meine Gestalt, während ich Sabriel in sein Hotelzimmer folgte, wo ich meine Verschleierung wieder fallen ließ.

Er deutete auf ein Sofa in einer Ecke. »Setz dich doch, ich bin gleich zu dir.«

Ich nahm auf dem Sofa Platz, während Sabriel eines der Fächer seines Koffers öffnete und einen Bilderrahmen hervorzog.

»Verdammt«, murmelte er, als er sich einen Finger im Reißverschluss einklemmte. Er hob sich auf, setzte sich neben mich und zeigte mir das Bild. »Das sind Simeon und ich als wir fünfzehn waren. Es entstand kurz vor seinem Tod.«

Sabriel und Simeon wirkten identisch, einzig Simeon trug ein Muttermal unter seinem rechten Auge, das Sabriel nicht hatte. Sie befanden sich in einem Wald und lachten.

»Wir sind oft im Wald spazieren gegangen, wenn uns zuhause die Decke auf den Kopf gefallen ist. Oder besser gesagt mir. Unsere Eltern haben Simeon bevorzugt. Er hatte die besseren Noten, war charmanter und offener, während ich mich lieber zurückgezogen habe.«

»Was führte zu seinem Tod?«, fragte ich.

Sachte strich Sabriel über Simeons Abbild. »Wir waren zu Hazels sechszehnten Geburtstag eingeladen gewesen. Sie war eine enge Freundin von uns. Henri war auch da und hat sich als ihr erster, fester Freund vorgestellt. Ich mochte ihn von Anfang nicht, weil er etwas abbekommen hatte, das ich selbst haben wollte.«

»Dein Herz gehörte Hazel?«

Sabriel nickte. »Ich war zu dem Zeitpunkt schon seit fast einem Jahr in sie verliebt gewesen, aber ich habe es nie geschafft, ihr zu sagen, was ich für sie empfinde. Simeon hat mir ins Gewissen geredet und wollte mich davon überzeugen, dass nichts dabei schief gehen kann, Hazel zu sagen, was ich für sie fühle. An dem Abend habe ich erkannt, dass es zu spät war. Simeon hat mich von Hazel weggezogen und mir ein Bier in die Hand gedrückt, dass er zu allem Überfluss auch noch von Henri hatte. Ich habe Hazel lange dabei zugesehen, wie sie mit Henri getanzt hat, und sie war glücklich. Irgendwann stand Simeon vor mir und hat mir den Becher aus der Hand gerissen. Er mir verboten, noch mehr zu trinken, weil ich schon betrunken genug gewesen wäre, obwohl ich immer noch meinen ersten Becher von ihm in der Hand hatte. Ich bin dann raus in den Garten, habe mich ins Gras gelegt und in den Himmel gestarrt. Simeon ist mir nach, hat mich hochgezogen und zu Henri geschleppt, der neben einem alten Auto gestanden hat. Simeon hat Autos aller Art geliebt und wollte unbedingt eine Runde mit Henri drehen, also sind wir zusammen in Henris Wagen gestiegen. Ich war betrunken genug, dass ich mich einfach auf diesem kalten Ledersitz hinter Simeon gesetzt habe. Irgendwann ist mir von der Fahrt schlecht geworden aber bevor ich Henri bitten konnte, an die Seite zu fahren, standen wir schon. Ich wollte mich bedanken und auf Simeons Schulter klopfen, aber ich konnte ihn nicht fassen. Ich habe Panik bekommen und wollte aus dem Auto aussteigen, hätte ich nicht eine Ewigkeit gebraucht, um überhaupt den Sicherheitsgurt zu lösen. Irgendwann bin ich mehr aus dem Auto geflogen als ausgestiegen und habe Simeon blutüberströmt unter einem Baum liegen sehen. Von Henri hat ab dem Zeitpunkt jede Spur gefehlt. Ich habe mich neben Simeon in den Dreck gekniet und sein Gesicht in meine Hände genommen. Er hat mich angesehen und ich wusste, dass er das nicht überleben wird. Ich habe mich neben ihn gelegt, seinen Körper an mich gezogen und nur noch geweint. Ich kann mich nicht mal mehr an seine letzten Worte erinnern, irgendwas mit Autos und Äpfeln. Irgendwann habe ich dann die Sirenen und die Menschen um mich herum bemerkt. Sie wollten mich von Simeon wegziehen, aber ich habe sie nicht gelassen, bis sie mir irgendwas gespritzt haben. Im Krankenhaus hat mich mein Vater kein einziges Mal gefragt, wie es mir geht, sondern nur, was an diesem verdammten Abend passiert ist. Ich habe nicht mit ihm gesprochen, erst mit den Polizisten, die mich zu einem Phantomzeichner gebracht haben. Nachdem ich aus dem Krankenhaus entlassen worden bin, habe ich mich nur noch in Simeons Zimmer eingesperrt. Meine Mutter hat jedes Mal angefangen zu weinen, wenn sie mich zwischen seinen Sachen gesehen hat. Sie hat es nie ausgesprochen, aber in ihren Augen konnte ich sehen, dass sie sich gewünscht hätte, ich wäre an Simeons Stelle gestorben. Mein Vater hat mich selbst zuhause nur noch angebrüllt, warum ich mir so eine Geschichte ausdenke, um einen Mann, der gar nicht zu existieren scheint, weil jede verdammte Spur im Sand verläuft. Und, warum ich Hazel mit in die Sache reinziehe und auch die anderen, die Henri gesehen haben. Er hat mich angebrüllt, warum ich ausgerechnet an dem Abend so viel trinken musste, und ich deswegen Simeon nicht davon abhalten konnte, in dieses Auto zu steigen. Geschweige denn nicht mal einen Notruf abgesetzt habe, als er blutüberströmt unter diesem Baum gelegen hat. Ich habe angefangen, mir die Schuld an Simeons Tod zu geben und bin immer wieder abgehauen, bis ich zwangseingewiesen wurde. Achtzehn Monate war ich in einer klinischen Anstalt, in der ich auch erfahren habe, dass sich Hazel zweieinhalb Jahre nach dem Unfall in der Badewanne die Pulsadern aufgeschlitzt hat. Sie ist nie darüber hinweggekommen, dass ihr erster, fester Freund verantwortlich für den Tod einer ihrer engsten Jugendfreunde war.« Sabriel deutete auf Simeons Handgelenk, an dem ein Armband baumelte. »Mein Vater hat mir mit der Zwangseinweisung alles von Simeon genommen, bis auf das lederne Armband, dass ich mir aus seinen Sachen geklaut habe.« Er griff an seinen Hals und zeigte mir eine Kette aus Leder. »Das Gegenstück trage ich als Kette. Ein paar Monate nach meinem Umzug nach London ist jemand in meine Wohnung eingebrochen und hat nicht nur alles an Wertsachen gestohlen, sondern auch das Armband. Das einzig Gute an dem Abend war, dass ich Luke kennengelernt habe, weil ich es in meiner Wohnung nicht mehr ausgehalten habe. Zu ihm habe ich über die Jahre eine ähnlich enge Verbindung aufgebaut, wie zu Simeon, weil er mir wieder neue Hoffnung gegeben hat. Wir haben uns auf einer offenen Bühne kennengelernt und er wollte mit mir befreundet sein, einem jungen Mann, der sich mit Gelegenheitsjobs über Wasser gehalten hat. Luke hat mich in sein Herz aufgenommen und mir den Weg gegeben, von dem ich gar nicht wusste, dass das mein Weg sein könnte. An einem Abend saßen wir zusammen, haben an Simeon und Lukes Mutter gedacht und Kerzen für sie angezündet. Luke fand es schade, dass es kein ewiges Licht gibt, dass immer brennt also hat er mich gefragt, ob wir nicht unsere Musik dafür nutzen wollen, eine Art ewiges Licht für die beiden in die Welt zu tragen. Deswegen heißt unsere Band auch Neverending Light.«

Ein liebevolles Lächeln legte sich auf meine Lippen. »Ein trauriger und doch schöner Hintergrund.«

»Ich bin mir sicher, dass die beiden dort oben sitzen und zusehen, wenn wir spielen. Ich wünschte, Luke würde dir eine Chance geben, aber er ist in gewisser Weise wie Sean. Die Beiden haben Angst und nicht den Mut, sich dieser Angst zu stellen. Ich hoffe, die Beiden überleben das auch. Und ich hoffe, meine Freundschaft zu Luke überlebt das. Seid ihr bei uns seid, steht sie unter einer wachsenden Zerreisprobe. Er denkt, ich wäre mehr für Sean da als für ihn, obwohl er mich doch genauso braucht. Ich kann so viel reden mit ihm, wie ich will, aber er wehrt sich immer mehr, weil seine Angst immer größer wird.«

»Wovor hat Luke Angst?«

Sabriel erwiderte meinen Blick. »Seit dem Tod seiner Mutter hat er enorme Verlustängste, die er trotz Therapie nie wirklich in den Griff bekommen hat. Ihr seid ein ziemlich heftiger Trigger für ihn, nicht nur, weil Sean zu einem von euch geworden ist, sondern vor allem, weil ich euch spüren kann. Und ich kann es ihm nicht mal verübeln. Sean kann ich seit seiner Zeichnung übrigens auch spüren, nur anders als dich, Mardono oder einen der anderen.«

»Wie unterscheidest du uns?«

»Sean hat eine Kühle in sich, du und Mardono habt eine Wärme und die anderen sind ein komischer Mischmasch von Kühle, Wärme und einem Zischen. Auch wenn man das als Geräusch nicht spüren kann, aber die Monde bekommen das hin.«

»Sie sind Vielem mächtig.«

»Auch darin, mich bei beiden Unfällen überleben zu lassen?«

Ich bat Mardono zu uns und spürte, wie er unverschleiert in Sabriels Hotelzimmer wechselte.

Er setzte sich auf Sabriels andere Seite »Decanus hat dich beide Male mit Hilfe eines Giftes überleben lassen. TOXICUM VITAE, um genau zu sein. Es ist ein Überlebensgift, das eigens für solche Angriffe gezüchtet worden ist. Bei beiden Unfällen hat es dich in einen Zustand versetzt, der dich nicht verletzen ließ. Zu stark angewandt versetzt es den Vergifteten zudem in einen Trunkenheitszustand, und es hat einen für Gifte sehr starken Geruch nach Apfel.«

»Deswegen habt ihr den Apfelgeruch bei mir, Smith und Cooper angesprochen«, schlussfolgerte Sabriel. »Danke für eure Hilfe.«

»Du brauchst dich für nichts zu bedanken.«

Ich hob mich auf und entfernte mich einige Schritte. »Du solltest die Nacht für deine Ruhe nutzen.«

»Du hast Recht, morgen wird ein anstrengender Tag.« Sabriel stand ebenso auf und ging zu seinem Koffer. »Wir haben vor dem Auftritt noch ein Fan-treffen, dass eine Frau aus Wien ersteigert hat. Sie wird mit drei Freundinnen Backstage knapp zwei Stunden vor dem Auftritt zu uns gebracht.« Er beugte sich zu seinem Koffer und schob das Bild zurück in eines der Fächer. »Normalerweise machen wir sowas nicht kurz vor einem Konzert, weil niemand von uns Nerven dazu hat, aber das morgen ist eine Ausnahme. Der Erlös ging in den Spendentopf, den Sasso Backs anlässlich seines Benefizkonzerts in ein paar Tagen angelegt hat.«

Mardono stellte sich neben mich. »Vielleicht lenkt es euch ein bisschen ab.«

Sabriel hob sich auf. »Das ist eher anstrengend als eine Ablenkung, gerade für Sean und mich. Wir haben das mit dem Lampenfieber nie hinbekommen und ich glaube auch nicht, dass wir das noch werden. Da noch ein paar Fans dabei zu haben, macht die Sache nicht besser, zumindest nicht für mich. Aber was macht man nicht alles für den guten Zweck?« Er wandte sich ab, beugte sich zu einem zweiten Koffer, der ebenso auf dem Boden lag und zog Kleidungsstücke aus dem Hauptfach, ehe sein Blick zurück zu Mardono glitt. »Bleibst du die Nacht bei mir oder tauschst du noch mit einem der anderen?«

»Ich finde es faszinierend, dass du uns so präzise unterscheiden kannst. Ich würde gern wissen, was die Monde an euch finden, dass sowohl Sean als auch du eine Extraportion bekommen habt.«

»Wir scheinen wohl vertrauenswürdig zu sein.«

»Anscheinend«, stimmte Mardono zu. »Und, um deine Frage zu beantworten, ich bliebe bei dir.«

»Danke.« Sabriel wandte sich ab und verschwand im Badezimmer.

»Nutzt du die restliche Nacht für Sean?«, fragte Mardono.

Ich lächelte. »Natürlich.«

FÜNFZEHN

Wovor hast du Angst, Sean?«, fragte ich ihn, während ich mich an den Waldrand der Lichtung setzte und gegen einen Baum lehnte.

Sean ließ sich neben mir nieder. »Du hast mit Sabriel geredet, oder?«

»Er erzählte mir die Geschichte um Simeons Tod und seine Vermutungen um Luke und dich. Doch du verrietst mir vor ihm um eine Angst, die deine Zweifel wachsen lässt.«

Sean legte seine Arme auf den Knien ab und spielte nervös mit seinen Fingern. »Ich habe dir doch von den beiden Menschen erzählt, die ich schwer verletzt habe, weil ich zu selbstbewusst entschieden habe.«

»Ich erinnere mich«, bestätigte ich.

»Ich bin zusammen mit zwei jüngeren Zwillingsschwestern aus der Nachbarschaft aufgewachsen, Raven und Vivianne. Wir waren richtige Arschlochkinder für unsere Nachbarn, weil wir mit unseren Streichen so verdammt viel Scheiße gebaut haben. Einer unserer Nachbarn war ein absoluter Kinderhasser, auf den wir es am liebsten abgesehen hatten. Als ich elf war, kam ich auf die Idee, ihn in seinen Pool zu werfen, den wir nie benutzen durften. Er ist mit dem Fuß umgeknickt, hat sich den Knöcheln gebrochen und zu allem Übel Vivi mit in den Pool gezogen. Sie ist mit ihrem Kopf gegen den Beckenrand geknallt und bewusstlos und mit dem Gesicht unter Wasser gelandet. Wir konnten von Glück reden, dass unser Nachbar schnell genug war und sie aus dem Wasser gefischt hat. Meine Eltern konnten ihn gerade noch davon überzeugen, keine Anzeige wegen Körperverletzung zu stellen, sondern sich außerpolizeilich zu einigen. Seitdem überdenke ich jede Scheiße, weil ich Angst habe, mich falsch zu entscheiden und wieder sowas provozieren zu können. Aaron hilft mir, es nicht dauernd Überhand gewinnen zu lassen, indem er mich zu gern zu meinem Glück zwingt, nur funktioniert das nicht immer.« Er erwiderte meinen Blick. »Deswegen sitze ich auch hier mit diesen Narben auf dem Rücken, weil ich nicht weiß, was mich erwartet, wenn ich endgültig ja zu euch sage. Obwohl ich nur diese eine Möglichkeit habe, wenn ich nicht sterben will.«

»Warum lässt du dieser Angst derart viel Raum?«

»Weil ich mich ihr dann nicht stellen muss, ganz einfach.« Sein Blick schweifte über die Lichtung. »Ich will das hier nicht verlieren, genauso wenig wie meine Freunde, gerade Luke.«

»Eure Ängste ernähren sich gegenseitig.«

»Das hat Sabriel auch schon gesagt, und ihr beide habt nicht ganz Unrecht.«

»Was möchtest du wirklich, Sean?«

Er erwiderte meinen Blick und lächelte. »Ich will an deiner Seite stehen und das Vertrauen, das ich bisher zu euch aufgebaut habe, endlich auch zulassen können. Und ich will einer deiner Krieger sein, ohne dass meine Freunde mich dafür bis in alle Ewigkeit hassen. Ich habe nur keine Ahnung, wie ich ihnen das klar machen soll.«

»Sag es ihnen, so wie du es mir gesagt hast«, erwiderte ich.

»Damit mich gerade Luke für völlig durchgeknallt hält?«

»Gib ihm eine klare Linie vor, Sean. Etwas, woran er sich festhalten kann. Es ist dein Leben und deine Entscheidung. Luke mag eine andere Meinung über die Umstände haben, doch es gibt ihm kein Recht, sich derart über dich zu stellen, ohne das Gesamtbild im Blick zu haben.«

»So wie du, als du dich über mich gestellt hast, um mein Leben zu retten?«

»Es war unfair dir gegenüber, dir diese Entscheidung abzunehmen, doch dein Leben war mir wichtiger als dieser Umstand.«

»Ich weiß. Und ich weiß auch, dass du Recht hast. Als ich von der Vergiftung bewusstlos geworden bin, habe ich mein Leben an mir vorbeiziehen sehen, bis ich in diesem Raum in der Burg lebendig aufgewacht bin. Das hat mich mehr überfordert, als ich es wahrhaben wollte, deswegen war ich auch so ekelhaft zu euch und zu dir.« Er lächelte. »Eigentlich heftig, dass du mich nicht einfach hast stehen lassen, als ich dich auf dem Dach so angegangen bin. Danke, dass du für mich da bist, obwohl ich nicht unbedingt der einfachste Charakter bin.«

Ich erwiderte sein Lächeln. »Du bist einfacher als du denkst, Sean.«

»Ich nehme das jetzt einfach mal als Kompliment.« Er atmete tief ein. »Kannst du bei mir bleiben, wenn ich versuche, den Dreien meine klare Linie zu zeigen?«

»Natürlich.«

In meiner Gestalt verschleiert stand ich in Seans Hotelzimmer. Ich hatte ihn zurückbegleitet und mit ihm auf den Anbruch des Tages gewartet, während er seine Freunde um ein Gespräch gebeten hatte. Ein Klopfen drang in meine Ohren, ehe Luke, Sabriel und Aaron das Zimmer betraten. Mardono, Aatamia und Diyar waren bei ihnen, ihre Gestalten ebenso verschleiert. Sie stellten sich an meine Seite.

Seans Unsicherheit schwappte zu mir. »Das seid ihr ja.«

»Worüber willst du reden?«, fragte Aaron ohne Umschweife.

»Ich habe mich endgültig für Mera entschieden. Ich will an ihrer Seite stehen, als einer ihrer Krieger.«

Aaron lächelte stolz und erleichtert. »Hat auch lange genug gedauert, bis du zu der Erkenntnis gekommen bist.«

»Ist das dein Ernst?«, schnaubte Luke verständnislos.

Sean nickte. »Ist es.«

»Das ist einfach nur falsch.«

Aaron starrte auf Luke. »Warum hältst du Seans Entscheidung für falsch?«

»Weil er damit genauso ein Drecksmensch wird wie Mera und ihre Leute.«

»Nein«, widersprach Sean, doch ehe er weitersprechen konnte, hatte sich Aaron vor Luke aufgebaut.

»Sean ist vor unseren Augen zusammengebrochen, weil ihn diese verdammte Vergiftung eingeholt hat. Sabriel hat mit ansehen müssen, wie sich eine Wunde in Seans Rücken eingefressen hat, als wir beide Luke, du und ich, von einem Gift bewusstlos auf dem Boden gelegen haben. Wir haben gesehen, wie Sean auf der Bühne in Amsterdam zusammengebrochen ist, als sich diese verdammte Wunde ein zweites Mal in seinen Rücken gefressen hat. Du hast ihn selbst ins Krankenzimmer geschleppt. Und weißt du, wer jedes Mal bei uns war? Wer jedes einzelne, verdammte Mal dafür gesorgt, dass Sean wieder aufstehen konnte? Das waren Mera, Mardono und ihre Krieger. Sie haben uns Sean jedes Mal zurückgebracht. Sie haben dafür gesorgt, dass es uns allen gut, Luke, aber statt froh zu sein, willst du sie loswerden. Ja, wir hätten diese scheiß Probleme nicht, gäbe es Mera, Decanus und die Monde nicht so, wie sie es gibt. Aber das können wir nicht beeinflussen, dafür sind wir zu kleine Wesen in diesem scheiß Universum.«

»Soll mich das jetzt umstimmen?«

»Ich will Sean verdammt nochmal nicht verlieren, Luke. Er ist nicht nur mein bester Freund, sondern meine Familie. Und außer ihm und meiner kleinen

Schwester Athalia, die seit Jahren wie vom Erdboden verschluckt ist, habe ich nur noch euch beide. Aber du arbeitest gerade verdammt hart daran, mich loszuwerden. Viel fehlt nicht mehr und ich bin weg. Und denk nicht, dass ich Sean allein bei dir zurücklasse oder, dass du einen von uns wieder finden könntest.«

»Mera hat mir ein zweites Zuhause geschenkt«, sagte Sean, ehe Luke ein Wort erwidern konnte. »Aaron hat Recht, weder sie noch einer ihrer Krieger haben uns oder mich bisher im Stich gelassen. Sie waren für uns da, haben uns geholfen und gerettet, wann immer wir es selbst nicht mehr konnten. Ich habe an ihnen gezweifelt, weil ich Angst hatte und habe, die Menschen zu verlieren, die mir am Herzen liegen, wenn ich mich falsch entscheide. Ich habe mich für sie entschieden, weil ich einen Weg mit ihr und den Monden vor mir sehe und, weil ich diesen Weg gehen möchte. Ich will an ihrer Seite stehen, weil ich das Gefühl habe, dass sie mich brauchen, auch wenn ich keine Ahnung habe, warum.«

Luke wandte sich zur Tür ab. »Ich könnt mich mal.«

Sabriel packte dessen Arm, stellte sich vor ihn und schnitt ihm den Weg. »Du haust verdammt noch mal nicht ab.«

»Als ob du mich aufhalten könntest«, erwiderte Luke, während er seinen Arm aus Sabriels Griff riss.

»Verdammt, was ist los mit dir?«

Luke drückte sich an ihm vorbei. »Lass mich.«

Sabriel stellte sich ein weiteres Mal vor ihn und

schubste ihn einen Schritt zurück. »Ich dachte, so scheiß feige bist du nicht mehr?«

»Was zur Hölle willst du von mir?«, sagte Luke, während er den Schritt überwand und kaum einige Zentimeter zu Sabriels Körper ließ.

»Ich will wissen, warum du so verdammt abdrehst«, ließ sich Sabriel nicht einschüchtern. »Warum kriegst du es verdammt nochmal nicht auf die Reihe, Mera einfach nur zu akzeptieren, obwohl sie dein scheiß Leben gerettet hat, zusammen mit Mardono und Sean?«

»Warum zur Hölle sollte ich?«

»Hörst du mir eigentlich zu, Luke?« Sabriels Augen funkelten. »Wegen Menschen wir dir, gibt es Menschen wie Sean, die Probleme damit haben, für das einzustehen, was sie wollen. Du kritisierst ihn nicht nur wegen seiner Entscheidung, sondern du verachtest ihn dafür. Er ist immer noch dein verdammter Freund, genauso wie Aaron und ich deine Freunde sind. Und Freunde unterstützen sich, Luke.«

»Ich soll ihn also dabei unterstützen, dass er so einen Scheiß machen will?«

»Ja, verdammt! Das sollst du.«

»Garantiert nicht.«

»Wovor hast du verdammt noch mal Angst?«

»Ich habe keine beschissene Angst!«

»Doch und zwar davor, einen von uns zu verlieren.«

»Wenn du die Antwort schon denkst zu kennen, warum fragst du mich dann so eine Scheiße?«

»Weil ich es aus seinem Mund hören will, verdammt!«

»Du kannst mich mal.« Luke wandte sich ab.

»Verdammt nochmal, nein!«, brüllte Sabriel, während er sich ein drittes Mal vor Luke stellte und seine Hände gegen dessen Brust stemmte. »Damals bei deiner Mutter hattest du keine Möglichkeit dich zu verabschieden, weil du verdammte Scheiße gebaut hast und jetzt willst du einfach abhauen?«

Luke griff Sabriels Hände und drückte sie und damit ebenso Sabriel von sich. »Lass meine Mutter aus dem Spiel.«

»Einen Scheiß werde ich. Das letzte Gespräch, dass du mit ihr hattest, war ein verdammter Streit, weil sie dir kein Geld für deine beschissene Sucht geben wollte. Dann bist du einfach abgehauen, feige wie du warst, und hast dich in dieser Gosse weggeschossen.« Er deutete auf Sean, ohne seinen Blick von Luke zu lassen. »Willst du, dass sich das mit Sean wiederholt? Oder mit Aaron oder mir? Willst du, dass einer von uns stirbt und das Letzte, was dich an uns erinnert, dieser beschissen unnötige Streit ist?«

Glanz legte sich in Lukes Augen. »Ich hätte nie gedacht, dass du jemals diese Karte spielst, Sabriel.«

»Weil nichts mehr anderes hilft.«

»Glaubst du wirklich, ich finde meine Situation so geil, dass ich vor Freude im Dreieck springe?«, grätschte Sean dazwischen. »Ich habe auch Angst, euch zu verlieren, weil ich das alles mit mir nicht einschätzen kann. Trotzdem …«

»Halt doch dein scheiß Maul«, unterbrach ihn Luke.

Wut kochte in Sean hoch. »Verdammt noch mal, nein! Ich lasse mir von dir weder meinen Mund verbieten noch, was ich machen will. Du hast kein verdammtes Recht dafür. Ja, wenn du meinst, meine Entscheidung verachten zu müssen, dann los. Ich halte dich nicht auf. Ich will dich gar nicht aufhalten, weil ich die Kraft, die ich dafür verschwenden würde, für mich selbst besser gebrauchen kann, um zu verstehen, was mit mir gerade passiert. Und weißt du, was? Mera hilft mir. Sie gibt mir Antworten und sie ist für mich und für uns da. Und verdammt noch mal, ich bin viel zu neugierig, um jetzt den Schwanz einzuziehen. Ich will wissen, was los ist. Ich will wissen, warum die Monde ausgerechnet mich brauchen. Und du, Luke, wirst mir dabei nicht im Weg stehen.«

Eine liebevolle Wärme legte sich in meinen Körper, die zu Sean ziehen wollte. Ein Lächeln legte sich auf meine Lippen, war es doch das Zeichen der Monde, dass sie ihre Bestrafung fallen ließen. Ich löste meine Verschleierung.

Sean sah verwirrt zu mir. »Alles in Ordnung?«

»Die Monde ziehen ihre Bestrafung zurück.«

Seine Freude schwappte zu mir. »Wirklich?«

»Für den Moment der Heilung aus deinen Zweifeln benötige ich die Macht Lunarums.«

»Du willst das wirklich durchziehen?«, fragte Luke.

Sean sah zu ihm. »Ich will vor allem leben und ich habe keinen Bock und keine Kraft mehr für die

Schmerzen, die ich mir mit meinem eigenen scheiß Verhalten selbst zufüge.«

»Wenn du das nicht sowieso spielst.«

»Denkst du wirklich, Sean macht uns was vor? In welcher Welt lebst du bitte?«, fragte Aaron fassungslos.

Sean zog seine Lederjacke aus und streifte sein Oberteil von seinem Körper. Sein Blick starrte auf Luke. »Du denkst also, ich simuliere meine verdammten Schmerzen? Ich habe euch das bisher nicht gezeigt, weil ich nicht wollte, dass ihr das seht, aber anders scheint nicht mehr zu gehen.« Er wandte sich um und zeigte Luke, Sabriel und Aaron die Narben, die sein erstes Zeichen verunstalteten.

Sabriel schloss für einem Atemzug seine Augen. »Das sieht verdammt schlimm aus.«

Aarons Angst schwappte zu mir, während er sich in Seans Rücken stellte. »Sean …«

Lukes Gesicht gewann an Blässe. »Sind das …?«

»Narben«, vervollständigte Sean, ehe er sich zu ihm drehte. »Und weißt du, wie sich das angefühlt hat, als sie sich in meinen Körper eingefressen haben? Als würde mir jemand mit einem stumpfen Messer Haut aus dem Körper schneiden.«

»Das …«

»Sabriel hat Recht«, unterbrach Sean ihn. »Solange wir noch leben, sollten wir die Zeit nutzen und für uns da sein und nicht streiten, bevor das Letzte ist, was wir voneinander in Erinnerung haben. Aber du lässt mir keine andere Wahl. Wenn du mich also entschuldigst, ich muss mit Mera nach

Lunarum, um diese verdammten Zweifel endlich loszuwerden und mein Leben ohne Schmerzen zurückzubekommen.«

»Warte«, sagte Luke.

Sean hielt inne. »Auf, was?«

Luke starrte ihn an, ohne ein Wort zu sagen.

»Ich habe nicht ewig Zeit, Luke.«

»Es tut mir leid. Ich … ich hätte nicht gedacht, wieder an so einem Punkt zu stehen, an dem ich kurz davor bin, jemanden zu verlieren, den ich nicht verlieren will.«

»Das gibt dir kein scheiß Recht dafür, was du die letzten Tage abgezogen hast«, warf Aaron ein.

»Nein, tut es nicht, das stimmt.« Lukes Blick klebte an Sean. »Ich will doch nur, dass wir das hier überleben.«

»Das wollen wir alle, Luke.« Sean stellte sich vor ihn und bat ihm seine Hand an. »Ich nehme deine Entschuldigung an, wenn du aufhörst, dich gegen Mera und ihre Krieger zu stellen. Sie ist nicht die Böse, sondern Decanus.«

Luke starrte auf Seans Hand. »Keine Ahnung, ob ich das kann.«

»Ich helfe dir, du musst mich nur lassen«, bot Sabriel an.

Luke nahm Seans Hand. »In Ordnung.«

»Dann hätten wir das ja geklärt«, sagte Sean.

Ich wechselte ihn, Mardono und mich auf die Lichtung des Waldes, wo uns die letzten Sonnenstrahlen des Tages streiften.

Mardono stellte sich vor Sean und legte seine

Hände an dessen Wangen. »Schließ deine Augen.«

Ich stellte mich in Seans noch immer nackten Rücken und ließ meinen Blick über sein erstes Zeichen schweifen. Beinahe alle drei Kreise waren vollkommen von Narben durchzogen. Einzig wenige Zentimeter waren verschont geblieben. Mardono lehnte Seans Stirn gegen seine, ohne seine Berührungen von dessen Wangen zu lassen. Sein Dasein war nicht mehr als eine Stütze für ihn.

Ich erzeugte ein Mondleuchten und ließ es auf meinen Zeichen tanzen, während ich meine Finger über Seans Rücken schweben ließ. Mit dem Wechsel nach Lunarum hatte sich ein weißes Schimmern in das Schwarz der Linien seines Zeichens gelegt, das es nicht zu wagen schien, kräftiger zu werden. Ich legte meine Fingerspitzen an eine der Stellen des Zeichens, wo sich alle Kreise berührten. Das weiße Schimmern verstärkte sich und gab mir einen Weg vor, dem ich folgte. Eine Kühle drang unter meine Haut und eine Wärme legte sich in meinen Körper, die sich an die Kühle in meinen Fingern schmiegte. Seans Narben verheilten ein Stück mehr und verblassten unter meiner Berührung. Sie verschwanden nicht vollkommen, sondern blieben als Zeugen der Bestrafung zurück.

»Atmen, Sean. Es hilft keinem von uns, wenn du umkippst, weil es deinem Körper an Sauerstoff fehlt«, sagte Mardono.

Der Weg endete, wo er begonnen hatte und ein weißes Leuchten erhellte Seans Zeichen vollständig, ehe es wieder versiegte. Ich nahm meine Berührung von seiner Haut und ebenso Mardono löste sich von Sean.

»Fertig?«, fragte Sean, während er sich zu mir wandte.

Ich erkannte einen weißen Schimmer in seinen Augen verblassen. »Fertig.«

SECHSZEHN

M ardono und ich befanden uns verschleiert bei den Freunden im Backstagebereich in Wien. Ich lehnte mich gegen eine Wand, während mein Blick über die Freunde und die vier Frauen Stella, Emma, Evelin und Klara schweifte, die die Tickets aus der Versteigerung gewonnen hatten. Stella saß neben Luke, Klara befand sich dicht neben Sean, Emma schmiegte sich an Aarons und Evelin an Sabriels Seite und. Während Sean auf einer Trommel saß, hatten sich Sabriel und Aaron Gitarren genommen. Luke sang, ohne ein Instrument zu spielen.

»Ich kann es immer noch nicht fassen, dass ich das Glück hatte und diese Tickets gewonnen habe, sonst hätten wir eure komplette infinitum lumen-Tournee verpasst. Die Tickets waren so schnell ausverkauft.« Stellas blaue Augen wirkten kalt und ihre schwarzen Haare glänzten im Schein des Deckenlichts. Das schwarze Kleid, das sie trug, schmiegte sich wie eine zweite Haut an ihren Körper, während es einzig das Nötigste bedeckte.

»Schade, dass ihr so viel Lampenfieber habt und das nicht öfter macht.« Emmas Lächeln ließ die Sommersprossen auf ihren Wangen ihre grünen Augen umspielen. Ihr Gesicht wirkte niedlich, doch ebenso sie trug ein Kleid, dass kaum unter ihrer Hüfte endete. Netzstrumpfhose und Stiefel, die weit über die Knie hinaufgingen, bedeckten ihre Beine. Ihre Hand hatte sie auf Aarons Schulter abgelegt. Kaum wenige Zentimeter ließ sie zwischen ihren Gesichtern, während Aaron unentwegt mit ihr flirtete.

Evelin legte ihre braunen Haare über ihre Schultern und spielte mit einer einzelnen Strähne, während ihr Blick an Sabriel klebte. »Auf der Bühne merkt man euch das Lampenfieber gar nicht mehr an.«

Klara überschlug ihre Beine, die sie in eine enge Lederhose gepackt hatte. »Ich finde es lieb von euch, dass ihr für Sasso Backs und seine guten Zwecke eine Ausnahme gemacht habt. Das hätte echt nicht jeder getan.«

Seans Blick lag auf ihr, während seine Fingerspitzen auf der Trommel ruhten. »Man macht viel für den guten Zweck.«

»Und für das Image.« Klara hob eine Flasche vom Boden auf und trank einen Schluck. »Apropos Imagine. Seit wann trägst du diese Kontaktlinsen?«

»Seit ein paar Tagen«, antwortete Sean.

»Hat das einen tieferen Sinn oder ist das nur eine Spielerei?«

»Ich wollte einfach nur eine Veränderung.«

Klara lächelte. »Die Veränderung gefällt mir.«

Ein Klopfen drang in meine Ohren, ehe sich die

Tür öffnete und Benjamin erschien. »So ungern ich euch störe, aber ihr habt nur noch eine halbe Stunde.«

»Danke Ben«, sagte Luke.

»Nicht dafür.« Benjamin schloss die Tür hinter sich.

»Das schöne Zeiten immer so schnell vergehen müssen.« Emmas Blick klebte noch immer an Aaron. »Spielt ihr uns euren Song venatio? Ich liebe eure Akustikversion davon.«

»Klar, wenn ihr das wollt.« Aarons Bedrücktheit schwappte zu mir, ehe er seinen Blick von Emma löste. Er zupfte an den Saiten seiner Gitarre, während Sean und Sabriel in die Melodie einstigen und Lukes Stimme sachte ergänzte.

»Wenn ich Aatamia glauben darf, soll das Lied eine ihrer schönsten Rockballaden sein«, ließ Mardono einzig mich seine Worte hören.

Lukes dunkle und rauchige Stimme schien meinen Körper beben zu lassen, ehe Aaron mit in den Gesang einstieg. Die Kombination mit seiner hellen und höheren Stimme ließ mich eine Gänsehaut bekommen.

»Ich freue mich schon auf ihr Konzert, wenn wir nicht mehr ihre Beschützer sind, sondern ein Teil ihrer Fans sein dürfen«, sagte Mardono.

»Ebenso freue ich mich.«

Er schob seine Hände in seine Hosentaschen. »Ich weiß, deine Gänsehaut ist nicht zu übersehen.«

»Ich wünschte, ich könnte auch so gut singen. Kann ich das nicht zufällig bei dir lernen?«, fragte Stella, nachdem das Lied verklungen war.

»Wir geben keinen Gesangsunterricht«, widersprach Luke.

Sie schob eine Hand unter sein Oberteil und packte mit der anderen das Kinn. »Vielleicht kannst du mir dafür etwas anderes beibringen.«

Mardono schnaubte. »Frei nach dem Motto, man sollte jede Chance nutzen, die man bekommt.«

Luke versuchte sachte aber bestimmt, Stella von sich zu schieben. »Ich muss dich leider enttäuschen.«

Sie krallte ihre Finger in seine Haut und setzte sich auf seinen Schoß. »Ich lasse mich aber nicht gern enttäuschen.«

»Eigentlich ist das mein Part«, schmunzelte Aaron, dessen Blick Luke und Stella beäugte.

»Bekomme wenigstens ich eine Spezialbehandlung?«, fragte Emma, die sich noch immer an Aaron schmiegte.

»Das sollte das kleinste Problem sein«, erwiderte Aaron.

»Ich haben auch ein bisschen was mitgebracht, damit wir beide ein unvergessliches Erlebnis haben«, raunte Emma in sein Ohr, während sie ein Tütchen aus ihrer Handtasche zog und es ihm in die Hand drückte.

Aaron hob es hoch und beäugte das weiße Pulver im Licht. »Das brauchen wir nicht.«

»Wenn das so weiter geht, drehe ich mich gleich um«, murmelte Mardono neben mir.

Ich schmunzelte. »Sei nicht derart verklemmt.«

»Du vergisst, dass ich trotz zweitausend Jahren Lebenszeit meine Bettgeschichten an einer Hand abzählen kann.«

Klara ließ ihre Finger an Seans Wange entlanggleiten. »Was ist mit uns beiden?«

Er erwiderte ihren Blick. »Nein, wirklich nicht. Frag lieber Aaron, der nimmt dich sicher auch noch.«

»Sag nicht, du bist der Brave, Sean?«

»Absolut nicht, aber ich springe nicht mit Fans ins Bett.«

»Warum nicht?«

»Ist eines meiner Prinzipien.«

Klaras Hand glitt an Seans Brust hinab. »Was ist mit deiner Leidenschaft des Moments?«

Sean nahm ihre Hand und zog sie von sich. »Die leidet deswegen nicht.«

»Was ist mir dir?« Evelin versuchte, die Gitarre von Sabriels Schoß zu schieben, doch der ließ sie nicht.

»Ich bin bei Luke und Sean. Das wird nichts zwischen uns beiden«, erwiderte dieser.

»Und du bist dir sicher, dass ich dich vom Gegenteil überzeugen kann?«

»Verdammt sicher.«

Evelins Enttäuschung schwappte zu mir. »Ich hatte mich so darauf gefreut.«

Sabriel runzelte seine Stirn. »Alles in Ordnung, Evelin?«

»Nicht wirklich. Du willst mich ja nicht«, schmollte sie.

»Das meine ich nicht. Deine Augen sind blutunterlaufen.«

Ich drückte mich von der Wand ab und sah in die

Augen der Frauen, die allesamt geplatzte Äderchen zeigten.

Ein Grinsen zog sich über Evelins Lippen. »Vielleicht habe ich vorhin zu viel eingeschmissen.«

»Das ist nicht gesund«, erwiderte Sabriel.

»Das ist keine Droge, sondern ANIMA MEA«, sagte Mardono.

Aatamia wechselte verschleiert zu uns und erstarrte. »Sag mir nicht, dass das die Wirkung von der Pflanze ist, von der ich denke, dass sie es ist.«

Mardono hatte ihn gerufen. »ANIMA MEA, die Pflanze des Seelendiebstahls, die in jeglicher Flüssigkeit gelöst sowohl geschmacks- als auch geruchsneutral ist. Der einzige Hinweis auf das Gift sind geplatzte Äderchen in den Augen der Opfer. Doch, die Wirkung von genau dieser Pflanze siehst du vor dir.«

»Das kann nicht sein, Mardono.«

»Wie wirkt diese Pflanze?«, fragte ich.

Mardono sah zu mir. »Die Wirkung des Giftes setzt etwa zwei Stunden nach dem Verabreichen ein und hält ziemlich genau eine Stunde, nachdem das Symptom in den Augen aufgetreten ist. Die vier Frauen sind seit einer Stunde bei den Freunden, das heißt, sie müssen das Gift vor dem Treffen zu sich genommen haben.« Er ließ seinen Blick zu den Frauen schweifen. »Der Zeitpunkt der Einnahme erlaubt einen Moment der Gefügigkeit seitens der Opfer. Dieser Zeitraum, so kurz er ist, reicht, um den Opfern nicht nur eine bestimmte Aufgabe zu geben, die sie um jeden Preis zu erfüllen haben, sondern auch, um bestimmte Eigenschaften auf sie zu übertragen. Ich gehe davon aus, dass Decanus ihnen die Vorzüge als Diener mitsamt deren Kampfkünsten hat geben lassen.«

Ich sah den Hals eines Fläschchens aus Klaras Hosentasche ragen und deutete darauf. »Mardono.«

Er ging zu ihr und nahm sich das Fläschchen. Mit seiner Berührung zog er es unter seine Kunst der Gestaltenverschleierung, ohne dass Klara etwas davon bemerkte. Er hob das Fläschchen und hielt es gegen das Licht. »Das wird Decanus' Weg gewesen sein.«

»Wahrscheinlich hat er es ihnen als Droge verkauft«, sagte Aatamia.

»Ein Gegengift?«, fragte ich Mardono.

Er schob das Fläschchen in seine Hosentasche. »Gibt es nicht. Wir haben aber noch ein anderes Problem.«

»Welches?«

»Stella bitte. Wenn du unbedingt flachgelegt werden willst, geh zu Aaron. Er ist eindeutig die bessere Wahl«, sagte Luke.

»ANIMA MEA galt aus ausgestorben«, erklärte Mardono. »Lias hat zu Experimentierzwecken nur eine einzige Pflanze gezüchtet, aber als Aliya die Möglichkeiten der Wirkung erkannt hat, hat sie ein Teil des Waldes Lunarums abgesteckt und nur diese eine Pflanze dort angebaut. Niemand wusste davon, bis Aatamia die Aufzucht entdeckt hat.«

»Ich habe Mardono zu mir gerufen«, ergänzte Aatamia. »Während ich mein Eis dafür genutzt habe,

sämtliche Pflanzen und ihre Ableger und Samen ein-
zugrenzen, hat Mardono ein Feuer gelegt. Wir haben
diesen Teil des Waldes komplett abgefackelt und die
Träger haben nicht nur Mardono und mich, sondern
jeden einzelnen Krieger für unser Verhalten bestraft.«

Klara stand auf, stellte sich in Aarons Rücken und
ließ ihre Hände an dessen Oberkörper hinabgleiten,
bis sie ihr Gesicht an seine Wange schmiegte. »Ist da
noch Platz für mich?«

»Welche Möglichkeiten bleiben, um gegen die
Wirkung der Pflanze vorzugehen?«, fragte ich.

»Das kommt auf ihre Aufgabe an«, sagte Mardono,
ehe er seine Verschleierung löste.

Stella sah zu uns. »Ach wie schön, die Beschützer
sind angekommen. Aber so ganz allein?«

»Wollt ihr auch noch dazu?«, fragte Aaron.

Ich löste ebenso meine Verschleierung. Aatamia
folgte mir.

»Nein, nicht ganz allein.« Evelin löste sich von
Sabriel, kam auf mich zu und blieb kaum Zentimeter
vor meinem Körper stehen. »Die Kleine mit den glänzenden, schwarzen Haaren, das ist die Gefährlichste
von allen. Du musst Mera sein.«

Sean hielt inne. »Warte, was?«

»Was ist eure Aufgabe?«, fragte Mardono.

Evelin sah zu ihm. »Der Größte von allen mit den
schwarzen Haaren und den wunderschönen, braunen
Augen. Du bist ihr langjähriger Begleiter Mardono.«

»Das ist nicht die Antwort auf meine Frage.«

»Was wäre das für ein Spiel, wenn wir euch unsere
Aufgabe verraten würden?«

»Was wird hier gespielt?«, fragte Sean.

»Sie wurden vergiftet«, sagte ich, ohne meinen Blick von Evelin zu lösen.

»Ich vermisse Ira«, sagte Stella, ohne sich von Luke zu lösen. »Decanus hatte uns versprochen, dass sie hier sein wird.«

»Er hat die Drogen selbst verkauft«, stellte Aatamia fest.

Ira wechselte zu uns, die ihre Fähigkeiten genutzt hat, um zuzuhören. »Decanus will also mich?«

Stella löste sich von Luke und ging zu ihr. »Die junge Frau mit den so langen, wunderschönen, aschblonden Haaren und den loyalsten aber gefährlichsten, grünen Augen, die er je in seinem Leben gesehen hätte. Vor dir sollen wir uns in Acht nehmen, schließlich wärst du diejenige, die den Schmerz bändigen könnte.«

Ira ließ den Abstand zwischen ihr und Stella auf wenige Zentimeter schrumpfen, während sie ihren Blick fixierte. »Du kannst ihm ausrichten, dass er zur Hölle fahren kann.«

»Decanus hat von deiner impulsiven Art gesprochen und davon, dass man dich so leicht provozieren kann, wenn man den richtigen Nerv trifft. Nicht wahr, kleines Findelkind?«

Iras Wut schwappte zu mir, als sie ihre Hand an Stellas Kehle schnellen ließ und ihre Gabe der Schmerzbändigung nutzte, um sie bewegungsunfähig zu machen. Stella keuchte, ehe sie Iras Hand griff und versuchte, sie von sich zu ziehen.

Ich legte meine Hand an Iras Schulter. »Ira.«

Eine Träne lief an ihrer Wange hinab, ehe sie keuchte und Stella einige Schritte von sich weg-schubste.

»Decanus hat Recht, deine Gabe ist wirklich außergewöhnlich«, sagte Stella. »Lasst uns mit den Jungs verschwinden, Mädels. Wir haben noch eine Aufgabe zu erfüllen.«

Ich nutzte meine Ausprägungen der Kunst des Wechsels und wollte die Wechsel an den Freunden verhindern, als Evelin meine Kehle packte und sich in meiner Haut festkrallte. Ich drückte ihren Arm beiseite und zog mich aus ihrer Berührung.

»Nein! Verdammt, lass mich!«, hörte ich Sabriels Stimme.

»Fass mich nicht an!«, sagte Luke.

Ich spürte die Wechsel und versuchte, sie abzu-wehren, doch ein Stechen schoss durch meinen Körper, das mich auf die Knie fallen und zittern ließ. Mardonos, Aatamias und Iras Keuchen drangen in meine Ohren. Sie hatten versucht, mir zu helfen, beherrschten sie doch ebenso eine Ausprägung der Kunst des Wechsels, die es erlaubte, Ungezeichnete gleichermaßen vor einem ebensolchen zu schützen wie Krieger.

Das hohle Geräusch von Sabriels und Aarons Gitarren, die auf den Boden aufschlugen, hallte durch den Raum. Weder die Freunde noch die Frauen befanden sich noch im Raum.

»Verdammt«, keuchte Mardono.

Ebenso wie ich spürten Aatamia, Ira und er die Schmerzen des Unwillens der Frauen um unsere

Abwehr. Ich hievte mich auf und erkannte das Zittern in meinem Körper. Ich spürte nach den Freunden und fand sie in der Burg Infernas. Ihre Schreie hallten in meinen Ohren und ihre Angst schwappte zu mir, ebenso ihre Schmerzen.

»Ich kann ihre Schreie bis hierher hören«, fluchte Ira.

»Wir benötigen eure Hilfe«, ließ ich Diyar und Rouven über die Kunst des Rufs in ihren Gedanken hören. Sekunden später wechselten sie zu uns. »Die Freunde befinden sich auf der Burg Infernas. Kümmert euch um die Ungezeichneten, damit die Abwesenheit der Freunde und der Frauen unentdeckt bleibt.«

Rouven hob seine Hand, in der nicht mehr als zehn Blüten lagen. »In der Hoffnung, dass die restlichen Trance-Blüten noch reichen.« Sein Blick glitt zu Ira und seine Zuneigung zu ihr schwappte zu mir. »Pass auf dich auf.«

Ich ließ das Bild der Burg Infernas vor meine Augen gleiten und wechselte Mardono, Aatamia, Ira und mich in deren Innenhof. Mein Körper prallte auf Stein, während sich Kälte auf meine Haut legte und Dunkelheit mich umschloss. Mardono, Aatamia und Ira spürte und hörte ich neben mir. Niemand anders als Mardono, Aatamia und meiner selbst hatte ich bisher die Erlaubnis gegeben, Inferna zu betreten. Zu gefährlich war diese Welt für Ungezeichnete und für Krieger der Monde.

Ich hievte mich auf. »Ira, diese Burg zeigt nicht mehr als die Dunkelheit und Kälte Infernas. Folge deinem Gehör. Es ist deine einzige Möglichkeit der Orientierung.«

Ihre Wut schwappte zu mir. »Ich weiß.«

»Folge Seans Schreie und deiner Kunst des Spürens nach ihm. Finde ihn, ehe dich die Kälte Infernas als Tribut für deine Anwesenheit vollkommen heimsucht und gebe Acht vor den Veränderungen der Burg. Dein Weg hinein wird nicht dein Weg hinaus sein.«

»Auch das weiß ich«, sagte sie, ehe sie losrannte.

»Aatamia, folge Aaron. Mardono …«

»Ich kümmere mich um Luke«, unterbrach er mich und lief los. Aatamia folgte ihm, ohne zu zögern.

»Meine kleine Maus«, hallte Decanus' Stimme in meinen Ohren. Meine Lunge rang nach Luft, während sich die Kälte Infernas in meinen Körper legte.

»Die Kontrolle des Tributs. Eine Fähigkeit, die euch Lunarum niemals erlaubt hat, zu lernen«, raunte Decanus.

Seine Hand griff meine Kehle und drückte zu. Mein Körper wollte keuchen, doch er schaffte es nicht. Decanus' Atem streifte mein Ohr und seine Fingernägel bohrten sich in meine Haut. Seine Lederhandschuhe trug er nicht. Nicht hier. Nicht in seinem Zuhause.

Er ließ seine Hand von meiner Kehle an meine Wange gleiten. »Wie schön du um ihre Leben kämpfst und dich für sie verausgabst. Ich scheine eine gute Wahl getroffen zu haben.«

Ich griff seinen Arm und zog seine Hand aus meinem Gesicht, doch seine andere Hand legte sich an meine Kehle. »Woher nimmst du dein Wissen um bestohlene Seelen?«, fragte ich ihn.

Decanus' Finger strichen über meinen Hals. »Auch ich lebte bereits zu Zeiten der Träger, meine kleine Maus.« Er hielt inne. »Aatamia und Ira sind verschwunden. Wie schnell sie doch Sean und Aaron retten konnten. Dann wollen es wir dir und deinem geliebten Mardono doch nicht derart leicht machen.«

Er schubste mich von sich, sodass ich einige Schritte stolperte. Ich wandte mich um und rannte in die Burg hinein, ohne zu wissen, wohin mich meine Schritte brachten. Dank der Schriften kannte ich den Grundriss der Burg. Ich wusste um die Treppen und Flure, doch Infernas Burg war kein Labyrinth. Es war ein Irrgarten der Wandelbarkeit aus Mauern und Steinen, gefasst in vollkommener Dunkelheit.

Sabriels Keuchen drang in meine Ohren. Ich ahnte, dass ebenso er die Kälte Infernas spürte. Es war der Tribut, den diese Welt an ihre ungewollten Besucher verteilte. Ungezeichnete hielten ihm nicht länger als einige Minuten stand. Ich nutzte meine Kunst des Spürens, suchte nach Sabriel und fand ihn wenige Meter von mir entfernt hinter zu dicken Mauern verborgen. Sein Schluchzen drang in meine Ohren und seine Angst und sein Drang nach Flucht schwappten zu mir. Ich blieb stehen und tastete die Mauer vor mir ab. Unter meinen Fingerspitzen fühlte ich Holz. Ich erkannte die Umrisse einer Tür und drückte mich gegen sie, doch sie bewegte sich nicht einen Millimeter. Erst als ich mich gegen sie warf, verriet mir ein Knarzen um den Spalt, den ich die Tür geöffnet hatte. Ich nutzte ihn und drückte mich in den Raum.

»Da ist die kleine Schlampe«, hörte ich Evelins Stimme neben meinem Ohr.

Ihre Hände packten meinen Körper und schleuderten mich gegen eine Wand. Die Nässe der Steine drang durch meine Kleidung auf meine Haut. Ich hörte, wie sie einen Gegenstand aus ihrer Hosentasche zog, während ihre Schritte durch den Raum hallten. Sie packte mein Handgelenk und schnitt durch meine Haut. Ein Brennen schoss durch meinen Arm, ehe ich hörte, wie sie eine Schale darunter stellte.

»Wir wollen doch was von deinem so wertvollen Blut sammeln.« Ihre Hand ließ sie an mein Kinn gleiten, ehe sich ihre Fingernägel in meine Haut bohrten. »Für jeden Tropfen, den du verschwendest, bekommt Sabriel einen Peitschenhieb. Es ist zu schade, dass sein Blut so wertlos ist. Klara hat in dem Punkt mehr Glück.«

Ich stieß Evelin von mir, deren Körper mit einem dumpfen Laut zu Boden sackte. Ich hörte nach Sabriels Atmung, hievte mich auf und folgte ihr, bis ich seinen Oberkörper tastete. Sein Oberteil trug er nicht mehr, während seine Brusthaare unter meinen Berührungen und der Kälte Infernas abbrachen und die Narben an seinem Bauch wie kleine Eiskrater hochragten.

»Sabriel?«, flüsterte ich.

Meine Hand suchte sein Gesicht und meine Finger legte ich an seine Wange, als ich das Eis seiner Tränen unter meiner Berührung erkannte. Ich tastete mich an seinen Armen entlang und erkannte Fesseln, die seine Handgelenke über seinem Kopf an der Wand fixierten, ehe ich mich über seinen Oberkörper hinunter zu seinen Beinen vorarbeitete. Seine Füße berührten den Boden nicht, doch die Fesseln an seinen Handgelenken waren das Einzige, was ihn an der Wand hielt.

»Du kleine Schlampe«, fauchte Evelins Stimme zu dicht neben meinem Ohr.

Ich hatte sie nicht gehört. Sie war kein Diener, doch Mardono behielt Recht. Ihr Körper war besessen von den Vorzügen ihrer bestohlenen Seele. Sie packte meine Schulter, zog mich von Sabriel und schleuderte mich über den Boden, ehe sie ihr Knie in meine Brust bohrte. Ich schaffte es kaum, einen Atemzug in meine Lunge zu lassen, als sich Metall an mein Handgelenk legte und das Klackern eines Schlosses in meine Ohren drang.

»Das ist noch viel zu wenig Blut.« Evelin packte meinen Arm, drückte ihre Finger in meine Wunde und ließ Schwärze vor meine Augen ziehen, ehe sie von meinem Körper stieg. Ich atmete ein, als sich Kälte in meine Lunge brannte.

»Wach auf, du verdammter Mistkerl«, fauchte sie.

Ich hörte ein Schnalzen und wollte mich hochdrücken, doch eine Fessel an meinem Handgelenk ließ mich innehalten. Ich tastete mich an der Kette der Fessel entlang und erkannte eine Verankerung in der Wand, an der ich zog, ohne dass sie sich bewegte. Ein weiteres Schnalzen drang in meine Ohren und die

Schwäche in Sabriels Körper schwappte zu mir. Ich nutzte Diyars Feuer, um das Metall an meinem Handgelenk zu verbiegen. Die Flammen wanderten über die meine Hand und brannten sich in meine Haut ein, ehe ich mich von der Fessel befreien konnte. Neben der Anwesenheit ungewollter Besucher, duldete es die Burg Infernas ebenso wenig, Fähigkeiten anderer Welten anzuwenden. Sie nutzte ihre Macht, um diese Fähigkeiten gegen den Ausführer zu wenden.

Ich tastete am Metall entlang und löste es ebenso mit Diyars Feuer aus der Wand, während meine Haut ein Stück mehr verbrannte. Ohne das Metall loszulassen, hievte ich mich auf und hörte nach Evelin, ihren Bewegungen und ihrem Herzschlag. Ein Schnalzen durchschnitt die Luft ein weiteres Mal, als ihr spöttisches Lachen in meinen Ohren hallte.

»Du willst mich also bekämpfen?«, fragte sie.

Sie packte das Metall in meiner Hand und zog daran, doch ich ließ nicht los, stattdessen schnellte meine Hand an ihre Kehle. Ich nutzte Iras Gabe und ließ sie in Evelins Körper fließen. Sie röchelte, krallte sich in meiner Hand fest und wollte sie von ihrer Kehle ziehen, doch ich ließ sie nicht. Der Schmerz, den ich sie spüren ließ, wanderte ebenso in meinen Arm. Ein Zittern zog durch meinen Körper und ein Keuchen drang aus mir.

»Du zwangst mich, die Burg Infernas zu betreten, um die Vorteile dieser Welt für dich nutzen zu können, doch versiegen meine Fähigkeiten nicht einzig aufgrund meiner Anwesenheit auf feindlichem Gebiet«, zischte ich.

Evelins Körper sackte zusammen und verlor das Bewusstsein. Ich ließ ihre Kehle los und die Fessel in meiner Hand zu Boden fallen, als Sabriels schwacher Herzschlag zu mir vordrang. Ich rannte zu ihm, suchte die Fesseln an seinen Händen und löste sie ebenso mit Hilfe von Diyars Feuer. Brandwunden zogen sich weiter an meinem Arm entlang.

»Sabriel?«, flüsterte ich, doch er reagierte nicht.

Ich setzte seinen Körper auf den Boden, kniete mich vor ihm und spürte nach Mardono, Aatamia und Ira. Aatamia und Ira fand ich im Backstagebereich der Konzertarena. Ihre Körper trugen Schwäche in sich. Mardono befand sich noch auf der Burg Infernas, mit ihm Luke. Ich wechselte Sabriel und mich zurück nach Wien, als ein Stechen durch mich schoss und mir den Unwillen Infernas verriet, mich gehen zu lassen.

»Scheiße«, hörte ich Diyars Stimme.

Aatamias Arme legten sich um meinen Körper und zogen mich von Sabriel, ehe er sich in meinen Rücken setzte, mich gegen sich lehnte und mir ein Kraut in den Mund schob. Ich ließ es auf meiner Zunge zergehen ließ, ehe ich es schluckte.

»Rouven hat uns ein paar Blüten besorgt. Er ist noch draußen vor dem Raum und kümmert sich um die Ungezeichneten. Er und Diyar haben es geschafft, die Sicherheitsleute unter Kontrolle zu halten und ihnen mit den Trance-Blüten vorzugaukeln, dass die Frauen für das Konzert schon in die Arena gebracht worden sind. Niemand hat die Abwesenheit der Vier realisiert«, brachte mich Aatamia auf Stand.

Ich erwiderte seinen Blick. »Die Frauen benötigen eine Erholung von der Wirkung der Pflanze ebenso eine Erklärung um ihren Zustand.«

»Wenn die Wirkung der Pflanze nachlässt, werden sie zurück an den Ort gebracht, an dem sie das Gift eingenommen haben, womit auch ein Gedächtnisverlust einhergeht. Sie werden sich an nichts von Inferna und dem, was sie den Freunden angetan haben, erinnern können.«

»Sehr gut.«

»In dem Fall schon.«

Mein Blick glitt zu Sean, Sabriel und Aaron, die bewusstlos auf dem Boden lagen. Ihre Oberkörper zeigten Wunden und an ihrer Haut klebten Blut, Dreck und die Reste der Kälte Infernas.

Ira saß neben ihnen. Ihre Schuld schwappte zu mir und Tränen lagen in ihren Augen, während sie ihre Finger über Seans Körper vor ihr gleiten ließ. »Es tut mir leid. Klara hat sein Blut aufgefangen. Ich wollte es verschütten, aber sie hat mich nicht gelassen. Ich bin so schnell ich konnte mit ihm raus.«

»Es ist in Ordnung, Ira.«

Sie schüttelte ihren Kopf. »Ist es nicht.«

Aatamia drückte mir ein Kraut in die Hand. »Für Mardono. Ich bereite schon mal die Paste vor.«

»Ich danke dir.«

Aatamia verschwand, während Mardono zu uns wechselte und mit Luke auf den Boden knallte. Ich kniete mich vor sie, lehnte Lukes Körper gegen mich und schob Mardono die Blüte in den Mund. Er krallte sich an meinen Fingern fest und zog Luft in seine Lunge, ehe sich sein Körper entspannte. Lukes Kopf legte sich gegen meine Schulter, während seine Hände Halt an meiner Kleidung suchten.

Mardono nahm meine Hand von seinem Mund. »Decanus hat Stella wissen lassen, dass Aatamia und Ira Sean und Aaron aus der Burg gebracht haben, also hat sie einen Zahn zugelegt.« Mardono hob seinen Arm. Eine Wunde prangerte in seiner Haut. »Und sie hat mir Blut abgenommen.«

Ich hob meinen verletzten Arm ebenso. »So wie Evelin mein Blut wollte und Klara Seans.«

»Wenn er mit unserem Blut das vorhat, was ich befürchte, dass er vorhat, kann das verdammt gefährlich für uns enden.«

»Es steht in meinem Wissen.«

Lukes Zittern drang zu mir vor und seine Tränen durchnässten meine Kleidung. Ich legte eine meiner Hände an seinen Kopf und strich durch seine verschwitzen Haare.

»Seine Wunden sind tief genug, dass ich seine Rippen sehen kann«, murmelte Mardono, dessen Blick an Lukes Rücken klebte. »Ich hätte schneller sein müssen.«

Ich legte eine Hand an seine Wange. »Vielleicht warst du nicht schnell genug, doch wirst du ihm helfen, die Wunden und Schmerzen versiegen zu lassen.«

Er zog sie aus seinem Gesicht. »Das wird verdammt wehtun.«

»Ich bin bei euch, Mardono.«

Aatamia wechselte zurück zu uns. Bei sich hatte

er sechs Schälchen mit grüner Paste. Zwei schob er Mardono zu und eines ließ er neben mir stehen. »Diyar, Ira und ich kümmern uns um die anderen Drei. Danach seid ihr dran.«

»Wir eilen nicht, Aatamia«, erwiderte ich.

»Seid bitte vorsichtig, wenn ihr die Paste auf- tragt«, sagte Mardono.

»Wir passen auf.« Aatamia kniete sich mit den restlichen Schälchen neben Sean, Sabriel und Aaron und begann gemeinsam mit Diyar und Ira, die Paste zu verteilen.

Mardono legte seine Hand an Lukes Schulter. »Ich kann dir deine Schmerzen nehmen, aber dank der offenen Wunden wirst du, wie bei deiner Schnitt- wunde, ein Brennen spüren.«

Lukes Hände krallten sich tiefer in meinen Stoff und seine Atmung erschwerte sich. »Nein, ich …«

»Du wirst durch diesen Schmerz nicht allein gehen. Ich bin bei dir«, unterbrach ich ihn.

»Je länger wir warten, je schlimmer wird es«, sagte Mardono.

»Gib ihm etwas Zeit.«

Mardono atmete durch und blieb in Lukes Rücken sitzen, während er seinen Blick nicht von dessen Wunden nahm. Ich legte meine Hand zurück an Lukes Wange. Er suchte meine Finger und krallte sich daran fest, als ein Husten in meine Ohren drang.

Sean hatte wieder an Bewusstsein erlangt. »Was ist passiert?« Er setzte sich auf, während sein Blick an Luke hingen blieb. »Luke …?«

»Ich bringe dich zu ihm«, sagte Ira.

Sean ließ sich von ihr helfen, sich neben Luke zu setzen. Er wollte seine Hand an dessen Körper legen, doch er hielt inne, als er die Wunden sah. »Scheiße.«

»Was zur Hölle war das bitte?«, fluchte Aaron, der sich auf die Seite drehte, sich aufstützte und seine Hand an seine Brust legte. »Oder habe ich mir das nur eingebildet?«

»Ein Grund mehr, keine Fantreffen zu machen«, murmelte Sabriel.

»Du hast dir nichts eingebildet, Aaron«, widersprach Mardono. »Decanus hat sich mithilfe einer Pflanze die Seelen der Frauen gestohlen und euch in die Burg Infernas bringen lassen. Ihr wurdet ausgepeitscht.«

Sabriels Blick schnellte zu uns. »Luke … Scheiße.«

»Warte, ich helfe dir.« Diyar half Sabriel, sich ebenso wie Sean neben Luke zu knien, während Aatamia Aaron zur Hilfe kam.

»Soll ich Beruhigungskraut holen?«, fragte Aatamia.

Mardono nickte und Aatamia wechselte. »Ich kann nicht länger warten, Luke. Aatamia holt Beruhigungskraut, das verhindert, dass du das Bewusstsein verlierst. Nur gegen deine Schmerzen kann ich dir nichts geben.«

»Konzentriere dich auf deine Atmung, Luke«, flüsterte ich.

Mardono nahm Paste auf seine Finger auf und verteilte sie auf den Wunden, während sich Luke fester in mich krallte und keuchte. Ich ließ nicht davon ab, durch seine Haare zu streichen, als Sabriels Zittern zu mir vordrang.

Aatamia kehrte zurück, kniete sich neben Mardono und gab ihm einige Krautblätter. »Ich habe für die Drei auch ein paar Beruhigungskräuter mitgebracht.«

»Gut mitgedacht«, sagte Mardono.

»Sabriel benötigt eines der Kräuter«, warf ich ein.

»Einfach schlucken, Sabriel.« Aatamia drückte ihm eines der Krautblätter in die Hand.

Lukes Finger, die noch meine Hand an seiner Wange hielten, zitterten. Sein Griff verlor an Kraft und Schwäche erfüllte seinen Körper.

»Luke ebenso«, sagte ich.

»Ich mache schon.« Diyar nahm die Krautblätter von Mardono und setzte sich in meinen Rücken, ehe er Lukes Kopf hob und eines in dessen Mund schob.

»Warum darf Luke nicht bewusstlos werden? Ist das nicht ein Schutzmechanismus des Körpers?«, fragte Sabriel.

»Der Weg zwischen Bewusstlosigkeit und Atemstillstand ist schmal, aber das Schlimmste ist vorbei.« Mardono stellte das Schälchen beiseite, an dessen Holz keine Paste mehr klebte. Sie hatte sich vollständig in Lukes Körper gezogen und nicht eine Narbe auf seiner Haut zurückbelassen.

»Es ist beendet, Luke«, sagte ich.

Sein Griff um meine Hand wurde sachter. Er löste sie von der meinen und legte sie zurück an meine Taille. »Danke.«

»Es gibt nichts, wofür du dich zu bedanken hast.«

»Doch«, erwiderte er, ehe er sich aus meinen Berührungen zog und aufstand.

Sean, Sabriel und Aaron folgten ihm, als ein Klopfen in meine Ohren drang.

Ich verschleierte meine Gestalt und stand ebenso auf. Mardono, Aatamia, Diyar und Ira folgten mir. Benjamin öffnete die Tür und trat in den Raum. Rouven stand verschleiert in dessen Rücken. Sein Blick glitt zu Ira, ehe ein Lächeln über seine Lippen huschte.

»Ihr habt noch dreißig Minuten bis zu eurem Auftritt. Es wird Zeit, hinter die Bühne zu gehen«, sagte Benjamin.

»Das hätte ich fast vergessen«, murmelte Sean.

Benjamin zog seine Augenbrauen hoch. »Mit deinem Lampenfieber vergisst du einen Auftritt? Das ich das noch erleben darf.« Er ließ seinen Blick über die Freunde gleiten. »Warum habt ihr eure Bühnen-outfits noch nicht an? Jungs, ihr müsst gleich auf die Bühne. Ich gebe euch fünf Minuten zum Umziehen.« Er wandte sich ab und verließ den Raum.

Kaum dreißig Minuten später eröffneten die Freunde ihr Konzert in Wien.

SIEBZEHN

Ich stand in Seans Hotelzimmer und ließ meinen Blick aus dem Fenster in die Dunkelheit der Nacht schweifen.

»Decanus hat den Frauen ihre Seelen gestohlen und sie willenlos gemacht?«, fragte Sean, während er sich zu mir stellte.

»Sie wurden mit der Wirkung der Pflanze des Seelendiebstahls vergiftet. Wir fanden ein Fläschchen in Klaras Hosentasche«, bestätigte ich.

»Sie können also nichts dafür?«

Ich erwiderte seinen Blick. »Gegen das Gift besteht keine Möglichkeit der Gegenwehr.«

»Wisst ihr, wie es ihnen geht?«

»Nach dem Ende der Wirkung werden die Körper bestohlener Seelen an den Ort verbracht, wo sie das Gift zu sich genommen haben. Dieser Ort stand nicht unserem Wissen.«

»In der Hoffnung, dass sie damit keinen Polizeieinsatz auslöst haben«, murmelte er. »Wo haben uns die Frauen hingebracht?«

»Sie haben euch auf die Burg Infernas verbracht,

der Heimat von Decanus und seinen Dienern.«

Sean schob seine Hände in seine Hosentaschen. »Diese schwarze Burg, die du mir von Stias Rücken aus gezeigt hast hinter den Bergen?«

»Eine Burg, die von ihrer eigenen Dunkelheit und Kälte beherrscht wird.«

»Die Kälte war verdammt unangenehm.«

Das Prasseln von Regen drang in meine Ohren, während erste Tropfen gegen die Fensterscheibe vor mir trommelten. »Die Burg Infernas duldet keine Besucher. Die Kälte ist ein Abwehrmechanismus, ein Tribut, den sie von jedem unbefugten Besucher fordert.«

»Hat das Lunarum auch?«

»Eine Welt ohne Abwehrmechanismus existiert nicht. Es ist ein Schutz ihrer selbst.«

»Müsste dann nicht diese Welt hier auch einen Abwehrmechanismus haben?«

»Einst waren die Ungezeichneten Teil dessen, doch die Zeit änderte diesen Umstand und aus Abwehr wurde Gegenwehr.«

»Ganz schön traurig.«

»Ich möchte dir etwas zeigen, Sean.«

Er erwiderte meinen Blick. »Und was?«

Ich wechselte ihn und mich aus der Menschenwelt auf die Lichtung Lunarums und ging in den Wald hinein.

Sean folgte mir. »Bekomme ich auch noch eine Antwort auf meine Frage oder muss ich dein Schweigen hinnehmen?«

Ich lächelte. »Du wirst eine Antwort erlangen, sobald wir unser Ziel erreicht haben.«

»Das ist ganz schön unbefriedigend für meine Neugierde.«

»Lerne sie zu beherrschen, so wird dein Frust mit jedem Mal geringer, die deine Neugierde unbefriedigt bleibt.«

»Du klingst fast wie meine Mutter. Sie hat versucht, mir beizubringen, geduldiger zu sein aber sie ist gnadenlos gescheitert. Ich war acht oder neun, als sie es endgültig aufgegeben hat.« Ein Lächeln huschte über seine Lippen. »Apropos Neugierde: Warum gibst du keine Versprechen?«

Ich erwiderte seinen Blick. »Eine ungewöhnliche und unerwartete Frage.«

»Ehrlich gesagt schwirrt sie mir schon seit dem einen Mal im Kopf, als du das zu mir gesagt hast. Ich will nicht glauben, dass jemand, der so lange auf der Welt ist, nicht an Versprechen festhält und würde gern wissen, warum.«

Die Wipfel der Bäume vor uns neigten sich im Wind und das Rauschen der Blätter und das Zwitschern der Vögel drang in meine Ohren. »Der Wald Lunarums trägt Trug in sich. Ein Schritt in eine falsche Richtung oder ein Moment der Unbedachtheit genügt. Der Wald weiß es, jemanden wie dich, jemand Unerfahrenes als Gefangenen zu halten, ohne in seinem Handeln erkannt zu werden. Versprechen tragen ebenso einen derartigen Trug in sich.«

»Was hat dich zu dieser Annahme gebracht?«

Ich gab seinem Blick nach und blieb im Türkis seiner Augen hängen. »Versprechen können gebrochen werden, Sean.«

»Natürlich können sie das. Jedes Wort und jede Handlung, alles kann gebrochen werde. Aber das ist doch kein Grund, nicht mehr daran festzuhalten.«

»Meine Erfahrung hat mein Vertrauen in Versprechen gebrochen.«

»Das muss was verdammt Heftiges gewesen sein, damit es dein komplettes Vertrauen in sowas Banalem wie Versprechen brechen lässt.«

Ich blieb stehen, während Sean einen Schritt weiter ging, ehe er meinen Halt bemerkte.

»Alles in Ordnung?«, fragte er.

»Sean, dein Charakter lebt von Neugierde. Sie kann Segen doch vor allem Fluch sein, solange du sie nicht beherrschst.«

Sein Körper verlor an Spannung. »Wenn ich zu weit gegangen bin mit meinen Fragen, tut es mir leid. Ich wollte dich nicht verletzen.« Seine Bedrücktheit schwappte zu mir. »Ich bin nicht gerade gut darin zu merken, wann ich lieber meine Klappe halten sollte, statt weiter zu fragen.«

Ich setzte meine Schritte fort und ging an ihm vorbei, während Sean mir folgte. »Meine Vergangenheit ist geprägt von Grausamkeit ebenso wie es die Geschichte Lunarums ist. Das Wissen um die Geschichte Lunarums steht dir in Teilen zur Verfügung, die sich dir mit jedem Tag mehr als Krieger an meiner Seite ergeben werden. Das Wissen um meine Vergangenheit steht vollkommen einzig Mardono und Aatamia und in Teilen Ira zur Verfügung, erlebten sie sie doch an meiner Seite. Einzelne Krieger wie Diyar und Rouven gewinnen dank ihres Charakters

Einblicke in meine Vergangenheit.«

Sean hatte seine Hände in seine Hosentaschen geschoben, während sein Blick am Waldboden klebte.

»Während der Rettung im Fluss sahst du mich in meiner verletzlichsten Version.«

Er erwiderte meinen Blick. »Hat das mit deiner Schwäche zu tun, von der du gesprochen hast?«

»Es wird einen Zeitpunkt geben, der dir Verständnis bringt, doch wird es Zeit in Anspruch nehmen.«

»Das befriedigt meine Neugierde nur bedingt.« Er blieb stehen. »Du hast mich zum Baum der Krieger gebracht? Hier waren wir doch schon.«

»Es ist ein Ort, den ich gern aufsuche, verdeutlicht er doch die Geschichten meiner Krieger am stärksten.«

»Welche Äste gehören eigentlich zu Mardono, Aatamia und Diyar?«

»Es steht nicht in meinem Willen, dir ohne ihre Erlaubnis ihre Äste zu zeigen.«

Er runzelte seine Stirn. »Warum nicht?«

»Wie gesagt, Sean, jeder Ast erzählt die Geschichte seines Kriegers.«

»Du hast mir auch Decanus' und Henris Äste gezeigt.«

»Sie sind keine Krieger mehr, sondern Abtrünnige.«

»Was für dich einen Unterschied macht. Verstehe.« Sein Blick glitt zurück zum Baum, als er seine Augenbrauen hochzog. Er ging näher an den Stamm und streckte seine Hand zu seinem Ast aus, während er die Früchte dessen betrachtete. »Das sind keine silberblattförmigen Weintrauben, sondern einfach nur kleine, weiße Weintrauben geworden. Ich muss zugeben, ich habe etwas anderes erwartet. Schade, dass ich keine Weintrauben mag, sonst hätte ich vielleicht eine probiert. Sofern sie essbar sind.«

»Die Früchte eines Astes sind für den Krieger, zu dem sie gehören, stets essbar.«

»Und für alle anderen?«

»Ob deine Weintrauben für andere essbar sind, liegt einzig in deinem Willen.«

»Vielleicht traue ich mich irgendwann, eine zu probieren«, sagte er, während er zu mir zurück ging. »Wie schmecken deine Äpfel?«

Wehmut schwappte in mir hoch. »Es steht nicht in meinem Wissen.«

»Warum nicht?«

»Ich wagte es bisher nicht, sie zu probieren.«

»Du lebst seit zweitausend Jahren hier und hast es noch nicht einmal gewagt, einen Apfel zu probieren? Warum?«

Ich wandte mich um und ging den Weg zur Lichtung des Waldes zurück. »Es ist ein Teil meiner Geschichte, den ich nicht mit dir teilen möchte.«

»In Ordnung«, sagte Sean, während er an meine Seite aufholte. »Apropos Weintraube. Die eine Traube auf Aarons Nachttisch in Amsterdam, das warst du, oder?«

»Ich wollte euch ein Stück der Sorglosigkeit zurückgeben, die ihr vor unserem Erscheinen hattet.«

Sean lächelte. »Das ist dir gelungen. Selbst Ben musste schmunzeln, als er die Schale Weintrauben auf meinem Frühstücksteller gesehen hat.«

»Es steht in meinem Wissen.«

»Danke dafür.«

Ich erwiderte seinen Blick. »Es gibt nichts, wofür du dich zu bedanken hast.«

»Auch ein Satz, den ich nicht verstehe. Warum schlägst du meinen Dank aus?«

»Es ist meine Aufgabe als Führung Lunarums für meine Krieger zu sorgen.«

»Deswegen ist aber nicht alles selbstverständlich, was du für sie und für mich und meine Freunde machst.«

Ich sah in den Wald vor mir und erkannte, wie sich die Lichtung zwischen den Bäumen abzeichnete. »Natürlich ist es das nicht.«

»Hast du überhaupt eine richtige Antwort auf meine Frage oder ist es einfach nur ein Reflex von dir, das zu sagen?«

»In meinen ersten Lebensjahren erfuhr ich niemals eine Art von Dank. Diese Zeit, so kurz sie gewesen sein mag, hat mich zu sehr geprägt, als dass ich es jemals fähig geworden wäre, Dank wirklich anzunehmen.«

»Klingt nach ein paar scheiß Jahren.«

»Zweiundzwanzig um genau zu sein.«

»Zweiundzwanzig Jahre, bevor du gezeichnet wurdest?«

»Bevor ich den Boden Lunarums zum ersten Mal betreten durfte.«

»Dann ist dein Körper also im Alter von zweiundzwanzig stecken geblieben?«

»Ist er.« Ich trat auf die Lichtung Lunarums und begab mich in dessen Mitte. »Ich möchte dich in deine

Lehre als einer meiner Krieger einführen.«

»Was habe ich zu erwarten?«

»Die Lehre umfasst das Erlernen unserer Kampfart und der Fähigkeiten der Monde. Um eine Machtbegierde bei Neugezeichneten vorzubeugen, beginnen wir mit der Kampflehre. Sobald du Fortschritte zeigst, werde ich dir Fähigkeiten der Monde lehren.«

»Also erstmal Selbstverteidigungssport?«

»Unsere Kampfart beinhaltet Elemente des Kampfsportes wie Ungezeichnete ihn ausführen und funktioniert in den Welten der Monde ebenso wie in der Menschenwelt. Sobald du dessen fähig bist, werden dir die Monde über mehr Zeichen an deinem Körper weitere Teile ihrer Macht verleihen, wodurch du fähig wirst, ihre Künste zu erlernen.«

»Ich hoffe, du setzt keine Vorerfahrungen voraus.«

»Ich werde dich alles Notwendige lehren.«

Sean nickte. »In Ordnung.«

»Unter normalen Umständen beginne ich die Lehre unserer Kampfart mit Grundlagen und der Bildung einer körperlichen und geistigen Basis, doch wir befinden uns nicht in einem normalen Umstand. Decanus' Bedrohung ist akut, ebenso akut müssen wir mit deiner Kampflehre reagieren. Ich werde daher die Grundlagen unseres Kampfes in Abwehrtechniken gegen die meistgenutzten Angriffsarten der Diener einbauen.«

»Das klingt kompliziert.«

Ich stellte mich neben Sean und versetzte mein linkes Bein zurück. »Jeder Kämpfer hat eine Grundhaltung. Durch den Versatz der Beine, gewinnt deine gesamte Körperhaltung an Stabilität. Welches Bein vorn steht, ist der Körperhaltung des Gegners anzupassen. Stehst du keinem Gegner gegenüber, arbeiten wir mit der starken Hand im Versatz nach hinten.«

Sean ahmte mir nach und versetzte sein rechtes Bein ein Stück zurück.

Ich stellte mich vor ihn. »Diener neigen dazu, eine Umklammerung um ihre Gegner zu schaffen. Erinnere dich an ihren ersten Angriff gegen euch. Sie sind es fähig, mit einem Griff ihren Gegner gefangen zu halten.« Ich ließ meine Hand an seine Kehle gleiten. »Versuche, dich zu befreien, ohne dich zu Fall zu bringen.«

Sean griff meine Hand an seinem Hals und versuchte, sie von sich zu ziehen. Ich ließ ihn nicht, stattdessen krallte ich mich in seiner Haut fest. Mit jedem seiner Züge, nahm ich ihm ein Stück mehr die Möglichkeit zu atmen, ehe ich meinen Griff von ihm ließ. »Diese Art der Gegenwehr ist nutzlos.«

»Ich habe es gemerkt«, murmelte Sean, während er sich seinen Hals rieb.

»Lege deine Hand an meinen Hals. Ich zeige dir einen Befreiungsgriff.«

Sean folgte meinen Worten. Ich nahm meine Grundhaltung ein, ließ meine Hand unter seinen Arm gleiten und drückte sein Gesicht zur Seite. Meine andere Hand griff die Beuge seines Armes, zog ihn nach unten und ließ zu Boden gleiten. Ich hingegen blieb stehen, ohne meine Griffe von ihm zu lassen.

»Das sieht nicht mal so schwer aus«, stellte Sean fest.

Ich half ihm auf. »Ist es nicht. Versuche dein Können.«

Sean wandte meine Griffe an und legte mich mit dem ersten Versuch ab.

»Sehr gut.« Ich stand auf und stellte mich ihm ein weiteres Mal gegenüber.

»Ich möchte etwas ausprobieren«, ließ mich Aatamia in Gedanken hören. »Es ist ein kleiner Blüter-Test.«

»Natürlich«, antwortete ich ihm.

»Aatamia wird einen Test an dir durchführen«, sagte ich zu Sean.

»Einen Test, wofür?«

»Um deine Besonderheit. Wehre dich gegen ihn.«

Aatamia wechselte in Seans Rücken, legte seine Hände um dessen Hals und zog ihn einige Schritte zurück. Panik legte sich in Seans Augen. Er griff Aatamias Finger und krallte sich fest, ehe er seine Augen schloss, seine Hände von ihm ließ und sich umdrehte. Mit einem Arm zog er die Griffe von seinem Hals, während er mit seiner anderen Hand einen Hieb gegen Aatamias Kinn ausführte und ihn von sich drückte. Aatamia strauchelte. Er ließ seine Hände von Sean, ehe er ein weiteres Mal mit einem Würgegriff ansetzte und ihn auf den Boden zog. Doch Sean griff unter Aatamias Arm, legte ihn neben sich ab und verbrachte ihn in eine Zwangslage. Aatamias Keuchen drang in meine Ohren. Er hatte keine Chance, sich zu befreien. Sean ließ seine Griffe los und stand auf, bevor er Aatamia seine Hilfe anbot.

Aatamia folgte ihm, während sein Blick zu mir glitt. »Test mit Bravour bestanden.«

»Warum zur Hölle habe ich es geschafft, dich zu

Boden zu bringen?«, fragte Sean. Schweiß glänzte an seiner Stirn, seine Lunge rang nach Luft und eine Mischung aus Freude und Unglaube lagen in seinem Gesicht.

»Das ist deine Besonderheit, die es dir erlaubt, einen Krieger wie mich mit wenigen Griffen abzulegen, auch wenn es eine sehr simple Stufe meiner Gegenwehr war«, erklärte Aatamia.

»Ich wünschte, die Zeit wäre schon gekommen, in der ihr mir sagt, was genau meine Besonderheit ist.«

»Die Zeit wir schneller kommen als du denkst, Sean.« Ich stellte mich vor ihn. »Ich werde deine Lehre an deine Besonderheit anpassen.«

»Warum könnt ihr mir nicht einfach sagen, was diese Besonderheit ist?«

»Wir haben keine vollkommene Bestätigung deiner Besonderheit. Sie wird sich erst mit der Zeichnung deines zweiten Zeichens offenbaren.«

»Ihr habt also keine hundertprozentige Bestätigung, aber du passt meine Lehre daran an? Schließt sich das nicht aus?«

»Wir handeln aufgrund unserer Erfahrung«, kam mir Aatamia zur Hilfe.

»Wenigstens habe ich schon mal eine Zeitangabe, mit der ich arbeiten kann. Und, die meine Neugierde zumindest etwas befriedigt«, murmelte Sean.

Ich saß zwischen Lavanyas Ästen und lehnte mich gegen Mardonos Oberkörper. Er hatte seine Arme um mich gelegt und mich sachte an sich gezogen. Aatamia, Diyar, Ira und Rouven befanden sich währenddessen bei den Freunden und wachten über sie. Noch lag die Nacht über der Menschenwelt, doch ein Morgendämmern machte sich bereits auf den Weg.

»Ich würde die Trauben auch probieren«, sagte Mardono.

»Es liegt in Seans Entscheidung.«

»Du hast ihn auch nicht gefragt, als du dir eine Traube genommen und sie auf Aarons Nachttisch gelegt hast.«

»Als Führung Lunarums ist mein Zugriff auf die Früchte des Baumes der Krieger uneingeschränkt.«

Mardono küsste meine Haare. »Weiß ich doch.«

Ich schmiegte meinen Kopf in seine Halskuhle, nutzte meine Fähigkeiten und erzeugte eine Wärme in mir, die ich in seinen Körper gleiten ließ.

»Danke«, flüsterte Mardono.

»Es gibt nichts, wofür du dich zu bedanken hast.«

Er lehnte seinen Kopf gegen die Rinde des Baumes. »Vielleicht sollten wir für Sean eine Ausnahme machen und ihm sagen, welche Besonderheit in ihm steckt. Das Mondleuchten durch die Wurzel und sein Ast sind eindeutig genug.«

»Ich bezweifle sein Bewusstsein um die Konsequenzen seiner Besonderheiten.«

»Meinst du das Bewusstsein, dass dir auch gefehlt hat?« Er sah in meine Augen. »Mera, ich weiß, es könnte ein Sicherheitsrisiko sein, aber ich glaube es nicht. Im Gegenteil, so, wie sich seine Entwicklung als Krieger vollzieht und so, wie die Monde mit ihm handeln, glaube ich eher, dass er die Fähigkeiten als Blüter entdecken könnte, bevor er überhaupt weiß, was das bedeutet. Und dann haben wir ein akutes Problem.« Mardono nahm meine Hände und strich sachte über meine Haut. »Ich erinnere dich nur ungern daran, aber genau das ist uns doch bei dir passiert. Du warst völlig überfordert und neben der Spur, als du erkannt hast, welche Fähigkeiten unser Mond in dir hat ausbrechen lassen. Unser Glück war es nur, dass Aatamia noch bei uns war und dich wieder beruhigen konnte.«

»Ich war verrannt in meinen Gedanken und bändigte dein Blut. Du bist im Recht, Seans Besonderheit darf weder ihn noch seine Freunde oder die Monde gefährden.«

»Ich weiß, dass selbst du mehr Vorlauf hattest, um dich mit Lunarum vertraut zu machen, …«

»Doch nützte es nicht«, vervollständigte ich seinen Satz.

Sachte küsste er meine Haare. »Ich kann dir gern dabei helfen. Schließlich habe ich es auch geschafft, dir zu erklären, warum du besonders bist.«

Mardonos Wärme legte sich unter meine Haut und ein Lächeln huschte über meine Lippen. »Ich danke dir.«

ACHTZEHN

Mardono und ich befanden uns unverschleiert bei den Freunden, die vor einer Stunde in ihrem Münchener Hotel angekommen waren. Aaron nahm zwei Flaschen Cola aus einem Kühlschrank, öffnete sie und gab eine Sabriel, ehe er sich in einen der Sessel gegenüber vom Sofa fallen ließ.

»Gibt es keine andere Möglichkeit gegen Decanus vorzugehen, als sein Spiel mitzuspielen?« Sean stand neben Aaron, lehnte sich gegen die Wand und nahm einen Schluck aus seiner Bierflasche.

Ich lehnte mich gegen einen Fenstersims. »Ein Sieg zwischen Lunarum und Inferna bestünde einzig darin, die Führung Lunarums oder die Führung Infernas zu stürzen, doch Decanus' und meine Mächte sind zu ausgeglichen. Der Sieg einer Seite steht daher in nahezu keiner Möglichkeit.«

Aaron schwang sein rechtes Bein über eine der Armlehnen des Sessels und lehnte sich zurück. »Das sind ja rosige Aussichten.«

»Habt ihr die ganzen verdammten Jahre, die ihr gegen Decanus schon kämpft, nicht einmal dran gedacht, einfach den Spieß umzudrehen und ihn damit zur Strecke zu bringen?«, fragte Luke.

»So, wie ich mich von Dienern nicht besiegen lasse, lässt sich ebenso wenig Decanus von Kriegern zu Fall bringen«, erklärte ich.

Seans Verwirrung schwappte zu mir. »Wenn ich das richtig in Erinnerung habe, hast du als Führung Lunarums doch die gesammelten Gaben deiner Krieger in dir. Was dich verdammt mächtig macht, wenn ich bedenke, dass wir mit mir achtundvierzig Leute sind. Was macht Decanus so mächtig, dass er sich gegen diese Macht in dir seit zweitausend Jahren erfolgreich wehren kann?«

»Er nutzt die Macht Infernas, die uns Kriegern nicht zur Verfügung steht«, erwiderte ich.

Sabriel saß auf dem Sofa und stützte seine Beine gegen den davorstehenden Tisch ab. »Habt ihr eine Ahnung, wie lange wir das noch aushalten müssen?«

»Es steht einzig in Decanus' Willen, wie viele Angriffe er gegen euch ausführt.«

»Normalerweise hat er nicht mehr als ungefähr zehn Angriffe pro Opfer oder Opfergruppe ausge-löst«, ergänzte Mardono, der sich neben mich gegen den Sims lehnte. »Ab dem Zeitpunkt, in dem er gemerkt hat, dass er nichts mehr mit den jeweiligen Opfern bei uns bewirken kann, hat er aufgehört.«

»London, Paris, Brüssel und zweimal Wien. Damit hätten wir schon mal fünf von zehn hinter uns«, zählte Aaron auf. »Mal sehen, was Decanus hier in München für uns bereithält.«

»Mal bitte nicht den Teufel an die Wand«, murmelte Sabriel.

»Du vergaßt Amsterdam«, ergänzte ich Aarons Aufzählung. »Wenngleich es kein unmittelbarer Angriff gegen euch, sondern gegen mich war, war es dennoch ein Angriff.«

Aaron deutete mit seiner Colaflasche auf mich. »Stimmt. Macht sechs von zehn. Bleiben noch vier.«

»Ich glaube nicht, dass die Rechnung bei euch so einfach aufgehen wird«, warf Mardono ein.

»Warum nicht?«, hakte Sean nach.

»Ihr unterscheidet euch zu allen vorherigen Opfergruppen«, stimmte ich Mardono zu.

»Weil ich ein Krieger bin?«

»Bei seinem Angriff auf mich während eures Auftritts in Amsterdam sprach Decanus davon, zwei von euch auf meine Vergangenheit angepasst zu haben. Eure Charaktere und euer Verhalten mir gegenüber sollen mich schwächen«, widersprach ich Sean.

Luke stand mit einer Bierflasche in der Hand neben der offenen Balkontür und rauchte, als sein Unmut zu mir vordrang. »Du meinst wohl mein Verhalten gegen dich.«

Sabriel stellte seine Beine auf den Boden und sah zu mir. »Dann könnte aber Lukes Ausraster in Brüssel auch ein Angriff gegen dich gewesen sein.«

»Macht sieben von zehn«, sagte Aaron, ehe er einen Schluck trank.

»Dann hat er Luke und Sabriel in die Band gelotst?«, versuchte Sean zu schlussfolgern.

»Hat er«, stimmte ich ihm zu.

Luke ließ den Rauch aus seiner Lunge in die kühle Nachtluft hinaus. »Sabriel und ich haben uns zufällig auf einer offenen Bühne kennengelernt.«

»Ich bin an dem Abend, als bei mir eingebrochen worden ist, raus und wollte Ablenkung, bis mir ein Mann auf der Straße diesen Flyer für die offene Bühne in die Hand gedrückt hat.« Sabriel fuhr sich mit einer Hand durch seine Haare, während er sprach.

Luke aschte seine Zigarette ab. »Ab und an gibt es Promoter für offene Bühnen.«

»Nur hat mich derselbe Promoter auch dir vorgestellt, nachdem er zurück in die Bar ist und mich dort gesehen hat.«

»Auch das ist nicht ungewöhnlich.«

Sabriel sah zu Sean und Aaron. »Wie sieht's bei euch aus?«

»Ich bin über zwei Kommilitonen auf die Erstsemesterparty gestoßen, bei der ich Aaron kennengelernt habe«, antwortete Sean.

»Ich auch, bis ich wegen der beschissenen Musik so schlecht gelaunt ausgesehen habe, dass mich der Barkeeper zu sich gewunken, mich neben dich gesetzt und mir ein Bier ausgegeben hat. Ich habe mich bei deinem Glas noch gewundert, warum sich jemand, der nicht mal zwanzig ist, einen Whisky bestellt hat«, ergänzte Aaron.

»Sagt der, den ich zum Whiskytrinker gemacht habe.«

»Der Barkeeper hat dich an die Bar gewunken und dich neben Sean gesetzt?«, hakte Sabriel nach.

Aaron nickte. »Hat er. Er hat uns sogar in den Pub

gelotst, in dem wir euch kennengelernt haben, weil er da am Wochenende regelmäßig die Getränke mischt.«

»War das derselbe Barkeeper, der uns gegenseitig vorgestellt hat?«

»Jap.«

»Dann seid ihr doch auch kein Zufall.« Sabriel hielt inne. »Sean, hast du noch das Foto, das wir damals mit ihm als Erinnerung an den Abend gemacht haben?«

»Stimmt.« Sean kramte sein Mobiltelefon aus seiner Hosentasche hervor. »Er wollte der Erste sein, der mit Neverending Light in der Besetzung ein Foto bekommen hat und wir wollten eine Erinnerung an den, der uns zusammengebracht hat.« Er tippte auf seinem Bildschirm, während er zu Mardono und mir ging. »Entweder er hat sich geschminkt oder das ist nicht Decanus.« Er zeigte uns das Foto.

Ich erkannte einen jungen Mann, der kaum älter als die Freunde wirkte. Er stand zwischen Sean und Luke in der Mitte des Bildes, während sich Sabriel und Aaron am Rand nebenreihten. Die braunen Haare des Mannes waren zu einem unordentlichen Dutt gebunden und seine stechend grünen Augen schienen aus dem Bild herausspringen zu wollen. Ein beinahe strahlend weißes Hemd trug er offen und mit hochgekrempelten Ärmeln und zeigte seine behaarte und gepierte Brust darunter. Eine Ähnlichkeit zu Decanus konnte ich nicht abstreiten.

Mardono nahm das Mobiltelefon und vergrößerte das Bild. »Er sieht ihm verdammt ähnlich, aber das ist nicht Decanus. Das Muttermal auf seiner Stirn fehlt.«

»Decanus hat ein Muttermal auf der Stirn?«, fragte Sean.

»Hier oben, knapp über der Augenbraue.« Mardono deutete auf die Stelle.

»Er könnte es überschminkt haben«, warf Aaron ein.

Mardono gab Sean das Mobiltelefon zurück. »Gut möglich, gerade auch, weil er grüne Augen hatte, bevor er sie gegen das Schwarz getauscht hat.«

»Wie kann man bitte seine Augenfarbe tauschen?« Sean stellte sich zurück neben Aaron und lehnte sich ein weiteres Mal gegen die Wand, ehe er sein Mobiltelefon in seiner Hosentasche verschwinden ließ.

»Mit der Macht Infernas«, antwortete ich.

»Trotzdem haben Decanus und der Barkeeper eine verdammte Ähnlichkeit«, sagte Sabriel, der sich zurückgelehnt hatte und seine Beine erneut gegen den Sofatisch stützte.

»Das ergibt nur keinen Sinn«, warf Sean ein. »Wenn sich Decanus nur Luke und Sabriel für Neverending Light ausgesucht hat, warum sollten Aaron und ich auch noch bewusst dazu gelotst worden sein?«

Aaron deutete auf ihn. »Gutes Argument.«

»Könnte es mehr als nur Decanus und seine Diener geben?«

»Die vollständige Anzahl der Diener mag nicht in unserem Wissen stehen, doch sie sind die einzigen Feinde, die Lunarum kennt«, antwortete ich Sean.

Luke drückte seine Zigarette aus. »Woher wisst ihr das?«

»Weil unsere Geschichte nicht mehr hergibt, Luke«, kam mir Mardono zur Hilfe.

»Und, wenn dieser Jemand aus einem Teil eurer Geschichte stammt, den ihr bisher noch gar nicht mitbekommen habt?«

Ein Windzug streifte meinen Körper. Ich erkannte einen Gegenstand im ihm, nutzte meine Fähigkeiten als Führung Lunarums und ließ ihn innehalten.

Aaron stellte sein Bein auf dem Boden ab. »Ist das ein verdammtes Messer?«

Ich löste mich vom Sims und betrachtete den Gegenstand, der mitten im Zimmer in der Luft schwebte. Es war ein in schwarzer Flüssigkeit getränktes Messer.

Mardono stellte sich neben mich. »Das ist dasselbe Messer, mit dem euch Adalar in Paris angreifen wollte, getränkt mit dem Grund, warum Decanus uns nach Inferna gelockt und unser Blut geklaut hat.«

Das Zischen eines zweiten Windzugs drang in meine Ohren. Ich nutzte ein weiteres Mal meine Fähigkeiten und hielt ebenso diesen Gegenstand. Ein zweites Messer schwebte kaum einen halben Meter vor Sean in der Luft.

»Heilige Scheiße«, fluchte dieser, während er einige Schritte zur Seite wich.

Ich suchte nach Decanus als Gabenausführer, doch ich fand weder ihn noch einen anderweitigen Diener. »Ich spüre niemanden.«

Mardono erwiderte meinen Blick. »Ich auch nicht.«

»Einzig die Kunst der Täuschung der Fähigkeiten erlaubt diesen Umstand.«

»Es ist und bleibt nicht möglich, dass Decanus

oder Adalar sie noch ausführen können.«

»Was ist das für eine Flüssigkeit, die an dem Messer klebt?«, fragte Sean.

Die schwarze Flüssigkeit tropfte, die an der Klinge des Messers klebte, doch ehe sie den Boden erreichte, zerfiel das Messer mitsamt der Flüssigkeit zu Staub und löste sich auf.

»Was zur Hölle passiert hier?«, fluchte Luke.

»Die bestohlenen Seelen der Frauen verbrachten euch nach Inferna, um Mardono, Sean und mich auf feindliches Gebiet zu ziehen und unser Blut zu stehlen. Dieses Blut nutzte Decanus, um es in Kriegerblut verwandeln zu lassen«, erklärte ich.

Mardonos Wut schwappte zu mir. »Das er jetzt gegen uns verwendet.«

»Das ist doch nicht mehr normal«, murmelte Sean, als sich das Messer, vor dem er zurückgewichen war, ebenso auflöste. »Wie gefährlich ist das Zeug?«

»Ein Gezeichneter stirbt kaum nach der Verunreinigung seines Körpers, während ein Ungezeichneter über Stunden hinweg kämpft und dennoch ebenso stirbt«, antwortete ich. »Es ist die tödlichste Waffe, die die Welten der Monde vorzuweisen haben.«

»Ihr habt eine verdammte Waffe, die euch einfach umbringen könnte? Warum zur Hölle lebt ihr noch?«, fragte Luke.

Ich erwiderte seinen Blick. »Kriegerblut mag aus den Adern der Krieger der Monde stammen, doch ist es als Kriegerblut zubereitet, tötet es jede Art von Lebewesen gleichermaßen.«

Ein weiterer Windzug streifte meinen Körper. Ich wollte den Gegenstand ebenso halten, doch ein Stechen schoss durch mich und ließ mich keuchen. Es war die Wut der Gabe über mein Vorhaben, mich über ihre Ausführung hinwegsetzen zu wollen.

Mardono griff meine Taille. »Mera?«

Das Klirren von Glas hallte in meinen Ohren, während sich der Geruch von Bier und Blut in meine Nase legte. Seans Keuchen drang zu mir vor. Ich spürte das Zittern seines Körpers, während ich Blut an seinem rechten Arm hinabfließen sah.

»Verdammt.« Mardono rannte zu ihm, setzte ihn auf den Boden und lehnte ihn gegen die Wand.

Aaron hob sich aus dem Sessel, stellte die Colaflasche beiseite und kniete sich neben sie. »Ist das dieses Kriegerblut, das an seinem Arm klebt?«

»Leidet euer Blüter des Vollmondes nicht so wunderschön, meine kleine Maus?«, ließ mich Decanus in Gedanken hören.

»Warum spüre ich deine Gabenausführung nicht?«, fragte ich ihn.

»Eure Monde wollten dich nicht verlieren, doch wie ist es mit ihren Blüter des Vollmondes?«, wich er aus.

»Lukes Unfall war ein Test um Seans Dasein als Blüter des Vollmondes zu bestätigen, nicht wahr?«

»Genauso wie dein geliebter Nael ein Test an dir war, meine kleine Maus.«

Aatamia wechselte in das Hotelzimmer, beugte sich hinab und drückte Mardono Kräuter in die Hand. »Hier, für Sean.«

»Kümmere dich um die Freunde«, bat Mardono, ehe er eines der Kräuter in Seans Mund schob. »Bleib bei mir, Sean, verdammt.«

Aatamia verschwand mit einigen Kräutern im Bad, während Sean das Bewusstsein verlor.

»Das Kriegerblut ist ein weiterer Test, nicht wahr?«, ließ ich Decanus in seinen Gedanken hören.

»Ich möchte wissen, wie sehr die Monde um ihren Blüter des Vollmondes bemüht sind. Schließlich haben sie weder um dich noch um deinen Mardono jemals so viel Vehemenz gezeigt, wie um ihn.«

Eine Wärme erfasste mich, ehe eine Kühle und ein Zischen folgten. Sie spielten miteinander, bevor sie sich aus meinem Körper zogen und mich als Stränge von roten, weißen und blauen Leuchten umschlangen. »Mardono«, flüsterte ich.

Er sah zu mir und erstarrte. »Scheiße.«

Die Leuchten glitten zu Sean und umspielten ebenso seinen Körper, ohne vollkommen von mir zu lassen.

»Wie bei euch, nur dass sich die Monde diesmal einig sind.« Aatamia war aus dem Bad zurückgekommen und hielt drei Becher in seinen Händen.

Ein Zittern legte sich in Mardonos Körper. »Die Monde bitten Mera um ihre Hilfe als Fänger der Schmerzen, so wie der Blutmond mich damals gebeten hat.«

»Wie schön, da habe ich meine Antwort«, ließ mich Decanus in Gedanken hören. »Sie wollen ihren Blüter des Vollmondes um jeden Preis erhalten und benutzen dich als ihre Marionette. Wie überaus reizend.«

»Woher weißt du um den Wunsch der Monde für Seans Überleben?«, fragte ich ihn.

»Könnt ihr verdammt nochmal aufhören zu reden und irgendwas machen, bevor Sean verblutet?«, fragte Aaron, in dessen Augen Tränen und in dessen Körper ein Zittern der Verzweiflung und der Angst lagen.

»Sie sehen es nicht«, murmelte Aatamia.

Ich erwiderte Aarons Blick. »Die Monde fordern Seans Überleben, doch der einzig mögliche Weg könnte ihn und mich das Leben kosten.«

Aaron hielt den Atem an und wagte es nicht, seine Augen von den meinen zu lassen. »Was wirst du machen?«

Aatamia stellte die Becher auf dem Sofatisch ab. »Ihr solltet euch auf das Sofa setzen. Ich habe euch das Beruhigungskraut in Wasser gelöst, das hilft besser als es nur zu schlucken.«

»Ich bleibe bei Sean«, widersprach Aaron, ohne seinen Blick von mir zu lassen.

Aatamia beugte sich zu ihm hinab und legte seine Hand an dessen Arm. »Aaron, du …«

»Ich bleibe bei Sean, verdammt!«, unterbrach Aaron ihn, während er sich aus Aatamias Berührung zog.

Luke kniete sich neben ihn, ebenso Sabriel. »Wir bleiben alle bei Sean.«

»Worauf wartest du noch, meine kleine Maus? Rette euren Blüter des Vollmondes«, hörte ich Decanus in Gedanken.

Ich kniete mich vor Sean, dessen Finger eine schwarze, verkohlte Farbe angenommen hatten, und legte meine Hände an seine Wangen.

Mardono ließ seine Hand in meinen Nacken gleiten, zog meinen Kopf zu sich und küsste meine Stirn. »Pass auf dich auf, Mera, und vergiss nicht, dass Sean dich mitnehmen muss, sonst bleibst du in seiner Zwischenebene gefangen.«

Ich sah in seine braunen Augen. »Es steht in deinem Wissen, dass ich keinerlei Versprechen gebe, Mardono.«

»Ich weiß, trotzdem sollst du auf dich aufpassen.«

Ich wandte mich Sean zu, legte meine Stirn an die seine und erzeugte ein Mondleuchten, das meine sieben Zeichen rot leuchten ließ. Die weißen, roten und blauen Stränge des Leuchtens der Monde bildeten eine Hülle um Sean und mich. Sein Körper verblasste unter meinen Berührungen, ehe sich der Raum um mich veränderte. Nicht mehr als eine absolute Dunkelheit umgab mich, als ein Stechen von meinem rechten Arm aus durch meinen Körper schoss und das für Kriegerblut typische Brennen nach sich zog. Ich keuchte, griff an meinen Arm und spürte eine klebrige Flüssigkeit unter meinen zitternden Fingern. Ich brauchte sie nicht sehen, um zu wissen, dass es sich um schwarzes Kriegerblut handeln musste.

»Ist hier jemand?«, brüllte Sean. Seine Stimme hallte, als befänden wir uns in einer leeren Halle.

Ich hob mich auf und schwankte. »Ich bin bei dir«, wollte ich ihm zurufen, doch nicht mehr als ein Flüstern schaffte es über meine Lippen.

Die Kunst der Zwischenebene hatte mich in Seans Ebene zwischen Leben und Tod verbracht. Ungezeichneten war diese Ebene verwehrt, während wir Krieger der Monde die Möglichkeit besaßen, darin ein letztes Mal füreinander zu kämpfen. Einzig Mardono hatte es bisher gewagt, die Zwischenebene eines anderen zu betreten, hatte er mich mit diesem Handeln doch einst vor meinem eigenen Tod bewahrt. Er hatte meine Schmerzen abgefangen und vollkommen auf sich genommen, die mir mit dem Todeskampf zugefügt worden waren, ebenso wie Seans Schmerzen bereits auf mich geprallt waren.

»Ist hier jemand? Hallo?«, brüllte Sean ein weiteres Mal.

Das Stechen in meinem rechten Arm verstärkte sich. »Ich bin bei dir, Sean«, wiederholte ich meine Worte noch immer flüsternd.

»Mera? Bist du das oder fange ich schon an in dieser scheiß Dunkelheit zu halluzinieren?«

Ich hielt inne. »Sean? Du hörst mich?«

»Ja, auch wenn ich nicht das Gefühl habe, dass du neben mir stehst«, bestätigte er. »Weißt du, wo zur Hölle wir sind?«

Das Zittern breitete sich von meinen Fingern in meinem ganzen Körper aus. »Wir befinden uns in deiner Zwischenebene zwischen Leben und Tod.«

»Und das heißt was?«

»Du stirbst, Sean.«

Für einige Sekunden herrschte absolute Stille.

»Wie kommen wir hier wieder raus?«, fragte er.

Meine Knie gaben nach und ließen mich zusammensacken. Ich keuchte und stützte mich auf meinem rechten Arm ab, während sich meine linke Hand in meiner Wunde festkrallte und die klebrige Flüssigkeit über meine Finger laufen ließ.

»Das klingt nicht gut. Mera? Alles in Ordnung?«

»Ich fange deine Schmerzen ab, damit dein Körper Kraft für den letzten Kampf zurückgewinnt.« Das Stechen schoss ein weiteres Mal durch meinen Körper. Ich keuchte, ehe ich es nicht mehr schaffte, normal zu atmen.

»Verdammt. Mera?« Schritte hallten planlos durch die Dunkelheit. »Mera? Wo bist du?«

Ich versuchte Luft in meine Lunge zu lassen, als sich das Brennen verstärkte und in jeden Zentimeter meines Körpers zog, als wollte es mich von innen heraus ausbrennen. Meine Hand krallte sich in den steinigen Boden bis ich Blut unter meinen Fingernägeln spürte.

Seans Schritte verstummten. »Mera?« Schuld, Angst und Verzweiflung lagen in diesem einen Wort. »Gib mir meine Schmerzen zurück, bitte. Ich will nicht, dass es dir wegen mir so scheiße geht.«

»Nein«, presste ich hervor.

»Mera …«

»Ich lasse deinen Tod nicht zu«, unterbrach ich ihn.

»Und stirbst dafür selbst? Das ist verdammt dumm, Mera. Wer soll dann meine Freunde beschützen und für die Monde kämpfen?«

Ich schloss meine Augen, als das Pochen meines Herzens in meinen Kopf schoss und ein Kribbeln in meine Hände und Füße jagte.

»Können wir uns meine Schmerzen nicht teilen? Damit du nicht alles abfängst?« Tränen lagen in Seans Worten.

»Schmerzen können nicht geteilt werden«, widersprach ich.

»Ich wünschte, ich wäre wenigstens bei dir, statt nur deine Stimme und dein Keuchen in dieser scheiß Dunkelheit zu hören. Ich stehe hier nur wie ein Idiot rum, während du für mich diese Schmerzen aushältst.« Er zog Luft in seine Lunge. »Warum bist du überhaupt hier und fängst du meine Schmerzen ab?«

»Die Monde baten mich, dir zu helfen.«

»Und du gehst so einer Bitte einfach nach, ohne auch nur einmal nachzufragen, ob du es überhaupt überlebst?«

»Ich vertraue dem Handeln der Monde.« Eine Helligkeit drang in meine Augen und ein weißes Licht zeigte sich unweit vor mir. »Siehst du das Licht, Sean?«

»Das ist verdammt weit weg«, antwortete er hoffnungslos.

Ich fixierte das weiße Licht, hievte mich auf und versuchte, die Schmerzen und meine körperliche Schwäche beiseite zu schieben. Ich schwankte und wollte einige Schritte zu gehen, als ich erkannte, dass sich das Licht von mir entfernte. Tränen keimten in mir auf und drangen aus meinen Augen. Es waren Tränen der Wut und der Verzweiflung, die meine Sicht auf das weiße Licht verschwammen. »Es steht nicht in meinem Willen, deine Zwischenebene ohne dich zu verlassen.«

»Lieber stirbst du also? Das ist …«

»Ich verlasse die Seite meiner Krieger nicht«, unterbrach ich Sean.

»Mera, verdammt. Das ist absoluter Blödsinn.«

Ich ballte meine Hand und rannte auf das weiße Licht zu, doch meine Beine gaben nach. Ich prallte auf den Boden und schlitterte etliche Meter. Dreck und Steinchen fraßen sich in meine Wunde am Arm, während mir das Stechen beinahe mein Bewusstsein nahm. Blut rauschte in meinen Ohren und mein Herzschlag pochte gegen meine Schläfen.

»Scheiße. Mera? Was ist passiert?«

Das weiße Licht glitt zu mir und blieb über meinem Körper stehen, sodass ich das Blut an meinem Arm kleben sah. Ich hatte mich nicht getäuscht, es war schwarzes Kriegerblut, das sich mit meinem eigenen, roten Blut gemischt hatte. Neben der Wunde am Arm, prangerten weitere Schrammen an meinem Körper, die ich mir mit dem Sturz zugezogen hatte.

»Mera?«

Schritte rannten zu mir, ehe sich Sean vor mich kniete und seine zitternden Hände an meine Wangen legte. Dieselbe Schuld, die in seinen Worten lag, spiegelte sich in seinen glänzenden, türkisenen Augen wider. Tränen klebten in seinem Gesicht, doch sein Körper war vollkommen unversehrt.

Er legte seinen Arm um meine Taille, stand auf und zog mich auf meine Beine. »Wir müssen dich hier rausbringen.«

Ich keuchte, ehe ich ein weiteres Mal zusammensackte und mich in seiner Kleidung festkrallte.

»Sean, das Licht …«, flüsterte ich. »Es könnte dein Weg aus der Zwischenebene sein.«

»Unser Weg«, korrigierte er mich, während sein anderer Arm unter meine Knie glitt und mich hochhob. »Denk nicht dran, dass ich dich hier drin sterben lasse. Du hast mich nicht so verdammt oft gerettet, dass du jetzt einfach stirbst, weil ausnahmsweise du mal was so verdammt Dummes gemacht hast und nicht ich.«

Meinen Kopf lehnte ich kraftlos gegen Seans Oberkörper, als sein herber und holziger Geruch in meine Nase zog und sein Herzschlag in meine Ohren drang. Ich wollte meine zitternde Hand an seine Brust legen, doch bevor ich den Stoff seines Oberteils berühren konnte, wurde ich von ihm gerissen. Mein Körper prallte auf Sand auf und die absolute Dunkelheit wich der Dunkelheit einer lauen Sommernacht. Mein Oberkörper stach mit jedem Atemzug, während das Stechen und Brennen des Kriegerbluts aus meinem Körper verschwunden waren. Ich setzte mich auf und erkannte, dass statt schwarzem Blut einzig Rotes an meiner Haut klebte. Ich musterte meinen unversehrten, rechten Arm, als das Rascheln von Blättern im Wind, das Rauschen von Meer und das Zwitschern von Vögeln in meine Ohren drang und ein kühler Wind meinen Körper streifte. Ich starrte auf das Meer, das vor mir lag, ehe ich es wagte, meinen Blick hinter mich zu richten. Ein Wald, der in eine Unendlichkeit zu führen schien, erstreckte sich kaum einige Meter von mir entfernt. Blitze erleuchteten die Nacht und ließen mich zurück auf das Meer blicken, worüber sich Wolken aufgetürmt hatten. Das weiße Licht war nicht verschwunden, sondern schwebte ruhig und ohne Sorgen vor dem Unwetter über dem Wasser. Das Rauschen der Blätter wurde lauter und das Zwitschern der Vögel versiegte, als das Meer zu mir vordrang. Ein Tropfen traf mein Gesicht, ehe Regen auf mich niederbrach und mich binnen Sekunden vollkommen durchnässte. Ich hievte mich auf. Meine Füße ließ ich im Wasser stehen, während mein Blick nicht vom weißen Licht ließ. Darüber brachen die Wolken auf und zeigten den Vollmond, so, wie ihn die Ungezeichneten kannten. Aus dem Augenwinkel erkannte ich eine Bewegung. Es war Sean, der etliche Meter von mir entfernt mit den Füßen ebenso im Wasser stand. Seine Kleidung klebte vom Regen an seinem Körper und sein Blick starrte auf das Meer, als ich die Wunde des Messers und schwarzes Kriegerblut an seinem rechten Arm erkannte.

»Sean?«, fragte ich.

Er erwiderte meinen Blick. »Was ist das hier?« Seine Stimme zitterte, während die Angst in seinen Augen wuchs.

»Der Vollmond wacht über dich.«

»Habe ich deswegen wieder diese Kühle in mir, die nicht will, dass ich zu dir gehe?«

»Es ist seine Art dir zu zeigen, dass du nicht allein bist.«

»Ich will zu dir, Mera«, flüsterte er, ohne sich einzig einen Millimeter in meine Richtung zu bewegen.

»Vertraue der Kühle in dir, Sean.«

»Und was dann?«

»Sie hilft dir, dich aus deiner Zwischenebene zu retten.«

»Ich gehe nicht ohne dich.«

Obwohl er einige Meter von mir entfernt stand, sah ich die Tränen, die über seine Wangen liefen. »Du musst, Sean.«

Wellen näherten sich ihm und schlugen gegen seinen Körper. »Ich will aber nicht ohne dich, Mera. Ich könnte es mir nie verzeihen, wenn du wegen mir stirbst, weil ich dich hier zurückgelassen habe.«

»Vertraue der Kühle in dir, Sean. Vertraue dem Handeln der Monde.«

»Holt uns dieses Vertrauen beide aus dieser verdammten Zwischenebene raus?«

»Ich vertraue darauf.«

Sean sah auf das Meer und atmete tief ein, ehe er sein Oberteil von seinem Körper streifte und es neben sich in das Wasser fallen ließ. »Du vertraust den Monden, also vertraue ich ihnen auch.«

Er ging weiter in das Meer hinein, während das Kriegerblut von seinem rechten Arm hinab in das Wasser lief und es schwarz verfärbte. Auf Seans Rücken erkannte ich sein erstes Zeichen, dessen schwarze Linien weiß leuchteten, ohne die Narben seiner Zweifel zu verdecken. Es war die Macht des Vollmondes, die es ihm erlaubte, ohne Wissen über die Ausführung des Mondleuchtens ein solches zu zeigen.

Unter dem weißen Licht blieb Sean stehen, berührte es und sah zu, wie es zum Vollmond emporstieg, ehe er seine Arme ausbreitete und sich in das Wasser fallen ließ. Kaum Sekunden nachdem er aus meinem Sichtfeld verschwunden war, breitete sich eine Wärme unter meinen Füßen aus. Das schwarze Wasser glitt zu mir und ließ das Brennen, das mich in der absoluten Dunkelheit vereinnahmt hatte, erneut in meinen Körper eindringen. Meine Sicht verschwamm, ehe ich auf die Knie fiel und beinahe vollkommen in den Wellen unterging. Von dem Brennen angestachelt, drang die Wärme ebenso in mich ein und schoss durch jeden Millimeter meines Körpers. Sie jagte das Brennen, ehe sie sich geballt um mein Herz sammelte und mich aus dem Wasser riss. Das Knacken von Holz in meinem Rücken hallte in meinen Ohren, während sich die Wärme von Blut auf meine Haut legte.

»Heilige Scheiße. Was zur Hölle war das?«, hörte ich Luke fluchen.

»Verdammt«, drang Mardonos Stimme zu mir vor.

Ich wollte Luft in meine Lunge ziehen, doch das Blut in ihr ließ mich nicht. Einzig ein Keuchen gab sie von sich.

»Mera. Ich bin bei dir.« Mardono zog mich an der Taille ein Stück nach vorn, ehe sich seine warmen Hände liebevoll an meine Wangen legten.

»Sie sieht gar nicht gut aus. Ihr ganzer Rücken ist voll mit Blut«, murmelte Sabriel.

»Verdammt«, fluchte Aatamia, als ein Körper zusammensackte. »Das hätte ich mir denken können. Sean?«

»Das war nicht klug von mir«, erwiderte Sabriel schuldig.

»Hier sind noch ein paar Kräuter«, sagte Rouven.

Ich griff Mardonos Finger und krallte mich an ihnen fest, als seine Wärme über seine Hände in meinen Körper zog und sich einen Weg zu meinen Wunden suchte.

Er legte seine Stirn an die meine. »Hör auf zu atmen, Mera. Deine Lunge ist voll mit Blut.«

Ich gehorchte und wagte es nicht mehr, einzig einen Luftzug in meine Lunge zu lassen. Die Wunden an meinem Rücken verheilten Stück für Stück, während sich Mardonos Finger immer fester in meine Haut krallten. Er nutzte seine Kunst der Heilung, um mir zu helfen, doch er bezahlte den Tribut für diese Fähigkeit. Wenngleich er die Schmerzen, die die Wunden mir zugefügt hatten, in abgeschwächter Form spürte, prallten sie geballt gegen seinen Körper.

»Verkauft mir noch einmal, dass ihr keine übernatürliche Scheiße draufhabt. Das, was er gerade mit ihr macht ist eine verdammte Wunderheilung«, sagte Luke.

»Ich will zu ihr«, flüsterte Sean kraftlos.

»Du bleibst liegen«, widersprach Aatamia. »Sean, hör auf aufstehen zu wollen. Du wirst sie noch früh genug sehen.«

»Aatamia hat Recht, verdammt. Du bleibst liegen, Sean!«, stimmte Aaron zu.

Mardonos Finger an meinen Wangen wurden sanfter und strichen liebevoll und vorsichtig über meine Haut. »Du hast es geschafft.«

Ich löste meine Hände von seinen Fingern und schlang meine Arme um seine Taille. Sein Zittern drang zu mir vor, während er sich in meiner Kleidung festkrallte. Ich wagte es, meine Augen zu öffnen und erkannte durch meine verschwommene Sicht Aatamia, Rouven und Aaron neben Seans blassen Körper auf dem Boden knien, während Luke mit verschränkten Armen vor den Fenstern stand und auf mich starrte. Sabriel saß unweit von ihm auf dem Boden und lehnte sich gegen die Wand, während er sich die Haare raufte, ohne seine Augen von mir zu lassen. Diyar und Ira befanden sich nahe bei ihnen. Sie beide lächelten mir zu.

»Verschwindet zu Lavanya. Wir bleiben bei den Vieren«, sagte Ira, ehe sich ihr Blick von mir löste. »Du auch, Aatamia.«

Ich schloss meine Augen, während ich spürte, wie Mardono unsere Körper zwischen Lavanyas Äste wechselte. Mich setzte er seitlich auf seinen Schoß, ohne seine Berührungen von mir zu lassen. Ich lehnte meinen Kopf gegen seine Schulter und ließ meine Hand an seine Brust gleiten, dort, wo sein Herz schlug. Sein sachtes Pochen drang zu mir vor. Aatamia saß neben uns. Meine Beine lagen auf seinem Schoß, als seine Finger meine freie Hand suchten und liebevoll mit der seinen verschränkte. Er strich über meine Haut, während sich ein kraftloses aber glückliches Lächeln auf seine Lippen legte.

»Was hast du gesehen?«, flüsterte Mardono.

Ich strich über den Stoff seines Oberteils. »Ich habe Seans Schmerzen im absoluten Raum der

Dunkelheit abgefangen, bevor ein weißes Licht uns an ein Meer verbrachte. Das Wasser half Sean, das Kriegerblut aus seinem Körper zu lassen, ehe ihn eine Kühle und das weiße Licht aus der Zwischenebene leiteten. Bevor mich Seans Kriegerblut vollkommen vereinnahmen konnte, zog eine Wärme in mich und holte mich zurück auf die Ebene des Lebens.«

Mardono zog mich fester an sich. »Deswegen hast du Seans Schwarzfärbung kurzzeitig übernommen.«

»Die Monde haben ihre Blüter gerettet«, sagte Aatamia, der meinen Blick suchte.

»Kaum nachdem Sean von dem Messer getroffen war, hörte ich Decanus' Ruf. Er sprach von einem Test, den er durchführte, um zu wissen, ob die Monde auf das Überleben ihres Blüters des Vollmondes pochen. Ebenso wie Nael und Lukes Unfall Tests waren.«

»Er will wissen, wie weit die Monde für uns gehen«, schlussfolgerte Aatamia.

Ich spielte liebevoll mit seinen so viel größeren Fingern. »Decanus wusste von der Bitte der Monde an mich, in Seans Zwischenebene einzudringen, ohne dass ich es ihm mitgeteilt hatte. Als wäre der Kunst des Hörens oder der Kunst der Gestaltenverschleierung mächtig, ebenso der Kunst der Täuschung von Fähigkeiten.«

Aatamia strich sachte über meine Finger. »Das ist mir zu viel Zufall«, murmelte er. »Vielleicht hat Luke Recht und da draußen ist eine Gefahr, die seit Jahren neben uns lebt, nur um auf den richtigen Zeitpunkt zu warten, um auszubrechen. Und

Decanus ist ein Teil davon.«

»Das wird schwer zu überprüfen«, erwiderte Mardono.

»Wir sollten auf jede Möglichkeit gefasst sein und unsere Mächte nutzen, soweit sie nutzbar sind«, sagte ich.

»Klingt, als würdest du Sean in seine Besonderheit einweihen wollen?«

Ich erwiderte Mardonos Blick. »Akute Situationen benötigen akutes Handeln.«

Ein Lächeln legte sich auf seine Lippen, ehe er meine Stirn küsste.

NEUNZEHN

Ich stand auf dem Dach der Burg Lunarums und sah in die Dunkelheit der Nacht, die sich über diese Welt der Monde gelegt hatte. In der Menschenwelt war der Tag angebrochen, dennoch befand sich Sean bei mir, dessen Drang, mich umarmen zu wollen, unaufhörlich zu mir schwappte.

»Warum hast du das gemacht?«, fragte er mich.

Ich wandte mich zu ihm und erwiderte seinen Blick. »Die Monde baten mich, dir zu helfen.«

»Und du hast es einfach getan, ohne nachzufragen, weil du ihnen vertraust, das hatten wir schon. Aber das kann doch nicht dein einziger Grund gewesen sein.«

»Ich verlasse die Seite meiner Krieger nicht.«

»Auch das hatten wir schon. Ich hoffe, dir ist bewusst, dass das in einigen Situationen verdammt dumm ist?«

»Natürlich ist es das, doch ändert es nichts daran, dass ich für meine Krieger kämpfe, solange es in meiner Macht steht, kämpfen zu können.«

»Dich in dem Fluss zu sehen und zu realisieren,

dass du den Scheiß, den du gerade abziehst, freiwillig machst, war verdammt schlimm. Aber dich
in dieser scheiß Dunkelheit auf dem Boden kauern
zu sehen und zu wissen, dass du meine Schmerzen trägst, ist mindestens genauso beschissen. Ich
dachte, du stirbst, Mera, während ich danebenstehe
wie ein Idiot, der er nichts machen kann, weil es
nicht weiß, wie.« Er ging einen Schritt auf mich zu.
»Mach das nie wieder. Nicht für mich. Ich will dich
nicht nochmal in so einem beschissenen Zustand
sehen, weil du denkst, dass du mich unbedingt
retten musst.«

»Ich gebe keinerlei Versprechen, Sean«, widersprach ich.

Er schloss seine Augen, ehe er sich durch sein
Gesicht fuhr. »Ich hasse diesen Satz«, murmelte er.
»Warum gibt es diese verdammte Zwischenebene
überhaupt?«

Ich ging an den Rand des Daches, während
sich Sean neben mich stellte und seine Arme verschränkte. »Sie ist die letzte Ebene des Kampfes,
die jeder vor seinem Tod durchläuft. Im Gegensatz
zu Ungezeichneten, ist es Gezeichneten erlaubt, die
Zwischenebene zu nutzen, um ein letztes Mal für
das Überleben kämpfen zu können.«

»Wie bist du in meine Zwischenebene gekommen?«

Mein Blick schweifte über die Baumwipfel,
deren Umrisse sich in die Dunkelheit der Nacht ein-
schmiegten. »Die Kunst der Zwischenebene erlaubt
es, sich in den letzten Kampf eines Kriegers zu

begeben und Hilfe zu leisten. Es ist die gefährlichste Kunst, die die Monde vorzuweisen haben.«

»Das mit dem gefährlich habe ich an dir gesehen.«

»Sie ist nicht einzig deswegen gefährlich, weil sie den Retter als Fänger der Schmerzen des Sterbenden missbraucht.«

Sean runzelte seine Stirn. »Sondern?«

»Es steht für gewöhnlich nicht in der Macht der Monde, weder Retter noch Sterbenden lebend aus der Zwischenebene zurückkehren zu lassen, zu mächtig ist der Tod. Ihre Kunst der Zwischenebene erlaubt daher einzig den Zugang hinein, nicht jedoch die Flucht hinaus. Verliert der Sterbende seinen letzten Kampf, zieht er demnach jeden mit in den Tod, der sich mit ihm in dessen Zwischenebene befindet. Eine Rückkehr auf die Ebene des Lebens besteht üblicherweise einzig im Sieg des Sterbenden über seinen letzten Kampf.«

Sean erstarrte. »Du bist zu mir in meine Zwischenebene gekommen, obwohl du gewusst hast, dass du dein eigenes Leben verlieren könntest, wenn ich es nicht schaffe, diesen letzten Kampf zu gewinnen? Nur, weil dich die Monde darum gebeten haben?«

Ich erwiderte seinen fassungslosen Blick. »Ich vertraute auf unsere Rettung durch sie, sollten wir nicht mehr in der Lage sein, uns selbst retten zu können.«

»Bist du eigentlich komplett bescheuert? Das hätte dich umbringen können, Mera.«

»Doch hat es das nicht, denn unsere Monde retteten uns, allen voran dein Mond.«

»Mein Mond?«

»Die Zwischenebene eines Jeden verweilt im Raum der absoluten Dunkelheit, der durch den Tod selbst gestaltet wird. Es war die Schwärze, die es uns nicht erlaubte, einander zu sehen. Der Vollmond handelte für uns, ehe das Kriegerblut diesen Raum benutzen konnte. Er rettete dein Leben, in dem er dich zu seinem Wasser brachte und dir mit seiner Kühle den Weg zum weißen Licht leitete, während der Blutmond seine Wärme für mich nutzte.«

»Dann haben uns also Vollmond und Blutmond gerettet? Warum sollten sie?«

»Es steht nicht in meinem Wissen, wie und warum sich die Monde über die Macht deines Todes hinwegsetzten und dich retteten. Ebenso wie sie mich retteten und zurückkehren ließen, ehe mich dein Kriegerblut eingenommen hatte. Doch es gibt eine Ahnung.« Ich wandte mich um und sah zu den Türmen der Burg, über denen sich die Umrisse der Monde zeigten. Durch den Machtaufwand, den sie benötigt hatten, um Sean und mich aus der Zwischenebene zurückkehren zu lassen, waren sie geschwächt und blasser als in vergangenen Nächten. Der Blutmond befand sich in der Mitte, der Vollmond zu seiner rechten und der Blaumond zu seiner linken Seite. »Die Monde zeigen selten ihre vollkommene Gestalt, zu verstörend und zu beängstigend ist ihr Anblick für jegliche Art von Lebewesen. Sie bevorzugen es, sich ihren Kriegern einzig in ihren Umrissen zu zeigen, während sie den Ungezeichneten das Bild schenken, das du ebenso kennst.«

Seans Faszination und eine Art von Ehrfurcht schwappten zu mir. »Sie sind wunderschön«, sagte er.

»Das Mondleuchten unserer Zeichen zeugt von der Verbundenheit zu den Monden. Sie geben einen Teil ihrer Macht an jeden Krieger weiter, was das Mondleuchten in allen Farben leuchten lässt. Doch es gibt ebenso Krieger, die einzig eine Farbe in sich tragen. Diese Krieger nennen wir Blüter. Sie tragen die bedingte Macht des Mondes ihrer Farbe in sich, die es ihnen ermöglicht, besondere Fähigkeiten auszuführen. Dank ihr sind einzig Blüter in der Lage, die Führung Lunarums zu übernehmen und einzig sie tragen reines Mondblut in sich. Es erzeugt das einfarbige Mondleuchten und einen farblichen Schimmer in den Augen.«

Sean deutete auf mich. »Du hattest ein rotes Mondleuchten, und Mardono auch, als wir Luke gerettet haben.«

»Mardono und ich sind Blüter des Blutmondes.«

»Die Wärme …«, dachte er laut nach. »Du hast gesagt, dass der Blutmond seine Wärme genutzt hat, um dich zu retten, während der Vollmond mir mit seiner Kühle geholfen hat. Das erste Mal, als wir nach meiner Zeichnung in Lunarum waren, hast du mich eine Wärme spüren lassen.«

Ich lächelte sachte. »Die Wärme ist eine der Fähigkeiten, die der Blutmond seinen Blütern schenkt. So, wie die Kühle eine Fähigkeit des Vollmondes ist«, bestätigte ich. »Seit meiner Geburt waren Mardono und ich die einzigen Blüter der Monde, doch dann kamst du.«

»Dann kam ich?«

»Lunarum hat erstmals Blüter zweier Monde vorzuweisen, denn du, Sean, bist Blüter des Vollmondes.«

»Ist das meine Besonderheit?«

Ich wechselte unsere Körper auf die Lichtung des Waldes und ging zwischen den Bäumen in den Wald hinein. »Mit der Macht, die du in deinem Körper trägst, stelltest du eine höhere Gefahr dar, weswegen die Monde gezwungen waren, dich vehementer um dein Vertrauen zu bitten.«

Sean folgte mir. »Wie sicher seid ihr euch, dass ich tatsächlich so ein Blüter bin?«

»Wir sahen dein weißes Mondleuchten und den weißen Schimmer in deinen Augen während Lukes Rettung. Ebenso war es der Vollmond, der dich aus deiner Zwischenebene zurückholte. Es lässt keine Zweifel an deinem Dasein als ein Blüter des Vollmondes offen.«

»Jetzt ergibt das Sinn.« Sean zuckte, kaum nachdem ein Ast geknackt hatte. »Was war das?«

Ich bleib stehen und ließ meinen Blick in die Richtung gleiten, aus der ich das Geräusch gehört hatte. Die Umrisse eines Fuchses, dessen Fell die Farben der Monde zeigten, stachen in meine Augen. Ich deutete auf ihn. »Es ist ein Fuchs.«

»Nur ein Fuchs«, murmelte Sean, dessen Unwohlsein über die Dunkelheit des Waldes zu mir schwappte.

Ich ging weiter. »Die Tiere in diesen Bereichen des Waldes sind allesamt friedlich. Nicht eines von ihnen wird jemals die Absicht in sich hegen, dich angreifen zu wollen.«

»Klingt als gäbe es Bereiche, in denen das nicht so ist?«

»Erinnerst du dich an meine Worte bei unserem Flug auf Stias Rücken?«

»Dass Lunarum eine Welt des Friedens ist, sie es aber nicht verhindern konnte, auch unfriedliche Tiere beherbergen zu müssen?«

Das Gurren einer Eule drang in meine Ohren. Ich erkannte sie zwischen den Ästen eines Baumes und hob meinen linken Arm. »Komm zu mir.«

Sie löste sich von ihrem Ast und setzte sich auf meinen Arm nieder. Sachte ließ ich meine Finger durch ihre Federn gleiten. »Die Tiere, die den Begriff des Friedens nicht kennen, halten sich ausschließlich in den unfriedlichen Bereichen des Waldes auf, die wir Dunkelgebiete nennen. Sie unterscheiden sich deutlich von den friedlichen Bereichen.«

»Deswegen auch die Regel, dass ich nur so tief in den Wald hineindarf, solange ich die Mauern der Burg sehe?«

»Sie wagen es nicht, derart nah an die Burg Lunarums heranzutreten«, bestätigte ich.

»Sie wagen es nicht, derart nah an die Burg Lunarums heranzutreten?«, wiederholte Sean verwirrt meine Worte. »Können sich diese Gebiete bewegen?«

»Es gibt unzählige Dunkelgebiete im Wald Lunarums, doch einzig eines ist auf einen Ort bei einer Felswand an den Bergen Infernas fixiert. Es befindet sich unweit vom einzigen Zugang aus Lunarum zu

Inferna. Die restlichen Dunkelgebiete wandeln und verändern ihren Standort von Zeit zu Zeit.«

»Gibt es ein Muster für ihre Bewegungen?«

»Sie sind vollkommen willkürlich«, verneinte ich.

»Das klingt beängstigend«, murmelte Sean, ehe er auf die Sperbereule deutete. »Kann ich sie berühren?«

Ich ging einen Schritt auf ihn, während ich ihm meinen Arm entgegenstreckte. »Natürlich.«

Vorsichtig ließ er seine Finger durch die Federn gleiten. Die Eule schloss ihre Augen und schmiegte sich in die Berührungen. »Scheint, als würde sie mich mögen.«

Ich erzeugte ein sachtes, rotes Mondleuchten auf meinen Zeichen und ließ es auf die Eule gleiten. Sie spannte ihre Flügel auf und ließ das Leuchten in die Spitzen ihrer Federn wandern.

»Und du willst mir immer noch glaubhaft machen, dass das alles hier nicht übernatürlich ist«, sagte Sean lächelnd.

»Es ist keine Übernatürlichkeit, sondern einzig die Macht der Monde.«

Die Eule ließ einen Ruf los, schwang ihre Flügel und flog auf Seans Schulter.

Dieser erstarrte. »Das habe ich jetzt nicht erwartet.«

Die Eule breitete ihre Flügel aus und ließ mein Mondleuchten auf Seans Körper hinabfließen, dessen Augen mit einem weißen Schimmer reagierten.

Ich lächelte liebevoll. »Sie hat dich als Blüter des Vollmondes erkannt.«

»Woher weißt du das?«, fragte er mich verwirrt.

»Deine Augen reagierten auf mein Mondleuchten, das sie auf dich hinabließ.«

Die Eule flog von seiner Schulter zurück auf ihren Ast. Der Glanz meines Mondleuchtens war noch nicht vollkommen von ihr gewichen und ließ sie in einem sachten Rot in der Krone des Baumes schimmern.

»Was bedeutet das mit dem Blüter in mir für meine Zukunft?«, fragte Sean, der mir weiter durch den Wald folgte.

»Du trägst mehr Macht in dir, als du es zu ahnen vermagst.«

»Wie viel mehr Macht?«

»Der Vollmond ist der Bekannteste der Monde. Er versorgt alle Welten mit Wasser, ob Lunarum, Inferna oder die Menschenwelt.«

»Ohne Vollmond gäbe es daher auch kein Leben, weil das Wasser fehlen würde?«

»Ohne das Zusammenspiel der Monde gäbe es kein Leben«, widersprach ich.

»Deswegen existieren sie auch alle, klingt einleuchtend.« Sean schob seine Hände in die Hosentaschen. »Eins verstehe ich nur nicht. Wenn du die Macht als Führung Lunarums und die Macht als Blüter des Blutmondes in dir hast, wie kann dir Decanus noch das Wasser reichen?«

»Er nutzt die Macht Infernas.«

»Das hast du erwähnt, aber wie kann diese Macht so stark sein, dass Decanus auf deiner Augenhöhe steht? Jemand, der abtrünnig zu den Monden ist und ein Großteil seiner Fähigkeiten verloren hat, wenn ich das noch richtig in Erinnerung habe. Habt ihr euch nie gefragt, ob da nicht mehr dahintersteckt oder, wie mächtig diese Macht wirklich ist oder, ob eure Macht nicht mächtiger sein könnte?«

»Wir haben, Sean, doch die Monde erlauben uns kein Wissen darüber.«

»Auch das finde ich fragwürdig. Warum solltet ihr das nicht wissen dürfen?«

»Derartiges Handeln hinterfrage ich nicht.«

»Warum nicht?«

Das Rauschen von Wasser drang in meine Ohren. »Meine Loyalität zu den Monden beinhaltet blindes Vertrauen in ihr Handeln.«

»Denkst du wirklich, dass das eine gute Idee ist?« Seine Verwirrung schwappte zu mir. »Bringst du mich zum Fluss?«

Ich sah den Fluss zwischen den Bäumen fließen und stellte mich an sein Ufer. Das Wasser schimmerte nicht einzig im Licht des Vollmondes, sondern es schien, als würden sich weiße Spinnweben durch die Strömung ziehen.

Sean kniete sich an das Ufer und ließ seine Finger in das Wasser gleiten. »Das sieht beeindruckend aus.«

»Bei Nacht, im Schimmer seines Mondes, trägt der Fluss einen beinahe mystischen Anblick in sich«, bestätigte ich, während ich mich setzte. »Zu viel Wissen kann Krieger überfordern, ebenso wie es eine Schwäche in den Monden auslösen und sie brechen lassen kann.«

Er rutschte neben mich. »Ist das der Grund, warum sich Decanus auf dich fixiert hat?«

»Bricht ein Mond, drohen ebenso seine Gefährten zu brechen, doch bricht der Blüter, bricht sein Mond nicht grundsätzlich mit ihm. Die Verbindung zwischen ihnen lässt den Mond an Schwäche gewinnen. Sein Leben verliert er jedoch erst, wenn er keine Macht mehr in sich trägt, um den Tod seines Blüters zu überleben. Decanus will die Macht der Monde. Ein Gezeichneter, ob Krieger oder Diener, fähig die Macht aller Monde zu tragen, herrscht nicht einzig über Lunarum und Inferna. Er herrscht ebenso über die Menschenwelt, lebt sie doch in absoluter Abhängigkeit zu den Monden.«

»Wie will Decanus das schaffen? Nur, weil er dich stürzt, springt die Macht doch nicht auf ihn über?«

Ich erkannte Teile der Umrisse des Vollmondes, die sich über dem Fluss zeigten. »Über meine Verbindung zum Blutmond und meiner Macht als Führung Lunarums besteht die Möglichkeit, Schwäche in den Blutmond fließen zu lassen. Es schafft die Möglichkeit eines Machtdiebstahls.«

»Das funktioniert? Mit deiner Schwächung und der Verbindung zu deinem Mond?«

»Es steht nicht vollkommen in meinem Wissen, doch die Annahme ist gerechtfertigt.«

»Warum?«

Ich senkte meinen Blick, ehe ich auf das Wasser sah. Teile der Umrisse des Vollmondes spiegelten sich in der Oberfläche. »Es war bereits Teil der Geschichte Lunarums. Der Tod der Träger durch die

Abtrünnigen Infernas hatte Schwäche in die Monde gleiten lassen, denn sie verloren ihre Ebenbilder. Diese Tode stürzten Lunarum in eine Dunkelheit, erloschen doch all die Feuer der Monde. Ich war zu schwach, sie gemeinsam mit Mardono erneut zu entzünden. Decanus und Adalar nutzten diesen Umstand, um nicht einzig neue Diener an ihre Seite zu holen, sondern ebenso wenig davon abzulassen, Lunarum zum Kampf herauszufordern. Sie fingen Krieger in der Menschenwelt ab und verbrachten sie als Geiseln nach Inferna. Einzig ein Sieg in einem Kampf der Krieger gegen die Diener ließ die Geiseln entkommen. Mich zwangen meine Krieger, von den Fronten der Kämpfe abzusehen, denn ich war es nicht fähig, einen Kampf zu bestreiten.«

»Warum nicht?«

Ich zog Luft in meine Lunge und ließ meinen Blick zu Sean gleiten. »Mein Leben war von Geburt an als Führung Lunarums bestimmt. Ich sollte das Überleben der Monde sichern, doch ich wollte diesen Umstand nicht als Wirklichkeit ansehen und entwickelte Zweifel, wie du sie hattest. Meine Zweifel und die Gefahr durch die Abtrünnigen in ihren Angriffen auf die Krieger taten ihr übriges für die Schwäche der Monde. Die Monate nach meiner Ankunft in Lunarum hat die Schwäche meines Mondes in einen Bruch geleitet.«

»Warum hat Decanus damals die Macht nicht schon gestohlen?«

»Die Schwäche der Monde entwickelte sich mit dem beginnenden Bruch zu einer zu hohen Stärke, die von einem Stehler nicht mehr abgefangen werden konnte. Decanus wurde sich dem zu spät bewusst.«

»Er muss also den richtigen Zeitpunkt erwischen, in dem die Schwäche groß genug für einen Diebstahl aber klein genug für die Last der Schwäche ist?«

»Richtig.«

»Verstehe«, murmelte Sean. »Hast du auch Narben auf deinem Rücken von deinen Zweifeln? So, wie Diyar und ich?«

Ich legte mich auf meinen Rücken und ließ meinen Blick ein weiteres Mal in den Himmel gleiten. Durch die Baumkronen erkannte ich vage ebenso die Umrisse des Blutmondes und des Blaumondes.

Sean legte sich neben mich. »Es ist wirklich schön hier.«

»Es ist eine Welt der Monde. Ist nicht alles schön an ihr?«

»Das klingt romantischer, als es wahrscheinlich sein sollte«, schmunzelte Sean.

Ich lächelte, ohne meine Augen vom Umriss des Blutmondes zu lassen. »Den Monden fehlte es an Kraft, mich einer Bestrafung für meine Zweifel spüren zu lassen. Sie wussten, bestraften sie mich, bestand Gefahr um ihren Weiterbestand.«

»Dann hast du also keine Narben?«

»Nicht auf meinem Körper«, bestätigte ich.

»Du hast mehr durchgemacht, als es sich einer von uns vorstellen könnte, oder?«

Ich erwiderte seinen Blick, den er nicht von mir gelassen hatte. »Mein Leben stellte mich seit jeher vor Schwierigkeiten, doch brachte es ebenso Menschen wie Mardono und Aatamia an meine Seite.«

»Ihr drei seid ein verdammt gutes Team, oder? Vor allem du und Mardono?«

»Wir teilen zweitausend Lebensjahre Seite an Seite.«

»Das nenne ich mal Langzeitbeziehung.«

»Du solltest zurück zu deinen Freunden, ehe Benjamin Verdacht um deine Abwesenheit schöpft.«

»Sie machen sich übrigens Sorgen um dich, vor allem Sabriel. Er meinte, er hätte gespürt, wie die Monde für dich und mich gekämpft haben.«

»Seine Macht als sensibler Ungezeichneter ist erstaunlich.« Ich stand auf und bat Sean meine Hand. »Lass uns zurück zu ihnen.«

Sean ließ sich von mir aufhelfen. Doch als ich zurück in den Wald ging, blieb er stehen und sein Verlangen nach Nähe zu mir drang zu mir vor. Ich hielt inne und wandte mich um. In seinem Blick lag etwas Liebevolles und Dankbares.

»Danke«, sagte er mit einem ebenso liebevollen und dankbaren Lächeln auf den Lippen. »Ich weiß, du hörst es nicht gern, wenn sich jemand bei dir bedankt, aber du hast den Monden geholfen, mein Leben zu retten. Mal wieder. Ich stehe nur noch hier, weil du so verrückt bist und mich dauernd vor dem Tod bewahrst, obwohl du mich gerade mal ein paar Tage kennst.«

Ich erwiderte sein Lächeln, ehe ich meine Arme von mir streckte und ihm damit eine Umarmung anbot. Seans Verwirrung aber ebenso seine Freunde schwappten zu mir, während das Lächeln auf seinen

Lippen breiter wurde. Er kam zu mir, legte seine Arme um meinen Körper und krallte sich sachte aber bestimmt in meiner Kleidung fest. Sein herber Geruch nach Holz und Rauch, den er von Lukes Zigaretten aufgenommen haben musste, zog in meine Nase, während sein Herzschlag in meine Ohren drang.

»Danke. Für alles«, flüsterte Sean. »Und denk ja nicht daran, jetzt deinen verdammten Satz aufzusagen.«

Ich lächelte. »In Ordnung«, erwiderte ich, ehe ich mich von ihn löste. »Lass uns zurück zu deinen Freunden.«

ZWANZIG

Das ist so verdammt frustrierend«, hörte ich Aatamias Stimme in meinen Ohren.

Es war nicht die Kunst des Rufs, die mich seine Worte und seine Bewegungen hören ließ, sondern meine Kunst des Hörens, die ich auf ihn und Mardono fokussiert hatte. Während ich bei Sean und Aaron im Auto saß, befanden sie sich in der Bibliothek der Burg Lunarums. Sie suchten nach einer Antwort auf die Frage, warum die Monde mich gebeten hatten, Sean in dessen Zwischenebene zu folgen. Denn wenngleich Decanus' Tests an Sean und mir nicht in unserer Absicht gestanden hatten, waren die Ergebnisse ebenso für uns eindeutig. Sean war nicht einzig ein Blüter des Vollmondes, sondern die Monde hatten weder ihn in seiner Zwischenebene noch mich im Fluss sterben lassen.

»Warum wollen uns die Monde nicht sagen, warum sie weder Mera noch Sean sterben lassen wollen?«, sagte Mardono, während er in einer der abertausenden Schriften blätterte.

»Und, warum sie ausgerechnet Mera in die Zwischenebene und Sean in den Fluss geschickt haben, obwohl sie zumindest hätten wissen müssen, dass beide dabei hätten sterben können«, fügte Aatamia hinzu.

»Was wisst ihr, dass eure Krieger nicht wissen sollen, liebe Monde?«, murmelte Mardono.

»Etwas verdammt Mächtiges würde ich sagen.«

»Die Frage ist nur was?« Mardono schlug die Schrift zu und stellte sie zurück in eines der Regale.

»Die Frage ist auch, welche Resultate Decanus aus seinen Ergebnissen zieht. Er braucht immer noch etwas, um Mera zu beeinflussen, damit sie den Blutmond in eine Schwäche zieht. Vor allem, weil wir die Freunde entschärft haben. Sean steht zu den Monden und Luke hat verstanden, dass wir nicht die Bösen sind.«

»Er wird Nael nicht unbedacht lassen.«

Ich schloss meine Augen und zog meine Beine fester an meinen Oberkörper, als ich diesen einen Namen hörte. »Ihr seid ebenso wunde Punkte von mir«, ließ ich sie in ihren Gedanken hören.

»An die er aber nicht so einfach rankommt, weil wir deutlich mächtiger sind als die Freunde«, erwiderte Aatamia.

Mardonos Sorgen schwappten zu mir. »Trotzdem wäre es eine Möglichkeit, die wir nicht außer Acht lassen sollten.«

»Woods? Wie lange fahren wir noch?«, fragte Sean, der sich ein Stück nach vorn zu den Sicherheitsmännern beugte.

»Ungefähr noch eine Stunde, Mr Coleman«, antwortete der Sicherheitsmann, der auf dem Beifahrersitz saß.

»Danke.« Sean setzte sich zurück und fuhr sich durch sein Gesicht. »Ich hasse solchen Stress.«

»Versuch doch, zu meditieren«, warf Aaron neben ihm ein.

Sean lehnte seinen Kopf gegen die Stütze und schloss seine Augen. »Wenn das mal so einfach wäre.«

»Ich hätte echt die eine Flasche Whisky für die Fahrt einpacken sollen.«

Sean sah zu ihm und zog seine Augenbrauen hoch. »Aber den Guten bitte.«

»Glaubst du wirklich, ich hole uns irgendwelche Plörre?«

»Ich erinnere an die ersten Male, als du dir Whisky aussuchen solltest. Du hast nur die beschissenen Sorten erwischt.«

»Touché«, schmunzelte Aaron.

»Abgesehen davon, will ich mir den Anschiss von Ben nicht geben, wenn er merkt, dass wir vor einem Auftritt mehr als nur ein Glas getrunken haben.«

Das Vibrieren eines Mobiltelefons drang in meine Ohren, ehe Aaron seines aus der Hosentasche fischte. »Immerhin bist du nicht der Einzige.«

»Der Einzige von was?«

Aaron zeigte ihm den Bildschirm mit einem Chatverlauf. »Das hat mir Luke eben geschrieben.«

Ein schwaches Lächeln legte sich auf Seans Lippen. »Sabriel ist noch schlimmer als ich. Manchmal tut mir Luke echt leid.«

»Mir tut eher unser Equipment leid, das Sabriel im Laufe unserer Karriere dank seines Lampenfiebers schon kaputt gemacht hat«, sagte Aaron, während er eine Nachricht tippte. »Ich habe irgendwann aufgehört zu zählen, wie oft Sabriel irgendwelche Tassen und Gläser runtergeschmissen hat.«

»Und ich, wie oft er sich daran auch noch geschnitten hat.«

»Mera?«, hörte ich Mardonos Stimme in meinen Gedanken.

»Mardono?«, antwortete ich.

»Hast du uns gerade zugehört?«

»Sean und Aaron lenkten mich ab«, verneinte ich.

»Was würdest du machen, wenn ich sterbe?«

Ich hielt inne. »Warum stellst du mir eine derartige Frage?«

»Beantworte sie einfach. Bitte.«

»Es steht nicht in meinem Willen, ein Leben ohne dich zu führen, Mardono. Stirbst du, so folge ich dir in den Tod.«

»Und genau das könnte Decanus' Plan sein.«

»Damit ergäbe seine Wahl um Neverending Light jedoch wenig Sinn«, widersprach ich.

»Wenn sie nur eine Vorbereitung sind?«

»Warum stellst du mir derartige Fragen, Mardono?«

Für einige Sekunden herrschte absolute Stille.

»Wir haben eine Schrift gefunden, Mera«, ließ mich Aatamia hören. »Besser gesagt, sie ist wie aus dem Nichts aus einem der Regale und anscheinend von ganz oben auf den Boden gefallen.«

»Was besagt diese Schrift?«

Mardono atmete hörbar ein. »Die Blüter der

Monde sind nicht mehr als Überreste aus vergangenen Zeiten. Sie dienen als Machtträger, deren originäre Aufgabe die Machtrückleitung in die Monde ist«, schien er vorzulesen.

»Deswegen gibt es euch Blüter überhaupt, weil ihr von Anfang an dafür gedacht wart, die Machtrückleitung auszuführen. Das, was die Träger den Monden zu Lebzeiten verwehrt hatten«, fasste Aatamia zusammen. »Wenn Decanus das weiß, hat er es nicht nur auf dich abgesehen, Mera, sondern auch auf Mardono und Sean.«

Mein Blick schnellte zu Sean, der nervös mit seinen Händen spielte, während er an die Decke des Autos starrte und sein rechtes Bein unaufhörlich wippen ließ. »Nichts anderes erklärt Decanus' Tests«, schlussfolgerte ich. »Er steht im Wissen um das Drängen der Monde auf Seans und mein Überleben, ebenso wie er um Seans Dasein als Blüter des Vollmondes weiß. Wir stehen zwischen seiner Machtbegierde und der Möglichkeit, all sein Handeln mit einzig einer Ausführung zu Nichte machen zu können.«

»Was euch zu verdammten Zielscheiben macht«, stimmte Aatamia zu.

»Vor allem Sean. So unausgebildet wie er ist, hat er nicht den Hauch einer Chance, sich selbst gegen die schwächsten Diener wehren zu können« sagte Mardono.

»Die Monde hätten ihn früher zeichnen sollen.«

Ich wurde stutzig. »Doch haben sie es nicht. Sie warteten Decanus' ersten Angriff ab.«

»Als hätten sie nicht gewollt, dass sich Decanus von Neverending Light wieder abwendet, nur weil einer von ihnen ein Krieger geworden ist«, dachte Mardono laut nach. »Aber, warum? Warum sollten sie wollen, dass Decanus ausgerechnet die Vier angreift?«

»Vielleicht ging es gar nicht darum, die Vier angreifen zu lassen, sondern einfach nicht zu früh in ihrem Handeln erkannt zu werden«, sagte Aatamia. »Was, wenn die Monde erkannt haben, dass Decanus Neverending Light anders als seine vorherigen Opfer behandelt hat? Vielleicht haben sie geahnt, dass das hier eine ganz andere Stufe von Angriffen sein könnte, die uns weit mehr an unsere Grenzen treibt, als sie es für Ertragbar heißen können. Was sie wiederrum dazu gebracht hat, mit Sean einen weiteren Blüter zu zeichnen, damit sie ihrer Machtrückleitung ein Stück mehr näherkommen und Decanus so den Weg abschneiden können, bevor er zu weit gehen kann?«

»Warum haben sie dann nicht längst einen Blüter des Blaumondes nachgeschoben?«

»Wer weiß, was für die Machtrückleitung nötig ist, Mardono. Vielleicht brauchen sie dafür die gebündelten Mächte der Blüter. In solchen Zeiten der Angriffe ist es schon schwierig genug, einen Blüter auszubilden. Und dann auch noch jemanden wie Sean, der lieber Fragen stellt, als zu trainieren, weil er das Handeln der Monde nicht nachvollziehen kann. Oder es ist gar kein Blüter des Blaumondes nötig, um die Machtrückleitung durchzuführen. Vielleicht reichen zwei unterschiedliche Blüter oder einfach nur drei Blüter insgesamt aus, egal, zu welchem Mond sie gehören.«

»Warum wählten die Monde Sean?«, hakte ich nach. »Warum nicht Sabriel, dessen Glaube in uns als sensibler Ungezeichneter Seans Glauben und Vertrauen in die Monde von Beginn an deutlich überstieg?«

»Berechtigte Frage«, warf Aatamia ein.

»Sean, beruhig dich«, sagte Aaron, während er seine Hand auf Seans wippendes Bein legte und ihn dazu zwang, stillzuhalten. »Du machst selbst mich noch nervös.«

»Ich habe vorhin den Fehler gemacht und in Erfahrung gebracht, wer heute Abend geladen ist«, gestand Sean.

»Das sind alles auch nur Menschen wie du und ich. Niemand ist was Besonderes, nur weil er zu viel Kohle hat.«

Sean schnaubte und vergrub sein Gesicht in seinen Händen. »Das ändert nichts daran, dass es ein Fehler war, sich die Gästeliste anzuschauen.«

»Ein verdammt bescheuerter Fehler.«

EINUND-
ZWANZIG

Kaum eine halbe Stunde nach ihrer Ankunft in Regensburg waren die Freunde in den Backstagebereich der Arena gebracht worden. Der Stress, den sie in ihren Körpern trugen, schwappte unaufhörlich zu mir. Ebenso wie sich Seans und Sabriels Nervosität von Minute zu Minute verstärkte. Während Aatamia und Diyar bei den Freunden waren, befanden Mardono und ich uns verschleiert im Innenraum der Arena und beobachteten das Treiben der Menschen. Seit Beginn des Einlasses wurden Gäste in Anzügen und Abendkleidern zu ihren Plätzen begleitet.

Mardonos Bedrücktheit schwappte zu mir, während er seine Hände in seine Hosentaschen schob. Ich sah in seine Augen, in deren Braun sich Sorge eingegraben hatte. Er rang sich ein Lächeln ab, als er meinen Blick bemerkte. Ich stellte mich vor ihn, legte meine Hand an seine Wange und ließ meine Wärme sachte in seinen Körper fließen.

Sein Lächeln wurde liebevoller, während er seine Augen schloss und meine Finger griff. »Danke«, flüsterte er.

»Es gibt keinen Grund, bedrückt zu sein, Mardono.«

Sein Lächeln versiegte und seine Finger krallten sich in den meinen fest, ehe er seine Augen öffnete. »Ich habe dich schon mal sterben sehen, Mera, und ich hatte nicht vor, sowas ein zweites Mal miterleben zu müssen.«

»Doch ich starb nicht, dank deines Handelns.«

Er nahm meine Hand aus seinem Gesicht, ohne sie loszulassen, während er die Finger seiner anderen liebevoll über meine Wange streichen ließ. »Ich kann doch nicht ohne dich leben.«

»Ebenso wenig, wie ich ohne dich leben kann.«

Ein Lächeln huschte über Mardonos Lippen.

»Ich will sowas von euch beiden nicht hören«, hörte ich Aatamias Stimme in meinen Gedanken. »Noch ist nichts entschieden.«

Mardono zog mein Gesicht zu sich und küsste meine Stirn. »In Ordnung«, erwiderte er auf Aatamias Worte.

»Ich sehe Henri«, ließ uns Ira über die Kunst des Rufs hören. »Er hat sich als Kellner verkleidet und bedient die Tische bei der Bühne.«

Mein Blick glitt dorthin. Henris schwarzblonde Locken waren unverkennbar, während er die Kleidung eines Kellners trug und mit einem leeren Tablett durch einen Zugang hinter der Bühne verschwand.

»Ich folge ihm.« Mit ebenso verschleierter Gestalt heftete sich Ira an Henris Fersen.

»Hallo, meine kleine Maus«, hörte ich Decanus' Stimme in meinen Gedanken.

Ich schloss meine Augen. »Deine Anwesenheit bei einer derartigen Veranstaltung ist wenig verwunderlich, Decanus«, erwiderte ich.

»Eine solche Veranstaltung lasse ich mir doch nicht entgehen«, hörte ich Decanus' Stimme.

Mardonos Daumen strich über meinen Handrücken, ehe seine Finger unter mein Kinn glitten und es sachte anhoben. »Er ist hier, oder?«

Ich erwiderte seinen besorgten Blick. »Natürlich.«

»Weißt du, was er vorhat?«

»Wie wirst du sie für deine Zwecke missbrauchen?«, fragte ich Decanus in Gedanken, ohne Mardonos Augen aus meinem Blick zu lassen.

»Dazu habe ich eine Gegenfrage, meine kleine Maus: Wie viele Menschen kannst du retten, bevor du einige von ihnen sterben lassen musst?«

»Eine Frage, die ich nicht beantworten kann, solange die Anzahl der Menschen, die du angreifen willst, nicht in meinem Wissen steht.«

»Wie wäre es mit einigen Hundert?«

Unweigerlich drückte ich Mardonos Hand, als Sorge und Wut in mir aufkeimten. »Ich benötige jeden Einzelnen von euch bei mir. Decanus' Ziel ist die Tötung der Menschen in der Arena.«

Abgesehen von Sean, ereilte dieser Ruf all meine Krieger. Kaum Sekunden später spürte ich sechsundvierzig von ihnen vollständig in und um die

Arena positioniert.

»Hat er gesagt, wie er die Menschen töten will?«, fragte Aatamia.

»Er verriet nichts«, verneinte ich.

Die Lichter wurden gedimmt, tosender Applaus ertönte und ein Mann betrat die Bühne, auf den sich etliche Lichtkegel legten. Er schien geblendet, doch er ließ sich nicht irritieren und genoss es sichtlich, derartige Aufmerksamkeit zu erlangen. Das Braun seiner Locken schwang mit jeder Bewegung seines Körpers mit und sein weißes Jackett schmiegte sich an seinen Oberkörper, während das schwarze Revers im Kontrast leuchtete. Der Applaus legte sich und der Mann sprach einige Worte. Ich folgte ihm nicht, stattdessen ließ ich meinen Blick durch die Arena schweifen, als ich hörte, wie sich Feuer entflammte. Metallkörbe wurden von der Decke gelassen und ein Raunen ging durch die Menschen. Aus den Körben loderte Feuer, während ich zwischen den Metallbalken Laserstrahlen bemerkte. Die Flammen wirkten echt, doch ich erkannte, dass sie es nicht waren.

Aatamias Keuchen drang in meine Ohren. »Sie haben Diyar!«, schrie er über die Kunst des Rufs in den Gedanken aller Krieger. »Mera, Decanus hat Diener unter sich, die wir nicht kennen. Hier sind zwei Männer rein, die sich Diyar geschnappt haben, obwohl wir beide verschleiert waren. Keine Ahnung, woher sie wussten, dass wir hier waren und, wo wir standen.«

»Hast du dich an ihre Fersen geheftet?«, fragte Mardono.

»Ich nicht, aber Sean.«

Die Wärme von echtem Feuer legte sich auf meine Haut und ließ meinen Blick zur Decke schnellen. Eine der Flammen kletterte an der Kette entlang, die den Metallkorb an der Decke hielt. Sie war keineswegs mehr ein Trugbild. Es war Diyars Gabe der Elementenbändigung, die einen derartigen Wuchs von Feuer verursachen konnte, doch bezweifelte ich derartiges Handeln von ihm. Vielmehr war es Henri, der sich Diyars Macht zu eigen machte. Henris Gabe erlaubte es, die Gabe eines anderen Gezeichneten zu bestehlen und sie für eigene Zwecke zu nutzen. Sie war eine der gefährlichsten Gaben, die die Monde jemals vergeben hatten.

»Ich war im Recht«, stellte ich fest. »Decanus nutzt nicht mehr einzig die Freunde, sondern ebenso euch, um an meine Schwäche zu gelangen.«

»Wir müssen Diyar helfen«, hörte ich Aatamia in meinen Gedanken.

Mit meinen Künsten suchte ich nach Diyar und Sean, doch ich fand sie nicht. Ebenso wenig schwappte Henris Gabenausführung zu mir. »Ich kann weder Diyar noch Sean oder Henri spüren«, sagte ich zu Mardono, ohne meinen Blick vom Feuer zu lassen.

Er wurde stutzig. »Ich auch nicht.«

»Ira, befindest du dich noch bei Henri?«, fragte ich sie über die Kunst des Rufs.

»Ich habe ihn nicht eine Sekunde aus den Augen gelassen«, antwortete Ira. »Warum fragst du?«

»Scheiße«, hörte ich Rouven in Gedanken fluchen. Ich sah ihn einige Meter von mir entfernt im Innenraum der Arena stehen und an die Decke starren. Er hatte das echte Feuer ebenso bemerkt.

»Scheiße?«, hakte Ira nach. »Leute, was ist los?«

»Henri hat Diyar bestohlen«, antwortete Rouven.

»Das kann nicht sein. Ich spüre seine Gabenausführung nicht und er ist keine zehn Meter von mir entfernt.«

Rouvens Blick glitt zu Mardono und mir. »Sagt mir bitte, dass Ira Recht hat und ich mich täusche.«

»Ich spüre ebenso wenig Henris Gabenausführung, doch das Feuer, das sich in der Arena ausbreitet, lässt kaum Zweifel an seinem Diebstahl an Diyar offen«, erwiderte ich.

»Dieser Arsch«, fluchte Ira. »Gebt mir eine Sekunde, ich versuche ihn zu kriegen.«

»Sei vorsichtig. Wenn er tatsächlich seine Gabenausführung überdecken kann, scheint er noch mächtiger geworden zu sein als er sowieso schon ist.«

Das künstliche Feuer in den anderen Metallkörben verwandelte sich ebenso in Echtes, während sich die Wärme auf meiner Haut zu einer Hitze entwickelte. Jede einzelne Flamme kletterte am Metall entlang und suchte sich ihren Weg zur Decke, wo sie sich zu vereinen begannen.

Applaus ertönte, die Menschen johlten und Musiker betraten die Bühne, als ein Stechen durch meinen Körper schoss. Ich keuchte, griff an meine Brust und krallte mich im Stoff meiner Kleidung fest.

»Dieses Arschloch!« Mardono zog mich an sich und vergrub sein Gesicht in meinen Haaren.

Das Stechen ließ nach, doch es versiegte nicht,

während ich in Mardonos Augen den gleichen Schmerz erkannte. Unser Mond warnte uns und ließ uns wissen, dass einer ihrer Krieger unsere Hilfe benötigte. Er befahl uns damit, zu reagieren, zu mächtig war Diyar und zu hoch sein Verlust.

»Decanus führt uns vor als wären wir ein Stück Fleisch, mit dem man einen Löwen ködert«, fluchte Mardono.

»Das Überleben der Monde hat höchste Priorität, mit ihnen ihre Krieger«, erwiderte ich.

»Wenn Henri wirklich Diyars Gabe gestohlen hat, sind du und Aatamia die Einzigen, die ihn noch bekämpfen können. Ich nehme mir die restlichen Krieger und schaffe so viele wie möglich hier raus.«

»Die Monde werden ein derart offensichtliches Handeln nicht gutheißen.«

Mardono legte seine verschwitzten Hände an meine Wangen. »Dann nehme ich nur Ira und Rouven. Sie sind die Einzigen, die die Kunst der Gestaltenverschleierung noch beherrschen. Wir bringen die Menschen aus der Arena raus, ohne dass wir gesehen werden. Die Anderen sollen außerhalb der Arena Stellung halten.«

»Henri hat sich von mir nicht packen lassen aber ich konnte ihn zurück zu euch in die Arena scheuchen. Er weiß, dass wir ihm auf die Schliche gekommen sind«, ließ uns Ira in unseren Gedanken hören.

Ein Knacken drang in meine Ohren, ehe ein Metallkorb von der Decke fiel. Die Kraft, mit der er das Holz des Tisches darunter zersplitterte, ließ keinerlei Zweifel offen. Decanus hatte seine Gabe angewandt, dessen Macht jedoch ebenso wenig zu mir vordrang wie Henris.

»Lasset die Spiele beginnen«, ließ mich Decanus in meinen Gedanken hören.

»Warum spüre ich weder deine noch Henris Gabenausführung?«, fragte ich ihn.

»Wäre dieses Spiel nicht vermaledeit langweilig, würdest du alle Gegebenheiten kennen, nach denen ich spiele?«

»Wir benötigen Henri ebenso benötige ich dich«, ließ ich einzig Aatamia in seinen Gedanken hören.

Er wechselte an meine Seite. »Das gefällt mir nicht. Ich kann weder Diyar noch Sean oder Henri spüren, was gar nicht sein dürfte.«

Ich sah zu Mardono. »Die Freunden benötigen Schutz. Sie sind Decanus' erstes Mittel zum Zweck.«

»Was ist mit den anderen Ungezeichneten?«, fragte er.

Ich sah zu dem abgefallenen Metallkorb. »Ira und Rouven, helft Mardono die Ungezeichneten aus der Arena zu schaffen. Belasst eure Gestalten verschleiert«, ließ ich all meine Krieger außer Sean hören. »Aatamia und ich bekämpfen Henris Diebstahl. Alle anderen Krieger verschwinden aus der Arena. Sucht sicheres Gelände abseits des Gebäudes für die geretteten Ungezeichneten.«

Ein Lächeln legte sich auf Mardonos Lippen. »Danke. Ich hole Ira, Rouven und mir noch Wechselblüten. Ein Paar davon werden wir gebrauchen können.«

»Nutzt eure Kunst des Wechsels großflächig. Es befinden mehrere hundert Menschen in der Arena.«

»Werden wir.« Mardono wechselte und Sekunden später spürte ich ihn im Wald Lunarums.

Das panische Schreien der Menschen drang zu mir, doch es verschwand in der Lautstärke der Musik. Ich sah ein weiteres Mal zum gefallenen Metallkorb und erkannte wie das Kleid einer Frau in Flammen stand. Sie starrte auf das Feuer, während sich ihre Augen mit jeder Sekunde weiteten, die die Flammen ihr Kleid verbrannten. Ein Mann sprang auf, hielt sein offenes Jackett fest und leerte sein noch volles Glas Wein auf den Flammen aus. Es genügte, um das Feuer zu löschen, ehe die Musik verstummte.

»Verdammt! Was ist das für eine Scheiße? Echtes Feuer ist bei so vielen Leuten doch gar nicht erlaubt!«, kreischte eine Stimme.

»Wir haben noch nicht mal Pyrotechnik verwendet. Das sollte alles nur eine verdammte Lichtshow werden!«, brüllte eine andere Stimme.

Die Notausgänge wurden freigegeben und die ersten Menschen drängten sich hinaus.

»Wir müssen die Feuerwehr selbst rufen. Die Rauchmelder lösen nicht aus!«, schrie eine dritte Stimme.

Das Knacken von Metall hallte durch die Arena. Die restlichen Körbe verloren ihren Halt und brachen nacheinander ab. Sie landeten auf den Tischen und setzten die Dekoration zu schnell unter Flammen. Die Schreie der Menschen verstärkten sich und die

Panik in ihnen wuchs. Sie versuchten, zu den Ausgängen zu laufen, doch das Feuer ließ sie nicht entkommen. Diyar konnte sein Feuer in Schnelligkeit, Wärme und Stärke bändigen und Henri machte es sich zu Nutzen. Einzig wenige der Ungezeichneten schafften die Flucht, ehe ihnen die Flammen den Weg vollkommen versperrten. Die ersten von ihnen verschwanden dank Ira und Rouven aus der Arena. Noch waren sie unverletzt genug, um sie ohne die Wirkung von Wechselblüten an einen sicheren Ort zu verbringen. Mardono kehrte aus Lunarum zurück. Ich spürte ihn bei den Freunden.

»Wir müssen Diyar finden«, sagte Aatamia besorgt. »Kannst du ihn oder Henri spüren?«

»Ich spüre weder Diyar noch Sean, Henri oder Decanus«, verneinte ich.

»Als würden sie die Kunst der Verschleierung von Fähigkeiten nutzen. Mal wieder«, murmelte Aatamia. »Könnte Diyar diese Kunst wenigstens, hätte ich gesagt, dass Henri ihm nicht nur seine Gabe, sondern auch diese Kunst gestohlen hat. Aber keiner von uns hat Diyar diese Verschleierung je beigebracht.«

Ich erwiderte seinen Blick. »Decanus war ihrer fähig.«

»Ich weiß, aber er ist ein Abtrünniger, der mit seinem Wechsel nach Inferna diese Kunst verloren hat.«

»Doch scheint es die einzige Erklärung zu sein.«

Das Stechen flammte in mir auf und schoss durch meinen Körper. Ich wagte es nicht zu atmen, als ich Diyar in den Zuschauerrängen spürte. Seine Schwäche, sein Zittern und seine Angst schwappten zu mir und ließen meinen Blick zu ihm schnellen. Tränen klebten an seiner Wange und glitzerten im Schein des Feuers, während seine Hände vergebens nach Halt suchten. Decanus stand in Diyars Rücken und krallte seine linke Hand an dessen Hals fest, während sich seine Rechte in die Brust grub und den Stoff zerriss. Ich konnte einige Linien des sechsten Zeichens auf Diyars Haut erkennen. Sie waren mit Blut, Dreck und Schweiß verschmiert.

»Diyar …«, flüsterte Aatamia.

Decanus' Lachen hallte in meinen Ohren. »Ist dieser wunderschöne Anblick nicht herrlich?«, ließ er mich in Gedanken hören.

»Wo ist Sean?«, fragte ich ihn.

»Zeig dich mir erst, meine kleine Maus. Wo bleibt sonst der Spaß?«

Ich löste meine Verschleierung und Aatamia folgte mir.

Decanus' Blick traf meine Augen, ehe sich ein Grinsen in sein Gesicht eingrub. »Schön, dich zu sehen, meine kleine Maus. Clever von dir, deinen Helfer gleich mitzubringen.«

»Wo ist Sean?«, wiederholte ich meine Worte.

»Du meinst euren vermaledeiten Blüter des Vollmondes?«

Adalar und Sean erschienen neben ihm. Sean hing ausgeliefert und vollkommen machtlos in Adalars Armen. Sein Zustand war besser als Diyars, doch Blut und Dreck klebten ebenso an seiner Kleidung.

»Ich lasse heute meine Gnade walten und kümmere mich einzig und allein um Diyar. Der Tag, an dem euer Blüter des Vollmondes sein Handeln bereuen wird, ist nicht allzu weit entfernt«, ließ mich Decanus hören.

Adalar stieß Sean von sich, doch ehe dieser auf den Boden prallte, wechselte seine Gestalt aus der Arena. Ich spürte ihn Sekunden später bei seinen Freunden, während ebenso Adalar wieder verschwand.

»Was zur Hölle geht hier vor?«, hörte ich eine Stimme.

Ich löste meinen Blick von Diyar und sah Benjamin unweit von mir entfernt stehen. Seine Angst schwappte zu mir und seine Augen hatten sich geweitet. Sie suchten panisch nach einem Ausweg, während Glanz in ihnen schimmerte. Ein Kreis aus Feuer, ausgelöst durch Diyars Zwang, zog sich um Aatamia und mich und umringte unsere Gestalten. Benjamins Blick schnellte zu mir. Er hielt inne und öffnete seinen Mund, doch nicht ein Wort glitt über seine Lippen.

»Du wirst in Sicherheit gebracht, Benjamin«, sagte ich. Einzig ihn ließ ich meine Worte hören.

Benjamins Angst verstärkte sich, als ein Knacken in meine Ohren drang. Ein Metallbalken verformte sich unter der Hitze des Feuers und löste sich aus seiner Verankerung. Sekunden später brach er, fiel hinab und bohrte sich in den Boden. Benjamin hatte er einzig um wenige Zentimeter verfehlt. Er wich einige Schritte zurück, ohne seinen Blick von mir zu lassen. Mardono wechselte neben ihn, ehe er ihn aus der Arena verbrachte.

Das Bersten des Metalls verstärkte sich, denn der Bruch des einen Balkens blieb nicht der Einzige. Weitere lösten sich aus ihren Verankerungen, fielen hinab und ließen mit dem Aufprall den Boden unter meinen Füßen beben. Der Geruch von Rauch drang in meiner Nase und legte sich in meine Lunge. Ich nutzte eine meiner Künste, bildete einen Schutzschild, der den Rauch abhielt und legte ihn um Aatamias und meinen Körper. Das Stechen in meiner Brust verstärkte sich und pochte gegen meine Rippen. Mein Blick glitt zu Diyar, dessen Kraft und Macht mit jeder Sekunde mehr unter dem Zwang schwanden. Flammen kreisten ebenso ihn und Decanus ein. Sie mochten erzwungen sein, doch sie verkannten ihren Ursprung nicht. Sie wussten, versiegte dieser, versiegte ebenso ihre Macht.

Das Grinsen klebte noch immer auf Decanus' Lippen, als er seine Augen von mir wandte. Ich folgte ihnen und sah Henri einige Meter von uns entfernt stehen. Der Dreck des Rauchs klebte an ihm und seine schwarzblonden Locken hingen kraftlos an seinem Kopf. Seine grünen Augen zeugten von Genügsamkeit doch ebenso von der Kraft, die es ihn kostete, Diyar zu bestehlen. Flammen schlangen sich an seinem Körper hinauf und umspielten ihn und seine Kleidung. Er fing kein Feuer, war er als Stehler von Diyars Gabe doch ebenso eine Quelle dessen.

»Ich könnte Diyar umbringen«, flüsterte Aatamia.

»Dein Vertrauen in sein Überleben und dein Vertrauen in deine Fähigkeiten sollte überwiegen«, erwiderte ich, ehe ich in seine grauen Augen sah.

Er und Diyar begleiteten sich seit Diyars Rettung vor mehr als dreihundertfünfzig Jahren. Sie liebten es, ihre Gaben miteinander spielen zu lassen, stieg die Macht und das Schauspiel ihrer vereinten Fähigkeiten doch in das Unermessliche.

Aatamia wandte seinen Blick von mir ab und fixierte Henri. Aus seinen Augen löste sich eine Träne und ein Zittern legte sich in seinen Körper, als eine Kälte zu mir vordrang. Es war Aatamias Gabe der Eisbändigung, die dafür sorgte, dass sich eben solches ausbreitete, sich über den Boden der Arena zog und zu Henri wanderte. Das Knistern der Kristalle drang in meine Ohren. Henri türmte eine Wand aus Feuer vor sich auf, während sich Aatamias Eis um die Flammen legte. Es schmolz nicht, doch ebenso wenig erlosch das Feuer. Die Kälte zog in meinen Körper hinein. Anders als die Warnung um Diyars Leid, ließ mich mein Mond die Schmerzen des Kampfes gegen den Diebstahl definierter spüren. Es war ein Schutzmechanismus, um einen möglichen Schaden durch die Gegenwehr zu erkennen. Aatamias Atmung stockte, denn er wusste über die Kunst des Spürens um die Stärke meiner und Diyars Schmerzen durch sein Eis.

Das Brüllen von Männerstimmen dröhnte in meinen Ohren, ehe mich Arme umschlangen und versuchten, mich zu Boden zu bringen.

»Du wirst dafür bezahlen, was du hier anrichtest«, bellte eine männliche Stimme neben meinem Ohr.

Ich hörte, wie Diyar Luft in seine Lunge zog, als die Kälte von mir wich. Aatamia wurde ebenso angegriffen, hatte seine Gabe abgebrochen und wehrte sich gegen die Menschen an seinem Körper.

Der Mann an mir drückte seine Hand gegen meinen Hals und zog meinen Kopf zurück, doch ich schleuderte ihn von mir weg, geradewegs in die Flammen hinein. Sein Anzug fing Feuer, sein Gesicht glänzte vor Schweiß und seine Haare klebten an seiner Haut. Mit jeder Sekunde mehr, die er in den Flammen lag, wuchs der Schmerz in seinen Augen, doch unter meinem Blick schien er es nicht zu wagen, sich zu bewegen. Der Stoff seines des Anzugs begann mit seiner Haut zu verschmelzen, als ein entsetzter Schrei in meinen Ohren hallte. Eine Frau packte den Mann, zog ihn aus den Flammen und versuchte, das Feuer zu löschen. Ira wechselte in verschleierter Gestalt zu ihnen, ehe sie sich eine Wechselblüte in den Mund schob und mit sämtlichen Ungezeichneten in Aatamias und meiner Nähe aus der Arena verschwand.

Die Kälte zog tiefer in meine Brust. Tränen liefen an Aatamias Wange hinab, seine Finger zitterten und seine Hände ballten sich zu Fäusten. Sein Eis richtete er ein zweites Mal gegen Henri, dessen Wand aus Feuer zu gefrieren begann. Ich wagte einen Blick zu Diyar. Seine braunen Haare verfärbten sich weiß und seine Haut wurde blass. Aatamia keuchte und fiel auf die Knie. Henri hatte seine Wand fallen gelassen und war ausgewichen, was Aatamia an Widerstand kostete und sein Eis vollkommen in den Flammen schmelzen ließ.

Decanus lachte. »So schwach«, hörte ich seine Worte in meinen Gedanken. »All deine Krieger sind so schwach.«

Ich streckte Aatamia meine Hand entgegen und half ihm zurück auf die Beine.

»Allein schaffe ich das nicht«, sagte er.

Ich zog meine Finger aus den seinen, legte sie an seine Wange und strich die Tränen beiseite. »Ich helfe dir.«

Aatamia nickte. Ich löste meine Berührung von ihm, stellte mich neben ihn und legte meine Hand an seinen Rücken, dort, wo sein erstes Zeichen lag. Er richtete sein Eis ein drittes Mal gegen Henri, während ich ein Mondleuchten erzeugte und es in Aatamias Körper fließen ließ. Mit ihm gewann seine Gabe an Kraft, Stärke und Macht. Die Kälte seines Eises gegen Henri drang abermals tiefer in meinem Körper. Henri schickte eine Wand aus Feuer auf uns zu, die meinen Schutzschild vollkommen vereinnahmte. Aatamia ließ das Feuer auf dem Schild gefrieren. Eissplitter brachen auf uns ein und ein Stechen der Kälte schoss durch meine Brust. Aatamias besorgter Blick glitt zu mir, spürte er doch meine Schmerzen. Er wusste, ging ich in die Knie, war es zu spät für Diyar, denn starb der Stehler, starb ebenso der Bestohlene. Tötete er Henri, tötete er Diyar.

»Ich vertraue deinem Handeln, Aatamia«, sagte ich.

Ich spürte die Wut, die in ihm wuchs. Henri lachte uns aus und verspottete Aatamia und mich, als ein Bersten durch die Arena zog. Ich sah in die Richtung, aus der ich das Geräusch gehört hatte. Henri bändigte nicht mehr einzig das Element des

Feuers, sondern ebenso das der Erde. Er bewegte die Außenwände, schwächte sie und löste eine Explosion aus. Ich zog einen Schild von höherer Macht vor uns, ehe der Druck der Explosion an uns vorbeirauschte und die restlichen Menschen in der Arena zu Fall brachte. Mit ihr schossen ebenso Erde, Feuer und Dreck auf Aatamia und mich zu. Ich nutzte Decanus' Gabe, um die Teile der Mauer an uns vorbeiziehen zu lassen. Ein Teil des Rauchs zog durch das Loch, das in der Wand klaffte, in die Freiheit. Ebenso bahnten sich Flammen ihren Weg hinaus. In der Dunkelheit der Nacht erkannte ich Blaulichter. Fahrzeuge in Rot und Blau säumten sich vor der Arena, während Menschen in Uniform gekleidet auf das Loch starrten. Der Schweiß der Hitze lag auf ihren Gesichtern. Eines von ihnen traf meinen Blick und erstarrte.

»Geh weg da!«, hörte ich eine Stimme brüllen.

Ein anderer Mann packte den Körper und riss am Stoff der Kleidung, als das Mauerwerk über dem Loch zusammenbrach und beide unter sich begrub.

Ich hörte Henris Lachen in meinen Ohren und wandte mich zu ihm zurück, während das Beben von Aatamias Körper zu mir drang. »Für Diyar«, sagte ich.

Aatamia nickte. »Für Diyar.«

Seine Muskeln spielten unter meiner Hand, während er seine Gabe in sich sammelte. Ich erzeugten ein weiteres Mal ein Mondleuchten an meinem Körper und ließ meine Gabenverstärkung in Aatamia fließen. Er fixierte Henri und ließ seine Gabe los.

Eis schoss in alle Richtungen durch die Arena und Kälte legte sich auf meine Haut und in meine Brust. Henri zog Feuer vor sich, als ihn das Eis traf. Seine Flammen gefroren binnen Sekunden und zerbrachen in abertausende Splitter. Die Kälte in meiner Brust drückte sich auf meine Lunge. Ich schaffte es kaum, einen Atemzug in meinen Körper zu lassen und nahm meine Hand von Aatamia. Er verstand und brach seinen Angriff ab. Henris Haare hatten sich weiß verfärbt, seine Kleidung überzog eine Schicht aus Eis und sein Blick hatte an Kraft verloren, ehe er wie ein instabiles Kartenhaus zusammenbrach. Mein Blick schnellte zu Diyar. Der Schweiß seines Körpers war an ihm festgefroren, Eis zierte die Wunden an seine Brust und seine braunen Haare war schnee-weiß. Decanus' Blick klebte an Henri. Mit dessen fehlender Macht war der Diebstahl von Diyars Körper gewichen. Es wäre ein Fehler, Henri in den Flammen liegen und damit verbrennen zu lassen. Zu groß war seine Macht, zu wertvoll seine Gabe.

»Du hast gut gespielt, meine kleine Maus. Doch kannst du wirklich alle Menschen retten?«, ließ mich Decanus in meinem Gedanken hören. Er verschwand mit Henri, während Diyars Körper auf den Boden der Zuschauerränge fiel.

»Bringe dich in Sicherheit. Ich kümmere mich um Diyar«, sagte ich zu Aatamia.

Sorge lag in seinen Augen. »Ich wünschte, ich hätte eine Wechselblüte für dich.«

Mardono wechselte neben uns. »Ich habe eine.« Er nahm meine Finger und drückte mir eine Blüte in die Hand. »Die Ungezeichneten sind alle raus aus der Arena. Ein paar Krieger haben sich in das Personal hinter Bühne gemischt und sie zu den Ausgängen gelotst, die noch nicht von den Flammen versperrt waren. Ira, Rouven und ich haben uns restlos um die Leute hier drin gekümmert haben. Luke, Sabriel und Aaron habe ich eigenhändig nach draußen verschafft und Sean ist nach einigen Minuten fast unversehrt auch bei ihnen aufgetaucht. Wir vier sind die Einzigen, die noch hier sind.« Seine Hand legte sich an meine Wange. »Beeil dich. Du hast vielleicht noch ein oder zwei Minuten, bevor hier alles zusammenbricht und unter sich begräbt.«

»Ich bringe ihn in unser Kaminzimmer im Turm des Blutmondes.«

»Aatamia und ich werden auf euch warten.«

Das Brechen des Mauerwerks breitete sich in der Halle aus. Mardono und Aatamia verschwanden, während ich zu Diyar wechselte und mich neben ihn kniete. Meine Hände legte ich an seine Wangen. Sie waren eiskalt, doch ich hörte sein Herz sachte in seiner Brust pochen. Ihn in diesem Zustand zu wechseln war für beide von uns lebensgefährlich. Ein weiteres Bersten hallte durch die Arena und ließ mich an deren Decke blicken. Metall fiel und Mauerwerk folgte. Ich schob die Blüte in meinen Mund und wechselte Diyar und mich in den Turm des Blutmondes. Ein Wechsel, der einzig Blüter des jeweiligen Mondes vorbehalten war. Das Stechen der Warnung schoss durch meinen Körper und ich verlor beinahe die Sicht, doch Diyar ließ ich nicht los. Ich legte mich mit ihm auf den Teppich vor dem Kamin, der ein Stück des Steinbodens bedeckte, und drückte seinen Oberkörper gegen den meinen. Meinen Kopf schmiegte ich in seine Halskuhle und meine Finger krallte ich in seinen Haaren fest, als das Lodern des roten Feuers der Monde im offenen Kamin in meine Ohren drang. Mardono und Aatamia wickelten uns in Decken ein, während ich meine Augen schloss und die Wärme meines Mondes sachte in Diyars Körper fließen ließ.

Aatamia rutschte zurück und kauerte sich an eine Wand. »Er sieht so verdammt schlimm.«

Mardono setzte sich neben ihn und zog ihn an sich. »Aber er lebt.«

Ich legte meine Hand an Diyars erstes Zeichen, erzeugte ein Mondleuchten und gab meiner Wärme etwas mehr an Macht. Sein Herzschlag unter meiner Hand verstärkte sich sachte. »Wir schaffen es, Diyar«, flüsterte ich.

ZWEIUND-
ZWANZIG

Ich saß unverschleiert auf dem Sofa in Seans Hotelzimmer und hatte meine Beine angezogen. Mein
Blick starrte aus dem Fenster in die Dunkelheit der
Nacht, während meine Gedanken bei Diyar festhin-
gen. Er saß noch immer vor dem Kamin im Turm des
Blutmondes und wärmte sich am Feuer der Monde
auf. Mardono befand sich bei ihm und ließ nicht davon
ab, ihn mit seiner Wärme als Blüter des Blutmondes
zu versorgen. Ebenso wenig wagte es Aatamia von
Diyars Seite zu weichen, ebenso wie ich mich bei ihm
befunden hatte. Der Drang, zurück an seine Seite zu
kehren, keimte unaufhörlich in mir auf. Doch Ira hatte
mich wissen lassen, dass Sean um meine Anwesenheit
gebeten hatte. Sie und Rouven wachten solange über
Luke, Sabriel und Aaron, die in den Zimmern nebenan
vergebens versuchten, zu schlafen.

Sean setzte sich neben mich. »Alles in Ordnung?«

»Nein«, antwortete ich, ohne seinen Blick zu
erwidern.

Sean zögerte. »Du willst gar nicht hier sein, oder? Sondern bei Diyar.«

»Er benötigt meine Hilfe, nicht einzig als Führung Lunarums und Blüter des Blutmondes, sondern ebenso als Freund an seiner Seite.«

Seans Bedrücktheit und eine Hilflosigkeit schwappten zu mir. »Dann solltest du wieder zu ihm, statt bei mir zu sein. Er braucht dich mehr als ich.«

Ich wandte meinen Blick zu ihm, als ich das Zittern in seinen Händen erkannte. Seine Augen hatten ihren Glanz verloren, seine Haare hingen schlaff in sein Gesicht und seine Körperhaltung war kraftlos und in sich zusammengefallen. Seine Kleidung aus der Arena hatte er gegen nicht mehr als eine lockere Stoffhose und ein weites Oberteil getauscht.

»Du benötigst mich ebenso, Sean«, stellte ich fest.

Ohne meinen Blick zu erwidern, rang er sich ein Lächeln ab, ehe er seine Arme um sich schlang. »Nicht so wie Diyar. Ich habe Zeit, Mera.«

Ich legte meine Hand an sein Bein und ließ etwas von meiner Wärme in seinen Körper fließen.

Sein Lächeln wurde echt. »Ich mag diese Wärme. Danke.«

»Es gibt nichts, wofür du dich zu bedanken hast, Sean«, widersprach ich. »Was beschäftigt deine Gedanken?«

Unbeholfen spielte er mit seinen Fingern. »Was ist in der Arena passiert?«

»Decanus nutzte Henris Gabe, um Diyar anzu-greifen. Aatamia und ebenso ich verhalfen Diyar zum Sieg, doch der Angriff und unser Handeln verletzten ihn schwer.«

»Wie geht es ihm?«

»Er ist geschwächt aber auf dem Weg der Besserung. Mardono und Aatamia sind bei ihm.«

»Das ist gut.« Seans Blick glitt auf seine noch immer spielenden Finger. »Als die Männer aufgetaucht sind, in die Luft gegriffen haben und aus dem Nichts Diyar in ihren Händen hatten, hat sich so ein Stechen in meine Brust gelegt. Als hätten sie mir etwas genommen, das ich gar nicht besitze.«

»Die Monde nutzen ihre besondere Verbindung zu ihren Blütern, um eine Warnung auszusenden. Sie dient dazu, das gefährdete Leben eines Kriegers, dessen Dasein für sie ersatzlos ist, nicht zu übersehen.«

Er erwiderte meinen Blick. »Wie bei meiner Vergiftung?«

»Ebenso bei deinen Zweifeln.«

»Was haben sie mit Diyar gemacht?«

»Henris Gabe ist der Diebstahl anderer Gaben. Er hat Diyar um seine Elementenbändigung bestohlen, dadurch das Feuer in der Arena entstehen und sie zusammenbrechen lassen.«

»Ausgerechnet jemand wie Henri bekommt so eine Gabe«, murmelte Sean verständnislos.

»Die Monde haben niemals eine vollkommene Garantie des Verbleibs eines Vorgezeichneten als einer ihrer Krieger. Sie konnten Henris Werdegang zum Zeitpunkt seiner Vorzeichnung einzig erhoffen.«

»Trotzdem haben sie diese scheiß Gabe vergeben.« Wut und Unverständnis kochten in Sean hoch.

Ich strich mit meinem Daumen über den Stoff seiner Hose, während ich sachte meine Wärme in ihm verstärkte. »Fehler passieren. Wir können sie nicht verhindern, sondern einzig die Konsequenzen dessen abfedern und daraus lernen.«

Sean atmete tief ein, schloss seine Augen und lehnte seinen Körper zurück, ehe er meinen Blick erneut erwiderte. »Was kann man gegen Henris Gabe machen, um sie abzufedern?«

»Um ihm entgegenzuwirken, gilt es ihn in seinem Diebstahl durch eine passende Gegengabe zu besiegen.«

»Bei Diyar sind das Aatamia und du?«

»Aatamia ist es fähig, mit seiner Gabe der Eisbändigung bestohlene Gaben bekämpfen zu können«, bestätigte ich. »Eine bestohlene Gabe ist keineswegs derart stark wie eine Gabe ohne Diebstahl, doch lernte Henri unter mir.«

»Das heißt, er ist gut?«

»Aatamia, Diyar und Henri sind in der Ausführung ihrer Gaben ausgeglichen und besiegen sich kaum in einem Gabenkampf. Henri in seiner Gabenausführung zu bekämpfen, bedeutet beinahe immer meine Verstärkung der Gegengabe als Führung Lunarums. Es ist absolut tödlich bei falscher Anwendung.«

»Gibt es keine Möglichkeit, sich dagegen zu wehren überhaupt bestohlen zu werden?«

»Mit Henris Abtrünnigkeit schafften die Monde die Kunst der Abwehr von Fähigkeiten, doch dank

Henris Gabenmacht zählt sie zu den Höchsten ihrer Künste. Henri weiß es, Momente der Unachtsamkeit für sich zu nutzen und die Ausführung dieser Kunst frühzeitig zu umgehen.«

Seans Blick gewann an Sorge. »Ich will nicht, dass jemand stirbt. Nicht meine Freunde oder du oder Mardono, Diyar oder Aatamia oder sonst irgendjemand.«

»Es steht nicht in deiner Entscheidung.«

Betrübtheit mischte sich zur Sorge hinzu. »Das klingt wenig optimistisch.«

Mardonos Macht der Kunst des Wechsels erfasste mich und Sekunden später erkannte ich mich im Kaminzimmer wieder. Diyars Körper lag auf dem Teppich vor dem Kamin, doch sein Anblick war nicht der, den ich mir erhofft hatte. Seine Haut hatte erneut an Farbe verloren und seine Haare hatten sich ein weiteres Mal weiß verfärbt, während er kaum bei Bewusstsein war. Mardono kniete neben seinem Körper und krallte sich in dessen Armen fest. Ich brauchte ihn nicht zu fragen, um zu wissen, dass er nicht davon abließ, seine Wärme in Diyars Körper fließen zu lassen. Aatamia saß neben Mardono und Diyar. Tränen klebten an seinen Wangen und Verzweiflung, Angst und Hilflosigkeit hatten sich in sein Gesicht eingegraben, während seine zitternden Hände Diyars Körper festhielten.

»Diyar …« Ich ließ mich neben ihn auf die Knie fallen und legte meine Hände an seinen Wangen. Die eisige Kälte, die an seiner Haut klebte, drang zu mir vor und ließen Sorgen um seinen Zustand in mir aufkeimen. »Was ist mit ihm geschehen?«

»Ich habe keine Ahnung. Ihm ging es gut, bis er einfach umgefallen und wieder eiskalt geworden ist«, antwortete Mardono bedrückt. »Mera?«

Ich erwiderte seinen Blick und erstarrte, als ich die Hoffnungslosigkeit in seinen Augen erkannte. »Es steht nicht mehr in deiner Macht, Diyar zu heilen«, schlussfolgerte ich.

Mardono schüttelte kraftlos seinen Kopf. »Genauso wenig, wie er einen Wechsel überleben würde, um ihn zum Fluss zu bringen. Selbst mit Seans Hilfe als Blüter des Vollmondes wird er es nicht schaffen.«

»Wir müssen es doch zumindest versuchen«, flüsterte Aatamia. »Bitte.«

»Das ist lebensgefährlich«, widersprach Mardono.

Aatamia schloss seine Augen und krallte sich in Diyars Kleidung fest. »Ich …«

Seine Schuld schwappte zu mir. Ich hob meine Hand, legte sie an seine Wange und strich einige der Tränen beiseite. »Es ist nicht deine Schuld, Aatamia«, sagte ich.

Er schaffte es nicht, meinen Blick zu erwidern, sondern schloss stattdessen seine Augen, während sich sein Körper unter der Last der Schuld verkrampfte. Mardono legte seinen freien Arm um ihn und zog ihn sachte an sich, während ich spürte, wie er seine Wärme ebenso in Aatamia fließen ließ. Nicht einmal die Härchen seiner Haut stellten sich als Reaktion auf die Wärme auf, derart erschöpft war sein Körper und derart von Schuld belastet sein Geist.

Diyar bewegte sich unter den Berührungen. Ich sah zu ihm und traf seine erkalteten, blauen Augen.

»Mera?«, flüsterte er.

Sachte strich ich über seine Wange. »Ich bin bei dir, Diyar. Wir sind alle bei dir.«

»Diyar …«, flüsterte Aatamia.

Diyar erwiderte dessen Blick und versuchte, zu lächeln. »Hey«, flüsterte er kraftlos, während seine Finger Aatamias Hand suchten. »Danke für alles, Aatamia. Du hast mich zu einem besseren Menschen gemacht.«

»Ich will das nicht hören, Diyar.«

»Du hast immer für mich gekämpft und sogar dein Leben für mich riskiert, weil du mich wie ein Irrer vom Scheiterhaufen geholt hast.«

»Ich würde es jederzeit wieder tun.«

»Ich weiß.«

»Es gibt eine letzte Möglichkeit, dein Leben vor dem Tod zu retten, Diyar«, sagte ich.

»Nein«, widersprach Diyar, während sein Blick zu mir glitt. »Tu dir das nicht an, Mera. Deine Krieger brauchen dich, und die Freunde auch.«

Ein Stechen legte sich in meine Brust, als meine Zuneigung zu Diyar eine Entscheidung traf, die mein Kopf noch nicht realisiert hatte. Ein Zittern legte sich in meine Finger, als Tränen in mir hochdrangen. »Setz ihn auf.«

»Nein, Mera …«, flüsterte Diyar.

»Diyar hat Recht, dass …«, sagte Mardono.

»Es steht nicht in deiner Entscheidung«, unterbrach ich ihn, während ich seinen sorgenvollen

Blick erwiderte.

Mardono schloss seine Augen, ehe er meinen Worten folge leistete, Diyars Körper aufsetzte und ihn gegen seine Brust lehnte.

»Setz dein Leben nicht für mich aufs Spiel. Das ist es nicht wert«, flüsterte Diyar.

Ich sah in seine blauen Augen. »Es steht ebenso wenig in deiner Entscheidung, Diyar.«

Er hob seine zitternden Finger und versuchte, mich zu berühren, doch Kraft und Bewusstsein verloren sich aus seinem Körper, ehe er sein Ziel erreicht hatte.

»Pass auf dich auf, Mera«, flüsterte Mardono, dessen Hand sich an meine Wange legte. »Vergiss nicht, dass Diyar dich mitnehmen muss und, dass du diesmal keine Monde hast, die an deiner Seite stehen.«

»Es steht in meinem Wissen.« Ich lehnte meine Stirn an Diyars und erzeugte ein Mondleuchten auf all meinen Zeichen. »Ich bin bei dir, Diyar.«

Das Stechen schoss durch meinen Brustkorb und sammelte sich an meinem Herzen. Es war eine Warnung der Monde, doch nicht für Diyars Rettung. Sein Dasein mag von Bedeutung für die Monde sein, doch stand mein Leben über seinem.

Die Berührungen verblassten. Kälte schoss durch meinen Körper und brannte in meiner Lunge. Ich keuchte und versuchte, Luft in mich zu lassen, doch kaum einen Atemzug schaffte ich. Ich wollte mich auf hieven, als ich dieselbe Kälte unter meinen Fingern spürte. Sie fror mich ein.

Nicht mehr als eine Dunkelheit erstreckte sich vor mir. Einzig ein weit entferntes Flackern, das auf einem Berg zu sein schien, stach in meine Augen. Es war das Flackern eines Feuers, das die Hoffnung auf Flucht in mir aufkeimen ließ.

»Das hat sie nicht gemacht«, hörte ich Diyars Stimme unweit von mir fluchen. »Mera?«, rief er. »Mera? Wo bist du?«

»Ich bin hier«, wollte ich antworten, doch die Kälte ließ mich nicht ein Wort sprechen.

Ein weiteres Flackern von Feuer drang zu mir vor. Es bewegte sich kaum einige Meter von mir entfernt und schien nach etwas zu suchen. Je näher es kam, je besser erkannte ich, dass das Flackern auf einem Körper zu liegen und den Linien und Zeichen eines Kriegers der Monde zu folgen schien. Ich wusste, es war Diyar und wollte meine Hand nach ihm ausstrecken, doch jeder einzelne, meiner Muskeln war erstarrt und wie eingefroren vom Eis.

»Warum zur Hölle hat sie das gemacht?«, fluchte Diyar. Das Flackern blieb stehen, ehe es sich verstärkte. »Wo bist du?«

Ich wollte ebenso ein Feuer auf die Linien meiner Zeichen ziehen, doch mehr als ein wenig erkenntliches Flackern, das kaum einige Sekunden standhielt, schaffte ich nicht. Von meinem Versuch des Hilferufs angestachelt, schoss die Kälte durch meinen Körper zu meinem Herz und ließ mich keuchen. Absolute Stille legte sich für Sekunden um mich, bevor ich das besorgte und schnelle Stapfen von Schritten durch Schnee näher zu mir kommen hörte.

»Mera. Da bist du ja.« Diyar kniete sich vor mich, legte seine Hände an meine Wangen und spendete mir die Wärme seines Feuers, die mich wieder etwas Kraft gewinnen ließ. »Was hast du an meinen Worten im Turm nicht verstanden?«

Ein Lächeln huschte über meine Lippen, während ich seine Finger griff. »Du bist es mir wert, für dich zu kämpfen, selbst wenn es mein Leben kosten könnte.«

Tränen glänzten in seinen Augen. »Ich fühle mich geehrt, aber das einfach nur dumm. Ich bin quasi tot, Mera.«

»Noch bist du es nicht, Diyar«, widersprach ich.

»Dann lass mich für uns kämpfen.«

Diyar löste seine Hände von mir und griff an meine nackten Füße, wo sich eine Kette aus Eis um meine Knöchel gewickelt hatte. Er verstärkte das Feuer an den Zeichen seiner Hände, ehe er mit seinen Fingern die Fesseln umschloss.

»Bis du zu mir gekommen bist, hatte dich diese Ketten auch. Aber meine Kraft hat nicht mehr gereicht, um sie zu schmelzen.« Sein Blick glitt an mir hinauf. »Und du bist genauso beschissen und absolut ungeeignet für die Kälte gekleidet.«

Die Hitze von geschmolzenem Wasser drang an meine Haut, während Dampf unter Diyars Händen emporstieg, als seine warmen Finger an die Haut meiner Füße drang.

»Das wäre schon mal geschafft.« Diyar legte einen Arm um meine Taille und einen unter meine Kniekehlen legte, ehe er mit mir aufstand.

»Diyar …«

»Keine Widerrede«, unterbrach er mich. »Du fängst gerade meine Schmerzen ab und ich bezweifle, dass du mehr als ein paar Schritte gehen kannst. Und so kann ich dich am besten mit meinem Feuer versorgen.«

»In Ordnung«, gab ich nach, ehe ich meinen Kopf an seine Brust fallen ließ und seinem kräftigen Herzschlag lauschte.

Er erwiderte meinen Blick und lächelte sachte. »So gefällst du mir schon besser.«

Ich legte meine Hand an seine Brust. »Bring uns zu Feuer.«

»Ich werde uns wechseln. Das ist der schnellste Weg.«

Mit seinen Worten schoss die Kälte ein weiteres Mal durch meinen Körper und vertrieb Diyars Wärme beinahe restlos aus mir. Wind streifte um uns und Schneeflocken fielen auf meinen Körper, die sich immer dichter aneinanderreihten.

»Scheiße«, fluchte Diyar, dessen Flammen an seinen Zeichen um ihre Kraft kämpfen.

Er versuchte, unsere Körper zu wechseln, doch statt bei dem Flackern des Feuers in weiter Ferne zu landen, brach er mit mir auf die Knie. Ohne mich loszulassen, hievte er sich wieder auf und krallte sich in meiner Kleidung fest.

»Dann laufen wir halt doch«, sagte er gepresst, während ich spürte, wie er sich in Bewegung setzte.

»Diyar«, flüsterte ich.

»Denk nicht mal daran, dass ich dich hier zurücklasse, nur um mehr Kraft für mich selbst zu haben.

Entweder wir beide überleben das oder keiner von uns.«

Mein Blick klebte an seinem verbissenen und entschlossenen Gesicht, das das Flackern fixierte. Mit jedem Schritt mehr spürte ich, wie die Kraft aus Diyars Körper wich. Nicht, weil ihn die Schmerzen von Aatamias Eis erneut heimsuchten, sondern, weil seine Füße immer tiefer im Schnee einsackten und, weil der Wind immer heftiger gegen unsere Körper peitschte.

»Du bist mir noch eine Antwort schuldig«, sagte Diyar.

»Auf welche Frage?«, flüsterte ich.

»Warum bist du hierher?«

»Niemals verließ ich deine Seite, selbst in Situationen des Todes nicht.«

Diyar schluckte die Tränen, die in ihm aufkeimten hinunter. »Ich habe dich so verdammt oft mit meinem Verhalten in Gefahr gebracht. Jedes Mal, wenn ich mich aufgegeben habe, bist du mir blind nachgesprungen.«

»Jeder Sprung war es wert.«

»Jeder Sprung war verdammt gefährlich und irgendwo auch einfach nur dumm.«

»Du sprangst mir ebenso in den Fluss nach, Diyar.«

Eine Träne löste sich aus seinen Augen. »Mit dem Unterschied, dass ich gewusst habe, dass ich wieder lebend rauskomme. Du wärst damals mit mir fast ertrunken, hätten die Monde sich nicht erbarmt und mir meine Gabe der Elementenbändigung geschenkt, damit wir beide unter Wasser atmen können.«

»Du warst damals ebenso verzweifelt wie ich vor wenigen Tagen.«

»Weil ich nur das gesehen habe, was ihr mir genommen habt, statt das zu sehen, was ihr mir schenken wolltet.«

Ich hob meine zitternde Hand und wollte sie an seine Wange legen, doch nicht mehr als mit meinen Fingerspitzen die Träne wegzuwischen, schaffte ich.

»Lass das, Mera«, flüsterte Diyar. »Du hast schon kaum Kraft, spar sie dir lieber auf.«

Ich ließ meine Finger zurück an seine Brust gleiten und fühlte nach dem Pochen seines Herzens.

Diyar nahm seinen Blick von mir und blieb stehen, ehe seine Augen nach oben sahen. »Scheiße«, fluchte er. »Wir müssen klettern.«

»Mit mir als dein Ballast wirst du es nicht schaffen, Diyar«, flüsterte ich.

»Ich muss nur etwas finden, um dich an mir zu sichern.«

»Das Eis wird dir kaum eine Möglichkeit schenken.«

Diyar presste seine Kiefer aufeinander, ehe sich Tränen der Wut und der Verzweiflung aus seinen Augen lösten. »Ich lasse dich hier verdammt nochmal nicht zurück.«

»Du musst«, widersprach ich.

»Nein.« Er kniete sich in den Schnee, setzte mich ab und lehnte mich gegen die Felswand. »Entweder wir beide oder keiner. Daran ändere ich nichts.« Seine Hand strich sachte über meine Wange. »Ich bin gleich wieder da.«

Er hob sich hoch und entfernte sich einige Meter von mir. Wenngleich das Flackern seiner Flammen auf seinen Zeichen geschwächt war, zeigte es mir unaufhörlich seine Bewegungen. Mit jedem Meter mehr, den er ging, erkannte ich Schneehaufen, die sich neben ihn auftürmten. Vage erkannte ich die Form von Bäumen darunter, während ich bemerkte, wie die Kälte immer tiefer in mich eindrang. Ich atmete so flach ich konnte, um nicht ebenso die Kälte der Luft in mich zu lassen.

Mit einigen Ästen in den Händen kehrte er zu mir zurück und setzte sich neben mich. Er türmte sie auf und ließ die Flammen an seinen Zeichen auf das Holz gleiten, das kaum einige Sekunden brauchte, um sich zu entzünden. Das Feuer, das sich um das Holz schmiegte, mochte schwach sein, doch das Knistern war eine Wohltat in meinen Ohren.

Diyar setzte sich in meinen Rücken, schlang seine Arme um mich und zog mich an sich, ehe er unsere Finger ineinander verschränkte. Ich lehnte meinen Kopf gegen den seinen, ohne meinen Blick von der schwachen Flamme zu lösen.

»Ich hätte nie gedacht, mit dir an meiner Seite zu sterben«, sagte Diyar, während er seine Wange an die meine schmiegte. »Ich bin davon ausgegangen, einfach gar nicht zu sterben, nachdem ihr mich so oft vor dem Tod bewahrt habt.«

»Jedes Leben versiegt bei Zeiten im Tod«, flüsterte ich, als eine Wärme zu mir vordrang. Es war nicht irgendeine Wärme. Es war Mardonos Wärme, die versuchte, gegen die Kälte in meinem Körper zu

kämpfen und mir meine verlorene Kraft zurück-
zubringen.

»Auch wenn es bei uns länger gedauert hat«,
sagte Diyar.

Mardonos Wärme sammelte sich an meinem
Herzen und zog sachte in meine Arme und Beine.
Das Gefühl in meinen Fingern und Zehnen kehrte
zurück, als die Kälte nachzugeben begann. Freude
und Hoffnung schwappten in mir hoch. Ich zog
meine Hände aus Diyars Berührungen und starrte
auf meine Finger, aus denen das Blau der Kälte wich.

»Dieser Idiot«, murmelte Diyar.

Ein Lächeln legte sich auf meine Lippen. »Es ist
Mardono. Seine Wärme kämpft gegen Aatamias
Kälte.«

»Ich weiß. Mir ist das auch passiert, als du mir
deine Wärme gegeben hast. Sie hat mir geholfen,
gegen die Kälte anzukommen. Aber Mardono ist
nicht so stark und mächtig wie du, Mera. Deswegen
hast du seine Wärme für mich vorhin auch nicht
gespürt, weil sie nicht mehr gereicht hat, mir zu
helfen.«

Mein Lächeln versiegte, ehe ich meine Hände
ballte. »Ich verließ deine Seite für Seans Bedürfnis
nach mir, ohne zu wissen, dass Mardono dir kaum
helfen kann.«

»Sieh mich an, Mera.«

Ich folgte seinen Worten und sah in seine blauen
Augen.

»Das konntest du nicht wissen und noch weniger
ahnen. Als du weg zu Sean bist, dachten wir alle, ich

hätte es überstanden und müsste mich nur noch ein bisschen aufwärmen.« Er stand auf und hob mich sachte aber bestimmt ebenso auf die Beine. »Lass uns klettern, Mera. Ich bezweifle, dass Mardono lange genug so viel Kraft hat, uns zu helfen.«

»In Ordnung«, stimmte ich zu, ehe ich meine Hand an seine Wange legte. »Sollte ich es nicht schaffen, lass mich zurück.«

»Nein«, widersprach Diyar. »Weil wir beide es schaffen werden.« Er wandte sich ab und setzte seine Griffe an der Felswand an. »Komm, bevor Mardono die Kraft ausgeht.«

Ich folgte ihm, suchte an der Felswand Halt und zog mich Meter um Meter in die Höhe. Die Kälte des Eises unter meinen Finger versuchte mit jedem Griff, in mich einzudringen, doch Mardonos Wärme ließ sie nicht. Er kämpfte für Diyar, doch vor allem kämpfte er für mich. Er wollte mich nicht verlieren, denn sein ganzes Leben kannte er kaum etwas anderes als für mich zu kämpfen, für mich da zu sein und die Zeit mit mir zu genießen. Ebenso ähnlich erging es mir. Ein Leben ohne ihn vermochte ich mir kaum vorzustellen.

»Nimm meine Hand«, hörte ich Diyars Stimme über mir.

Er hatte die Felswand erklommen, lehnte sich über die Kante und streckte mir seinen Arm entgegen. Kaum ein Meter trennte mich von seiner Hand. Ich wagte einen letzten Griff, um mich näher zu ihm zu ziehen, ehe ich seine Finger griff. Er zog mich über die Felskante, schlang seine Arme um mich und hievte mich auf die Beine. Mit mir steuerte er auf das Flackern zu, das nicht mehr als ein in zwei Meter Höhe schwebendes Feuer war.

Diyar stellte uns unter die Flammen, drückte mich sachte an seinen Körper und krallte seine Hand in meinen Haaren fest. »Wir haben es geschafft, Mera«, flüsterte er neben meinem Ohr.

Die Flammen legten sich auf uns, ehe das Knistern von brennendem Holz in meine Ohren drang. Ich spürte Diyars Gesicht und sein Lächeln unter meinen Händen. Tränen der Freude und der Erleichterung drangen aus meinen Augen auf meine Wangen. Ich nahm meine Hände aus Diyars Gesicht und zog ihn in eine Umarmung.

»Na endlich«, hörte ich Aatamias Stimme.

Mardonos Wärme war nicht von mir gewichen, doch ihre Kraft ließ nach. Ich suchte nach seinem Blick und traf seine braunen und verweinten aber glücklichen Augen.

»Ich danke dir für deine Hilfe«, sagte ich. »Sie rettete unser Leben.«

»Ich hätte es mir nie verzeihen können, nicht zumindest zu versuchen, euch zu helfen«, antwortete Mardono kraftlos aber mit einem Lächeln auf den Lippen.

DREIUND-
ZWANZIG

Mardono und ich befanden uns verschleiert bei den Freunden, die mit Benjamin in
einem Separee ihres Hotels saßen und versuchten,
zu frühstücken. Ringe gruben sich unter ihre Augen
und Blässe lag in ihren Gesichtern.

»Sie sehen nicht gut aus«, murmelte Mardono.
Einzig ich hörte seine Worte.

Ich sah zu ihm. Ebenso er war gezeichnet von
der vergangenen Nacht, denn seine Hilfe für Diyar
und mich hatte ihn enorme Kraft gekostet. Nicht
eine Sekunde nach unserer Rückkehr aus der Zwischenebene waren er und Aatamia von unserer
Seite gewichen. Ineinander verschlungen hatten
wir stundenlang vor dem roten Feuer der Monde
im Kamin des Turmzimmers gesessen und in die
Flammen gestarrt. Jede Sekunde beieinander hatten
wir genossen, während wir versuchten, die Bilder
des vergangenen Angriffs zu realisieren, zu verstehen und zu verarbeiten. Wir hatten es kaum

geschafft, ehe Ira und Rouven uns die Nachricht übermittelten, dass die Freunde aufgestanden waren und sich für den Tag vorbereiteten.

Ich lächelte liebevoll aber schwach, als Mardono meinen Blick erwiderte. »Decanus bringt nicht einzig uns an unsere Grenzen.«

Mardono löste seine verschränkten Arme, legte einen um mich und zog mich an sich, ehe er einen Kuss in meine Haare drückte. »Er hat so verdammt viel mit den Vieren gegen uns geschafft. Er hinterlässt Spuren, die keiner von uns für möglich gehalten hat.«

Mein Blick glitt zurück zu den Freunden, die trostlos auf ihre gefüllten Teller starrten.

Benjamin lehnte sich zurück, stützte eine Hand auf der Lehne seines Stuhls ab und rieb sein Kinn. »Die Polizei hat mit mir gesprochen. Sie wollen später noch mit euch reden.«

Luke legte den Löffel für sein Porridge beiseite, ohne einzig einen Bissen davon gegessen zu haben. »Gibt es schon Details zu gestern Nacht?«

Benjamin erwiderte dessen Blick. »Bisher gibt es nur zwei bekannte Tote unter den Helfern, die nach den ersten Einstürzen unter den Trümmern begraben worden sind. Ob und wie viele in der Arena gestorben sind, weiß man noch nicht, weil das Feuer immer noch brennt. Das, was gelöscht ist, zeigt nur noch einen einzigen Trümmerhaufen, der von der Arena übriggeblieben ist. Die Polizei kann Personal und Besucher deswegen gerade nur anhand ihrer Zutrittsrechte verifizieren. Für den Rest, der begraben ist, haben sie schon Spürhunde organisiert. Bisher scheint es aber, dass kaum einer in den Flammen gestorben ist, dank irgendeiner … übernatürlichen Macht, die mich auch nach draußen gebracht hat. Und ich bin nicht der Einzige, der plötzlich unter freiem Himmel gestanden hat.« Er hielt inne und sah zu Sean. »Von den Männern, die dich irgendwie aus dem Backstagebereich geschafft haben, fehlt bisher jede Spur. Es ist wie bei eurem Auftritt in London. Wir haben Überwachungsmaterial aber die Männer scheinen nicht zu existieren. Zumindest nicht in den polizeilichen Systemen, weder hier in Deutschland noch in Großbritannien. Nur Henri Adelsheim ist wieder aufgetaucht und trotz internationaler Fahndung und nicht gerade kleinem, polizeilichem Aufgebot durch sämtliche Sicherheitsvorkehrungen in die Arena gekommen.«

»Adalar hat ihn unter die Kellner gemischt«, schlussfolgerte Mardono. »Er ist der Einzige, der sich gut genug mit der modernen Technik auskennt, um das zustande zu bekommen.«

»Nichts anderes ergibt Sinn«, stimmte ich ihm zu.

Ein Mann betrat den Raum und sah zu Benjamin. »Mr Cunningham?« Seine Stimme trug einen deutschen Akzent.

Benjamin stand auf, folgte ihm und verließ den Raum.

Luke lehnte sich gegen seinen Stuhl und raufte sich seine Haare. »Das ist so beschissen aus dem Ruder gelaufen.«

»Beschissen ist noch untertrieben.« Aaron starrte auf die Müslischale vor ihm, die ebenso wie Lukes, mit Porridge und Früchten gefüllt war. »Es kann mir keiner vormachen, dass das noch ein normaler Brand war. Der Rauch hat sich wie eine schwarze Säule in den Himmel gegraben, während die Arena in sich zusammengefallen ist wie ein scheiß brennendes Kartenhaus. Einfach so.«

Benjamin kehrte zurück und setzte sich auf seinen Stuhl. »Ihr werdet rausgeschmissen. Sasso Backs weiß über den Stand der polizeilichen Ermittlungen Bescheid und möchte mit euch offiziell nichts mehr zu tun haben.«

»Das klingt, als würde er uns die Schuld geben«, sagte Luke.

»In gewisser Weise, dank den Verbindungen zu eurem Auftaktkonzert in London.«

»Dieses Arsch…«

»Kenneth hat mich heute Morgen auch schon angerufen«, unterbrach Benjamin ihn. »Ich konnte ihn davon überzeugen, die Tournee erstmal abzubrechen und euch zurück nach London zu bringen. Er hat eingewilligt unter der Bedingung, ein persönliches Gespräch mit euch zu führen. Ich bin noch dabei, ihn davon zu überzeugen, dass ich bei dem Gespräch anwesend sein darf, und James als mein Chef, Mentor und guter Freund von Kenneth auch.«

Luke nahm das Messer neben seiner Schale und trommelte damit auf den Holztisch. »Es sagt doch schon alles, dass du ihn überhaupt erst davon überzeugen musstest, unsere Tournee abbrechen zu dürfen. Es ist kein Stück besser als Backs.«

Sabriel schob seinen Stuhl zurück, stand auf und verließ den Raum, ohne ein Wort zu sagen. Luke sah ihm nach, ehe er ihm folgte, ebenso wie Sean und Aaron. Mardono und ich blieben bei den Freunden und erreichten kaum Minuten später Sabriels Hotelzimmer. Er war in der Mitte des Raumes stehen geblieben und starrte aus dem Fenster.

Luke stellte sich vor ihn und legte seine Hände an dessen Arme. »Sieh da verdammt nochmal nicht hin, Sabriel. Das macht es auch nicht besser.«

Aaron blieb kaum zwei Meter in Sabriels Rücken stehen und sah ebenso aus dem Fenster. »Heilige Scheiße«, murmelte er. »Man sieht den verdammten Rauch ja immer noch.«

Sabriels Blick glitt zu Mardono und mir, ohne dass er uns sah. »Wie zur Hölle könnt ihr noch so stark sein?«

Aatamia und Diyar wechselten zu uns. Ihre Gestalten waren ebenso verschleiert. Während Mardono und ich zu den Freunden zurückgekehrt waren, hatten sie sich die Zeit in der Bibliothek der Burg Lunarums vertrieben. Sie hatten nach Antworten suchen wollen, warum Aatamias Kälte nicht vollkommen von Diyar gelassen hatte.

»Wir haben eine Schrift gefunden, die mir absolut nicht gefällt.« Aatamia ließ seine Worte einzig uns hören.

»Was steht drin?«, fragte Mardono.

»Anscheinend hat Henri die Ausprägungen seiner Gabe soweit erweitert, dass er seine Verbindung zu Diyar trotz seiner Niederlage in der Arena nicht vollständig losgelassen hat. Das hätte ihm und Decanus die Möglichkeit gegeben, die Kälte in seinem Körper und damit auch in Diyar länger zu belassen, als wir es für möglich gehalten hätten.«

Diyar erwiderte meinen Blick. »Henri muss über die Verbindung im Diebstahl gespürt haben, wann du deine Wärme von mir gelassen hat. Er hat wahrscheinlich den Moment genutzt, um mich in der Kälte so weit erfrieren zu lassen, dass er selbst gerade noch überlebt«, ergänzte er.

»Damit könnte Henri einen Weg gefunden haben, den Bestohlenen sterben zu lassen, ohne als Stehler selbst sterben zu müssen«, sagte Mardono. »Wenn das stimmt, macht ihn das gefährlicher als Decanus.«

Diyars, von der vergangenen Nacht gebeutelter, Blick glitt über uns. »Wollen wir ein bisschen schwimmen? Wie früher?«

»Wie früher«, murmelte Aatamia. »Das Jahr, in dem wir hier geschwommen sind, ist näher an der Geburt meines dreihundertsten Kindes als an meiner eigenen.«

Ein Lächeln huschte über meine Lippen. »Ich schwimme gern mit dir, Diyar.«

Ira und Rouven wechselten verschleiert zu uns. Sie hatten ihre Kunst des Hörens nicht von uns gelassen, während sie auf der Lichtung Lunarums trainiert hatten. Sie wussten, wie sehr die letzte Nacht an Mardono, Aatamia, Diyar und mir gezerrt hatte. Immer wieder hatten sie über den Ruf und die Kunst des Spürens nach unserem Zustand gehorcht und uns über die Freunde am Laufenden gehalten.

»Wir übernehmen die Wache«, sagte Ira. »Ihr braucht ein bisschen Erfrischung.«

»Ich danke euch«, gab ich zurück.

Rouven erwiderte mein Lächeln. »Lasst euch Zeit.«

Aatamia lächelte ebenso. »Was würden wir nur ohne euch machen?«

Iras Wechsel legte sich um uns und kaum Sekunden später erkannte ich mich mit Mardono, Aatamia und Diyar auf dieser einen Brücke wieder.

»Immer noch im Hotel dumm rumstehen«, ließ uns Ira über den Ruf hören.

Mardonos Blick über die Brücke. »Dieselbe Brücke wie damals.«

»Alles andere kommt mir nicht in die Tüte«, erwiderte Ira.

Ich schmunzelte, während ebenso ich die Brücke betrachtete. Nicht mehr als die Steine, die in ihr verbaut worden sind, waren zu sehen. Ich kletterte über das Geländer und sah zu Mardono, Aatamia und Diyar.

»Das ist eine gute Idee.« Aatamia und Diyar folgten mir und sprangen furchtlos in den Fluss unter uns.

Mardono kletterte auf meine Seite. »Bereit?«

Ich erwiderte seinen Blick, ehe ich mich vom Geländer abdrückte und mich zu Aatamia und Diyar in den Fluss fallen ließ. Die Kühle des Wassers drang auf meine Haut, während ich mich von der Strömung umspülen ließ. Der Fluss war derart von Dreck durchzogen, dass eine Sicht beinahe unmöglich war. Ich erzeugte ein Mondleuchten und gab mir so die Möglichkeit, zumindest einen Meter zu sehen. Dank der Kunst der Gestaltenverschleierung war mein Mondleuchten weder für die Augen Ungezeichneter noch für die Augen Gezeichneter, ohne diese Kunst in ihren Fähigkeiten, sichtbar. Ich tauchte hinab zum Flussboden und ließ den Grund durch meine Finger gleiten. Die Wellen eines Bootes über mir drängten mich zurück, doch Mardono fing mich auf. Ich sah zu ihm und erkannte das beinahe unbeschwerte Lächeln auf seinen Lippen. Er nahm meine Hand und schwamm mit mir stromabwärts.

Jahrhunderte waren seit unserem Besuch in diesem Fluss vergangen. Damals war es unsere einzige Intention gewesen, das Blut von unseren Körpern zu waschen, doch der Fluss hatte uns etwas gegeben, das wir zu lange nicht mehr gespürt hatten. Es waren Ruhe und ein Gefühl der Geborgenheit.

Aatamia und Diyar, die ihr Mondleuchten ebenso auf ihren Zeichen tänzeln ließen, schwammen zu uns. Ich mochte den Anblick des Leuchtens in den Farben aller Monde, bezeugte es die Verbundenheit zu ihnen doch am deutlichsten.

»Wollen wir ein kleines Wettrennen machen?«, fragte Aatamia über die Kunst des Rufs. Seine ebenso wachsende Unbeschwertheit schwappte zu mir.

Ohne eine Antwort abzuwarten, wandte er sich ab und schwamm von uns weg. In seinem Leben als Gezeichneter unter den Ungezeichneten verdiente er sein Geld in regelmäßigen Abständen als Sportschwimmer.

»So ist das nur nicht wirklich ein faires Wettrennen«, erwiderte Mardono, der sich von mir löste und Aatamia folgte.

Mardono war weniger ein Schwimmer, doch er wusste, wie er seine Kraft im Wasser zu nutzen hatte. Diyar befand sich in einem seiner Elemente, ebenso er folgte Aatamia ohne weitere Aufforderung. Ich schwamm ihnen nach, doch sie hingen mich ab. Als meine Lunge nach Luft verlangte, ließ ich meinen Blick zur Wasseroberfläche gleiten. Erneut befand sich ein Boot über meinem Kopf, dessen Bewegungen verhinderten, dass ich nach oben schwimmen und Luft schnappen konnte. Diyar hatte meine Lage über seine Verbindung zu den Elementen bemerkt. Er schwamm zu mir zurück, legte einen Arm um mich und ließ Luft in meinen Körper fließen. Ich mochte seine Gabe der Elementenbändigung als Führung Lunarums beherrschen, doch nicht jeden Teil hatte ich erlernt. Ich sah in die Richtung, aus der er gekommen war und erkannte nicht eine Spur von Mardono oder Aatamia.

Diyars Lachen drang zu mir vor, ehe er mir seinen Rücken zuwandte. »Halt dich fest«, ließ er mich in meinen Gedanken hören. »Wir holen die Beiden schneller ein, als du sie rufen könntest.«

Ich legte meine Arme um seinen Oberkörper und krallte mich in seiner Kleidung fest. Er ließ die Macht seiner Gabe spielen, als das Wasser an uns vorbeirauschte. In der Ferne erkannte ich die Umrisse von Mardono und Aatamia, die kaum Sekunden später zu Gestalten wurden. Diyar blieb bei ihnen stehen, ehe er mit mir an die Wasseroberfläche auftauchte. Mardono und Aatamia folgten uns.

Aatamia kniff seine Augen zusammen. »Ihr zwei habt geschummelt.«

»Fordere einen Bändiger der Elemente nicht im Wasser heraus, wenn du nicht willst, dass er schummeln könnte«, erwiderte Diyar mit einem Schmunzeln auf den Lippen.

»Ich kann noch so oft trainieren, aber dich werde ich im Wasser nie einholen.«

»Das werde ich schon gar nicht zulassen.«

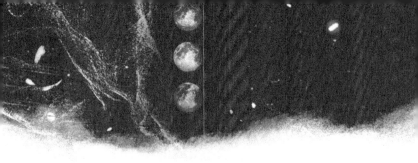

VIERUND-
ZWANZIG

Gemeinsam mit Mardono saß ich verschleiert auf einem Sofa im Privatflugzeug der Freunde. Er hatte seinen Arm um mich gelegt und ließ mich an seiner Schulter anlehnen, während Sabriels Worte durch meinen Kopf schwirrten. Ich wusste nicht, wie ich noch stark sein konnte. Ich wusste, einen Teil meiner Kraft und meiner Stärke nahm ich von Mardono und Aatamia. Unsere Verbindung war das, was mich am Leben gehalten hatte und immer noch hielt. Mardono hatte den Bruch des Blutmondes und damit den Bruch aller Monde abgewehrt, denn er hatte meinen Bruch abgewehrt.

Er zog mich fester an sich. »Ich bin doch bei dir«, flüsterte er neben meinem Ohr. Einzig mich ließ er seine Worte hören.

Mardono kannte mich und meine Verhaltensmuster zu gut und wusste, wann ich welche Gedanken in mir hegte. Zu oft ließ ich ihn abblitzen, denn ich wollte keine Aufmerksamkeit, keine Sorge, kein Mitleid und keine Hilfe. Ich wollte den Schmerz in mir spüren. Ich wollte wissen, ob ich noch lebte und, ob ich dieses Leben noch verdiente.

»Ich bin doch bei dir«, flüsterte Mardono ein weiteres Mal.

Ich konzentrierte mich auf seine Berührungen an mir, während das Prasseln des Regens gegen die Fenster des Flugzeuges Ruhe in meinem Körper brachte. Ich erwiderte seinen Blick und sah die Sicherheit und die Liebe in seinen braunen Augen, die ich derart einzig von ihm kannte. Er lächelte, legte seine Hand an meine Wange und ließ seine Wärme in mich dringen. Sachte erfüllte sie jeden Zentimeter meines Körpers.

»Ich bin immer für dich da«, flüsterte er.

Ein Lächeln huschte über meine Lippen. Ich nahm seine Hand und legte sie in meinen Schoß, während ich unsere Finger ineinander verschränkte.

»Ich hasse es, bei Gewitter zu fliegen«, murmelte Sabriel, als das Grollen von Donner durch die Luft hallte.

»Wir haben es fast geschafft«, erwiderte Luke.

»Das ändert nichts daran, dass mein Magen das Wetter nicht lustig findet.«

Ich hörte, wie Luke aufstand und in einer Tasche kramte. »Hier. Nimm eine, bevor du dich noch übergibst«, sagte er, ehe er sich wieder setzte.

Sabriel atmete tief ein. »Danke.«

»Weißt du, wie das Wetter in London ist, Ben?«, fragte Sean.

»Nicht sonnig, aber ruhiger als hier«, antwortete

Benjamin.

»Zum Glück. Meine Toleranz auch noch durchstarten zu müssen, ist nicht gerade hoch«, murmelte Sabriel.

Für wenige Sekunden verlor mein Körper den Boden des Flugzeuges unter sich. Mardono krallte sich an mir fest, während ich meinen Blick zu den Freunden gleiten ließ. Sie saßen neben uns, doch ihre Sitze versperrten mir die Sicht.

»Was war das?«, fragte Sabriel beunruhigt.

»Wahrscheinlich ein Luftloch wegen Fallböen. Nicht ungewöhnlich bei Gewittern«, antwortete Aaron.

»Ich bin bei Sabriel. Ich mag es auch nicht, bei Gewitter zu fliegen«, murmelte Mardono.

Ein Blitz erleuchtete die Kabine des Flugzeuges für etliche Sekunden. Ich lauschte erneut dem Prasseln des Regens, als mich ein Rauschen stutzig werden ließ und die Macht von Decanus' Gabe zu mir schwappte. Ich löste mich aus Mardonos Berührungen und stand auf. Mein Blick glitt zu den Freunden. Sean saß am Durchgang, am Fenster neben ihm war Aaron und ihm gegenüber Luke, an dessen Seite sich Sabriel befand. Benjamin saß auf der anderen Seite des Durchgangs.

Mardono stand ebenso auf und legte seine Hand an meine Schulter. »Mera? Alles in Ordnung?«, fragte er, ehe er innehielt. »Das war kein Luftloch.«

Das Flugzeug flog eine Kurve und mein Blick glitt aus einem der Fenster neben Benjamin. Lichter stachen zwischen den Wolken hervor.

»Das ist ein zweites Flugzeug«, schlussfolgerte Mardono. »Mit mindestens Decanus.«

Sean sah aus dem Fenster. »Sollten wir nicht noch geradeaus fliegen?«

Aaron runzelte seine Stirn. »Nicht nur das, wir sinken auch.«

»Vielleicht ist das eine Warteschleife. Ich frage mal im Cockpit nach«, sagte Benjamin, während er aufstand.

Ich löste meine Verschleierung und Mardono folgte mir.

»Das kann nicht wahr sein«, murmelte Luke.

Sabriel erstarrte, als er uns sah. »Das ist ein Angriff. Deswegen fliegen wir eine Kurve und deswegen sinken wir«, schlussfolgerte er.

»Decanus befindet sich in einem Flugzeug neben diesem. Seine Gabe simulierte das Luftloch«, stimmte ich zu.

»Du schon wieder.« Benjamin starrte auf mich. »Du warst in der Arena und um dich und deinen ... Freund hat dieser Feuerkreis gebrannt.« Sein Blick glitt auf meine Handrücken. »Drei Kreise, die sich überlappen. Sean ...«

»Sie sind die Guten«, unterbrach Sean ihn. Er stand auf und legte seine Hand an Benjamins Arm. »Sie gehören zu uns.«

»Woher willst du das wissen?«

»Sehen die beiden wie die fünf Männer aus, die uns in London angegriffen haben?«

»Das hat nichts zu bedeuten.«

»Wir sind noch über dem Meer und wir sinken immer weiter«, sagte Aaron.

Ich folgte seinem Blick aus dem Fenster. Das

Flugzeug der Freunde hatte durch den Sinkflug die Wolkendecke durchbrochen und steuerte auf das Meer unter ihm zu.

»Er will die Aufmerksamkeit, die er sowieso schon auf uns gerichtet hat, weiter ausbauen und lässt unser Eingreifen immer mehr zu einer Gratwanderung werden«, sagte Mardono.

»Welche Gratwanderung?«, fragte Sean.

»Durch eure Rettung ziehen wir die Aufmerksamkeit der Ungezeichneten auf uns, doch retten wir euch nicht, riskieren wir Decanus' Fortschritt in seiner Machtergreifung«, antwortete ich.

»Egal, welchen Weg wir nehmen, die Monde gehen nicht ohne Schaden aus der Sache raus«, ergänzte Mardono.

»Das klingt, als würdet ihr es in Erwägung ziehen, uns sterben lassen, damit die Monde überleben«, sagte Luke.

Ich erwiderte seinen Blick und ein Gefühl der Zuneigung schwappte in mir hoch. »Niemals.«

»Wie sicher bist du dir, dass die Beiden die Guten sind?«, fragte Benjamin. Sein Blick klebte noch immer an mir.

»Ihre Leute haben die Menschen aus der Arena geholt«, antwortete Sean. »Sie haben dich aus der Arena geholt, Ben.«

»Wie?«

»Sie haben etwas in sich, dass ihnen das ermöglicht.«

»Sie sind also übernatürlich? Sowas gibt es nicht, sowas … existiert nicht.«

»Das dachten wir auch nicht, bis wir sie getroffen haben. Ben, wir haben keine andere Wahl. Wenn wir überleben wollen, müssen wir ihnen vertrauen.«

»Ich vertraue ihnen aber nicht.«

»Das habe ich auch nicht, und ich habe damit Seans Leben riskiert«, warf Luke beinahe beiläufig ein.

Benjamin sah zu ihm. »Bitte, was?«

»Das ist gerade nicht die Zeit für Antworten, aber ich verspreche dir, dass wir Antworten liefern werden«, sagte Sean.

»Ich will nicht sterben und schon gar nicht, wenn ich nicht weiß, warum. Und ich will nicht ich, dass ihr draufgeht.« Benjamins Blick glitt zu mir. »Wenn ihr es schafft, dass ihr einen Triebwerkschaden und eine Bruchlandung an der britischen Küste fingieren könnt, bei dem wir alle überleben, kann ich versuchen, eine glaubhafte Geschichte für die Öffentlichkeit zu konstruieren.«

Der Knall einer Explosion hallte in meinen Ohren und das Flackern von Feuer drang durch die Fenster. Ich erkannte, wie eines der Triebwerke brannte.

»Decanus kommt uns zuvor«, sagte Mardono.

Ich hielt inne. »Woher wusste er um unsere Worte?«

Ich zog einen Schutzschild über alle, die sich innerhalb des Flugzeuges befanden. Mardono legte seine Kunst des Schutzschildes über die meine und verstärkte sie damit, als Lärm gegen mich prallte. Ich verlor den Boden unter meinen Füßen und Wind streifte um meinen Körper. Nicht mehr als das Flackern von Feuer in der Dunkelheit sah ich um mich herum. Ich spürte nach den Körpern der Freunde. Ebenso wie ich wirbelten sie durch die Luft, doch das Pochen ihrer Herzen war nicht versiegt.

»Kommt zu uns«, hörte ich Aatamias Worte in meinen Gedanken.

Ich spürte nach ihm und erkannte ihn mit Diyar, Ira und Rouven auf Festland. Ich nutzte den Wechsel und brachte alle, die sich unter meinem Schutzschild befanden, zu ihnen. Doch mein Körper kam nicht auf. Etwas bohrte sich durch meinen Rücken, das mich aufrecht hielt, mich den Boden unter meinen Füßen aber nicht berühren ließ. Regen peitsche gegen mein Gesicht, das Rauschen von Wellen hallte in meinen Ohren und der Geruch von Plastik, Kerosin und Blut stach in meiner Nase.

»Mera?«, hörte ich Mardonos Stimme nach mir rufen.

Ich suchte nach seiner Gestalt, doch ich fand sie nicht. Stattdessen erkannte ich Teile des Flugzeuges verstreut auf dem Boden liegen. Jedes Einzelne stand in Flammen.

»Meine kleine Maus«, raunte Decanus.

Seine Gestalt bildete sich vor mir und die Nägel seiner Finger bohrten sich in meine Wange. Er zerdrückte meine Haut und zwang mich, seinem Blick zu erwidern.

»Wie schön Ira, Diyar und Rouven ihre Kunst des Gegenstandswechsels genutzt haben, um all diese Flugzeugteile an der britischen Küste zu Boden kommen zu lassen. Ich bin beeindruckt von ihrer Zusammenarbeit.« Decanus bohrte seine Finger tiefer in meine Haut, sodass Blut an meinem Hals hinablief. »Blut eines Blüters des Blutmondes und der Führung Lunarums noch dazu. So frisch und so unverbraucht beinahe eine Verschwendung, es nicht zu nutzen.«

Blut wanderte meine Kehle hinauf und ließ ein Röcheln aus meinem Körper dringen, während sich der Geschmack von Eisen auf meine Zunge legte. Schwärze wollte vor meine Augen dringen, als ein Kribbeln durch meine Arme und Beine zog.

»Nicht doch, meine kleine Maus«, raunte Decanus. »Du wirst deine Kraft noch benötigen, wenn all deine so schwachen Krieger genauso lapidar sterben werden, wie ich die Ungezeichneten in der Arena sterben lassen wollte.«

»Mera?«, rief Mardono erneut.

Decanus ließ seine Finger unter mein Kinn gleiten, als sich meine Lunge mit Sauerstoff und Blut füllte. »Weißt du, meine kleine Maus, aus der öffentlichen Aufmerksamkeit, die die Freunde auf sich ziehen, mache ich mir vermaledeit wenig. Dein verwunderter Anblick befriedigt mich deutlich mehr.«

Ich wagte es, an mir hinab zu sehen und erkannte, wie sich meine Hände um ein blutverschmiertes Stück Plastik krallten, das aus meinem Bauch ragte.

»Mera?«, hörte ich ebenso Aatamia nach mir rufen.

Ich spürte eine Macht an mir, die mich von dem Stück Plastik hinein in eine Wolke zog und meine Schmerzen verblassen ließ. Die Kälte von Steinen drang an meinen Körper, als ich erkannte, dass ich mich auf dem Dach der Burg Lunarums befand. Ein Keuchen drang aus meiner Kehle, doch der Geschmack von Blut in meinem Mund war verschwunden. Ich hievte mich auf. Nicht eine Wunde zierte meinen Körper.

Mein Blick glitt nach Inferna. Wolken hatten sich über der Burg und ihrem Gebiet gebildet, doch sie hingen am Waldrand fest. Wäre dieses eine Stück Land zwischen den Bergen und den Wäldern nicht, wäre der Blick vollkommen verwehrt. Die Wolken wagten es nicht, diesen Zugang zur anderen Welt zu nutzen.

»Es ist Zeit zu kämpfen«, ließ ich meine Krieger in Gedanken hören.

Sie alle kannten diesen einen Ruf und sie alle hatten ihn zu lange nicht mehr gehört. Sean ereilte dieser Ruf nicht, doch blieb seine Anwesenheit ein Zwang. Erschien er nicht auf diesem Stück Land, bestand die Möglichkeit seiner Abholung durch Diener, und mit Sean ebenso seine Freunde.

Ira erschien mit Rouven kaum einige Meter neben mir. Sie erwiderte meinen Blick, ehe sie sich umwandte und durch einen der Eingänge in die Burg hinein verschwand. Rouven folgte ihr wortlos.

Ich spürte nach den Freunden, erkannte sie noch an der Absturzstelle und wechselte zu ihnen. Meine Gestalt verschleierte ich nicht. Die Freunde und ebenso Benjamin sowie zwei Piloten und zwei Flugbegleiter standen unweit von den Teilen des Flugzeuges und starrten auf das Trümmerfeld. Luke hatte seinen Arm um Sabriel gelegt und ihn an sich gezogen, während Sean und Aaron neben ihnen standen.

Mardono, der auf mich gewartet hatte, ging zu mir. Seine Gestalt war ebenso wenig verschleiert. »Decanus wird einen Kampf ohne Sean nicht zulassen«, sagte er beunruhigt.

»Ich bringe ihn allein nach Lunarum.«

Mardono wechselte, während mein Blick zu den Freunden glitt und an Sean hängen blieb.

»Decanus fordert zum Kampf«, sagte ich.

Sean erstarrte. »Ein Kampf? Mera, ich …«

»Es ist Zeit zu gehen«, unterbrach ich ihn. »Niemand wird dich außerhalb des Kampfes belassen.«

Er atmete tief ein und löste sich von seinen Freunden.

»Nein …«, sagte Aaron. »Sean …? Sean! Verdammt.« Er packte dessen Schulter und ließ ihn innehalten.

»Ich habe keine Wahl, Aaron.«

»Weißt du, wie beschissen das klingt?«

»Genauso beschissen, wie es sich anfühlt.«

»Komm heil zurück«, sagte Aaron, ehe er zu mir sah. »Pass auf ihn auf. Bitte.«

Ich wechselte auf das Dach der Burg Lunarums und suchte mir den Weg zum Vorbereitungsraum, ohne dass Sean von meiner Seite wich. Die Türen des Raumes standen offen. Niemand meiner Krieger wagte es, seinen Körper auf den Roten der drei Teppiche zu stellen. Ich hingegen folgte eben diesem, während ich Sean deutete am Eingang des Raumes stehen zu bleiben. Vor dem Abbild der Träger hielt ich inne und wandte mich meinen Kriegern zu. Ein Blick genügte, um sie als vollständig zu zählen. Männer standen vor mir. Jung wie alt, in Arbeitskleidung, Anzügen, Uniformen und Kitteln. Ira zählte ich als einzige Frau zu meinen Kriegern. Sie stand ebenso derart lange wie Mardono und Aatamia an meiner Seite und kannte Decanus zu gut. Doch sie war ihm niemals in die Abtrünnigkeit gefolgt, denn ihre Loyalität zu den Monden hatte stets ihre Freundschaft zu Decanus überstiegen.

»Beinahe einhundertzwanzig Jahre vergingen seit unserer letzten Sammlung«, sagte ich. »Decanus ließ Zeit verstreichen, einen Kampf dieser Art und Größenordnung auszusprechen. Nutzt eure Fähigkeiten und verschafft euch einander Zeit und Raum. Ich werde eure Seite nicht verlassen.«

»Viel zu lange nach meinem Geschmack«, murmelte einer meiner Krieger.

»Klingt, als würdest du keinen normalen Kampf vor uns sehen«, schallte die Stimme eines anderen Kriegers durch den Raum.

Ich erwiderte dessen Blick. Er lehnte sich gegen die Mauer und hatte seine Arme verschränkt, während sein vom Alter geprägtes Gesicht vom Ruß seiner Arbeit gezeichnet war. »Decanus wählte seine jetzigen Opfer mit Bedacht. Er formte sie, um meine Schwäche durch ihre Charaktere und die Angriffe auf sie zu erzeugen. Zugleich wendet er meine Verbindung zu meinen engsten Kriegern und meine Vergangenheit gegen mich an.«

»Deswegen hat er Diyar angegriffen und dich nicht nur in seine und Seans Zwischenebene, sondern auch in den Fluss getrieben?«

»Sämtliches Handeln seinerseits deutet darauf hin«, bestätigte ich.

Er zog seine Augenbrauen hoch. »Dir ist klar, dass das ein verdammter Kampf auf Leben und Tod werden könnte?«

»Ist es«, bestätigte ich. »Nicht jeder von euch ist in Besitz aller Künste der Monde, doch ihr alle seid ausgezeichnete Gabenkämpfer und Meister unserer Art des Kampfes. Nutzt eure Fähigkeiten in jeder erdenklichen Art, die euch zur Verfügung steht, so unsinnig euch ihre Kampfmöglichkeiten vorkommen mögen.«

»Worauf warten wir dann noch?«, fragte Ira, ehe sie sich in Bewegung setzte und den Raum wortlos verließ. Rouven und weitere Krieger folgten ihr, um zurück auf das Dach der Burg und von dort aus auf das Niemandsland zu gelangen.

Ich blieb zurück, ehe ich meinen Kriegern gleichtat und den Vorbereitungsraum verließ. Ich bewegte die Flügeltüren, die mit einem Knarzen und einem lauten Klack in ihr Schloss fielen. Meine Finger ließ ich über das Holz gleiten, das ihm Feuer der Monde glänzte, als ich spürte, wie Mardono mit Sean als Letzte das Niemandsland erreicht hatten. Ich atmete tief ein, ehe ich den Weg zurück auf das Dach der Burg ging und von dort aus ebenso auf das Stück Land zwischen Lunarum und Inferna wechselte. Wir nannten es das Niemandsland. Es war ein Teil der Welten der Monde, der keinen Tribut forderte, weder von Kriegern noch von Dienern. Decanus hatte es als Schauplatz unserer Kämpfe entstehen lassen, sicherte es doch ein Kampf auf Augenhöhe. Der Wald Infernas lag vor mir, über ihm hingen die Wolken. Sie zogen sich einzig über Inferna, doch sie dunkelten ebenso das Niemandsland ab.

Ich stand zwischen Mardono und Sean, die sich mittig in die Aufreihung meiner Krieger eingegliedert hatten. Aatamia und Diyar erkannte ich an Mardonos Seite, während Ira und Rouven neben Sean standen. Ich streckte den Beiden meine Hände entgegen. Mardono nahm meine Finger in die Seinen und verschränkte sie ineinander, während uns Sean und der Rest meiner Krieger folgten. Ich erzeugte ein Mondleuchten und ließ es über ihre Körper wandern. Ihre eigenen Leuchten mischten sich hinzu und spiegelten sich in den Wolken Infernas wider. Sean war der Einzige, ohne Macht über diese Kunst der Monde, doch spürte ich, wie sein Zeichen ebenso leuchtete. Sein Mond erleuchtete es für ihn. Eine Wärme breitete sich durch die Kette in mir aus, die von Mardono stammte. Ich folgte ihm und ließ meine Krieger ebenso meine Wärme spüren, als die Diener auf der anderen Seite des Niemandslandes erschienen. Wie eine Wand aus Schwärze drangen sie aus dem Wald Infernas hervor und reihten sich nahtlos auf.

Mardono drückte meine Finger. »Das sind mehr als beim letzten Mal.«

»Wir verlieren dadurch nicht an Macht«, erwiderte ich.

»Aber an Kräften.«

Ich spürte Decanus' Blick auf mir. Ich brauchte kaum mehr als seine Gestalt zu erahnen, um ihm am Waldrand stehen zu wissen. Er streckte seinen linken Arm von seinem Körper, als hieße er etwas oder jemanden willkommen. Wind zog durch den Wald Infernas, Bäume beugten sich unter Lasten und Äste brachen unter Gewichten. Gebrüll hallte in meinen Ohren und der Geruch von Blut und Verwesung biss in meiner Nase. Biester schossen aus dem Wald hervor, rammten neben den Dienern ihre Krallen in den Boden und rissen ihre Mäuler auf, aus denen ihre scharfen und blutverschmierten Zähne bedrohlich hervor spitzten.

»Das kann nicht wahr sein«, murmelte Mardono erstarrt. »Wie viele von ihr hat er bitte gezüchtet? Dieser Kampf ...«

»Es steht nicht in deiner Entscheidung«, unterbrach ich ihn. »Der Ausgang des Kampfes steht in niemandes Entscheidung, Mardono.«

Die Körper meiner Krieger erstarrten ebenso. Kaum einer von ihnen kannte den Anblick der Biester. Einzig Mardono, Aatamia, Diyar, Sean und ich hatten dem Alphaweibchen bisher gegenübergestanden. Sie war der Ursprung, die Mutter all dieser Tiere. Sie überragte ihre Nachkommen und ihr Fell schien struppiger und rauer zu sein, während ihre Augen mich fixierten. Sie wusste, auf dem Niemandsland war ich nicht ihr vorbehalten. Ihren Nachkommen war einzig ein Leben im Wald Infernas erlaubt, doch das Alphaweibchen selbst lebte in beiden Welten. Sie liebte das Blut der Krieger, und sie liebte mein Blut. Sie fletschte ihre Zähne und brüllte, ehe sie meine Krieger fixierte, schnaubte und auf sie zu rannte. Ihre Nachkommen und die Diener folgten ihr. Ich musste meinen Kriegern keinen Befehl zum Angriff geben. Sie rannten ebenso los, einzig Sean blieb neben mir stehen.

Ich ließ seine Finger los. »Es ist Zeit zu kämpfen.«

Sean zögerte, ehe er auf das Niemandsland rannte und sich in die Nähe von Mardono, Aatamia und Diyar brachte. Ich blieb stehen und ließ meinen Blick über das Schlachtfeld schweifen, ehe Decanus in mein Sichtfeld fiel. Er stand noch am Rande des Kampfes und hatte seinen Platz am Waldrand Infernas ebenso wenig verlassen wie ich. Wir waren uns im Kampf vorbehalten. Kein Krieger griff ihn an und keiner Diener mich. Gegeneinander kämpften wir nicht, zu ausgeglichen waren unsere Mächte. Ein Kampf versprach nicht mehr als sinnlose Verschwendung unserer beiden Kräfte.

»Sieh dir diesen wunderschönen Kampf an, meine kleine Maus«, ließ mich Decanus in meinen Gedanken hören.

Ich folgte seinen Worten und ließ meinen Blick ein weiteres Mal über den Kampf schweifen. Meine Augen blieben an Sean hängen. Er bemühte sich gegen Diener zu kämpfen, deren Gesichter ich nicht kannte. Decanus brachte seine Diener der höchsten Macht nicht gegen einen Krieger wie Sean ein. Ein Krieger ohne Erfahrung, Wissen und Fähigkeiten.

»Denkst du wirklich, dass dein Blüter des Vollmondes dieses Schlachtfeld lebend verlassen wird?«, sagte Decanus.

Sean wurde in die Erde des Niemandslandes gedrückt und schaffte es kaum, sich aus dem Hieb des Dieners zu befreien, als eines der Biester auf ihn zuhielt. Mit den Zähnen packte es seinen Körper, riss ihn in die Luft und schleuderte ihn etliche Meter über den Boden. Das Brechen seiner Knochen drang zu mir vor.

»Deine beiden engsten Gefährten kämpfen besser«, sagte Decanus.

Mardonos Keuchen hallte in meinen Ohren, ebenso Aatamias Ringen nach Luft. Sie kämpften gegen das Alphaweibchen, als der Geruch ihres Blutes in meine Nase stieg.

»Sie kennen das Alphaweibchen. Aber ist das nicht langweilig, meine kleine Maus? Augenhöhe auf Augenhöhe?«, fragte mich Decanus.

Aatamias Eis legte sich über das Alphaweibchen. Sie zuckte und winselte unter der Kälte, die an ihrem Fell klebte. Zu selten hatte sie das Vergnügen gegen die Fähigkeiten Lunarums zu kämpfen. Sie zog sich an den Waldrand zurück, setzte sich unter die Kronen der Bäume und schüttelte das Eis aus ihrem Fell. Ein Lächeln huschte über meine Lippen, ehe ich meinen Blick zu Decanus schweifen ließ.

»So schwach«, entgegnete ich ihm.

»Verlassen wir doch die Augenhöhe, für etwas mehr Spannung in diesem Kampf.«

Das Alphaweibchen schnellte über das Niemandsland, packte Seans Körper zwischen ihren Zähnen und streckte ihn in die Luft als wäre er ihre Trophäe. Sein Keuchen drang in meine Ohren, ehe das Alphaweibchen ihn fallen ließ. Wunden prangerten an seinem Körper und sein Blut überdeckte die Farben seiner Kleidung. Sean bewegte sich nicht, doch ich sah seine Atmung. Das Alphaweibchen schnupperte an ihm und fixierte seine Augen. Seans Körper erstarrte, seine Hände krallten sich in den Boden des Niemandslandes und ein Schrei voller Schmerzen schallte aus seiner Kehle.

»Nira, zügle dich!«, hörte ich Naels Stimme zu mir vordringen. Seine Wut in diesen wenigen Worten war nicht zu überhören.

»Ist es nicht schön zuzusehen, wie schwach dein Blüter des Vollmondes ist?«, ließ mich Decanus hören.

»Das nennst du einen Kampf? Einen Krieger ohne Fähigkeiten und Lehre gegen deine Waffe von höchster Macht antreten zu lassen?«

Das Gebrüll des Alphaweibchens stieg in meine Ohren. Sie stürmte auf mich zu, packte meine Schulter mit ihren Zähnen und schleuderte mich einige Meter über das Niemandsland. Ich schlitterte über das Gras und keuchte.

»Du verstößt gegen unsere Regeln«, ließ ich Decanus in Gedanken hören.

»Denkst du wirklich, ich erlange die Macht der Monde, wenn ich mich an unsere vermaledeiten Regeln halte?«

Das Alphaweibchen stürmte ein weiteres Mal auf mich zu. Ich griff in ihr Fell und schwang mich auf ihren Rücken. Sie brüllte, stieg und wollte mich abschütteln, doch ich ließ sie nicht.

»Mera?«, hörte ich Mardonos verwirrte Stimme in meinen Gedanken. »Was …?«

Ich griff das Blut des Alphaweibchens und ließ es innehalten. Ihre Lunge rang nach Luft. »Brichst du die Regeln, breche ich sie ebenso«, entgegnete ich Decanus.

Das Alphaweibchen stieg und ließ sich auf den Rücken fallen. Mich begrub sie unter ihrem Fell. Sie hievte sich auf und ließ eine ihrer Krallen den Weg in meinen Körper finden.

»Nira!«, hallte Naels wütender Schrei ein weiteres Mal in meinen Ohren. »Du bist ein so verdammt starkes Lebewesen, aber aus Decanus' Zwang schaffst du es nicht, auszubrechen. Denkst du, den Monden wird dein Verhalten gefallen, mit dem du ihre Blüter tötest?«

Das Alphaweibchen ließ von mir, ehe eine Hand mein Kinn packte und sich Finger in meine Wange bohrten.

»So schwach«, raunte Decanus. »Sogar meine kleine Maus.« Das Schwarz seiner Iris schien mich durchstechen zu wollen. »Habe ich nicht Recht?«

Das Gebrüll des Alphaweibchens stieg ein weiteres Mal in meine Ohren. Decanus ließ von mir, ehe mein Blick zum Alphaweibchen schnellte, die mit gefletschten Zähnen auf mich zustürmte. Ich drehte mich auf meinen Bauch, als eine ihrer Krallen meinen Rücken ein weiteres Mal durchbohrte. Sie drehte mich zurück und brachte mich dazu, in ihre Augen zu blicken. Meine Gestalt widerspiegelte sich in ihnen und längst versiegte Schreie hallten in meinen Ohren. Es waren die Schreie all der Gezeichneten und Ungezeichneten, die durch mein Handeln gefallen waren. Ich sah das Dorf vor mir, das ich mein Zuhause hatte nennen müssen. Ich war die Verstoßene gewesen. Diejenige, die niemand gemocht hatte. Dieser eine Ungezeichnete hatte mir eine Chance gegeben. Nael hatte mir gezeigt, was es bedeutete, geliebt zu werden. Er wollte mich nicht sterben lassen und hatte den Tod für mich abgefangen. Niemals hatte ich mich von ihm verabschieden können. Niemals hatte ich seinen letzten Blick sehen oder seinen letzten Atemzug hören dürfen. Tränen brannten an meinen Wangen und meine Lunge rang nach Luft. Decanus kannte um Nael und damit ebenso um meine Schwäche. Er benutzte ihn, das Alphaweibchen und ihre Sprache des Todes, um mich zu schwächen.

»Geh von mir runter«, hörte ich Ira fauchen.

Das Alphaweibchen winselte und bohrte ihre Krallen tiefer in meiner Haut, doch ihre Sprache des Todes ließ von mir und damit ebenso die Schreie und die Bilder. Ich griff in ihr Fell, suchte ihre Haut darunter und gab meine Macht über Iras Gabe hinzu. Das Alphaweibchen sprang von mir und verkroch sich.

Ich erwiderte Iras Blick. »Ich danke dir.«

Sie ging zu mir und bot mir ihre Hand an. »Wenn wir anfangen, die Regeln zu brechen, stehe ich an oberster Stelle.«

Ich ließ mich von ihr auf die Beine ziehen. »Es steht in meinem Wissen.«

Mardono kam zu mir. Sein Blick glitt über meinen Körper. »Du siehst übel aus.«

Ich sah in seine besorgten, braunen Augen, als er von mir weggerissen wurde, und erstarrte. »Mardono?«

Iras erschrockener Schrei drang in meine Ohren. Wie aus dem Nichts wurde sie über das Niemandsland geschleudert.

»Verschwinde, Verräterin«, brüllte Decanus, ehe sich seine Hand in meine Kehle grub und mich zwang, in seine schwarzen Augen zu blicken. »Ihr Krieger seid allesamt so vermaledeit schwach.«

Ich griff seine Hand und krallte mich im Leder des Handschuhs fest.

»Selbst dein Blüter des Vollmondes, dem durch das weiße Mondblut ein Vorteil im Kampf in die Wiege gelegt wurde, war nicht mehr als ein vermaledeites Appetithäppchen.«

Decanus drückte meinen Rücken an seine Brust und presste seine Wange an die meine, ohne meine Kehle loszulassen. Sean lag regungslos und in einer roten Lache auf dem Boden. Zu viel Blut klebte an seinem Körper.

»Dachtest du, ich würde ihn diesen Kampf überleben lassen? Dachtest du, dass ich auch nur einer deiner Krieger diesen Kampf überleben lasse?«

Mein Blick glitt über das Niemandsland, soweit Decanus es mir erlaubte. Der Großteil meiner Krieger lag ebenso wie Sean leblos auf dem Boden. Ich wagte es, nach ihren Herzschlägen zu hören, doch einzig ein zu sachtes Pochen in Seans Brust drang zu mir vor.

»Dachtest du, ich würde nach all den Jahren, in denen wir nicht einen ordentlichen Kampf gegeneinander gekämpft haben, ein Schlachtfeld mit fairen Regeln anstreben? Achtundvierzig Krieger auf einen Schlag vernichtet nur, weil meine kleine Maus dachte, ich würde ihre vermaledeiten Regeln niemals brechen.«

Ein Keuchen drang in meine Ohren. Es war nicht irgendein Keuchen. »Mardono«, flüsterte ich.

Ich riss mich aus Decanus' Griffen, rannte los und sprang über die Büsche in die Dunkelheit des Waldes Infernas hinein. Einzig das Leuchten der Pflanzen drang in meine Augen. Die Kälte Infernas, der Tribut dieser Welt der Monde, legte sich auf meine Haut. Ich hörte das Blut in meinen Ohren rauschen, schloss meine Augen und spürte nach Mardono. Sein Herzschlag drang in meine Ohren. Ich folgte diesem einen Geräusch, als sich das Schnauben des Alphaweibchens hinzumischte. Ich öffnete meine Augen und erkannte Mardono unweit vor mir unter ihren Krallen liegen. Seine Lunge rang nach Luft, sein Körper zitterte und Blut und die Kälte Infernas klebten an seiner Kleidung. Ich spürte nach dem Blut des Alphaweibchens, griff es und schleuderte ihren Körper einige Meter von ihm. Ein Stechen schoss durch meine Brust und ein Keuchen drang aus meiner Lunge. Meine Kraft und meine Macht schwanden. Ich stolperte zu Mardono und legte meine Hände an seine Wangen. Kälte drang an meine Finger und ließ sie zittern. Mardono sah in meine Augen, während seine Hand versuchte, meine Finger an seiner Wange zu greifen.

»Mardono«, flüsterte ich. »Nicht ohne mich.«

Eine Träne löste sich aus seinen Augen. »Mera …«

Das Alphaweibchen bohrte ihre Zähne in meinen Körper, schleuderte mich gegen einen Baum, packte Mardono und verschwand mit ihm tiefer im Wald Infernas.

»Nicht ohne mich«, flüsterte ich ein weiteres Mal.

Ich hievte mich auf, rannte und folgte den Spuren des Alphaweibchens. Ihre Gestalt formte sich vor meinen Augen. Sie wusste, ich folgte ihr. Sie ließ mich aufholen, rammte ihre Krallen in den Boden und blieb stehen, während sie Mardono aus ihrem Maul fallen ließ. Sein Körper lag leblos auf dem Boden. Ich kniete mich neben ihn und nahm seine Wangen ein weiteres Mal in meine Hände, doch er reagierte nicht auf meine Berührungen. Die Zähne des Alphaweibchens bohrten sich erneut in meine Schulter. Sie riss mich von Mardono und schleuderte mich einige Meter durch den Wald, als ein Wiehern in meine Ohren drang. Stia bäumte sich vor Mardono auf und schien ihn beschützen zu wollen. Ich wurde stutzig, hatte sie von den Monden doch niemals die Erlaubnis erhalten, den Boden Infernas zu betreten. Sie spannte ihre Flügel auf und schlug sie wild. Stias Blick klebte am Alphaweibchen. Sie schnaubte, scharrte mit den Hufen und legte ihre Ohren an. Das Alphaweibchen baute sich auf, doch Stia stieg und schleuderte ihre Hufe in ihre Richtung. Es schien als unterhielten sie sich, als der Blick des Alphaweibchens zu mir glitt.

»Mera? Mardono?«, hörte ich einen Ruf zu mir vordringen. »Verdammt, wo seid ihr?«

Das Alphaweibchen duckte sich, kam zu mir und schnupperte an mir, ehe sie sachte meinen Körper in ihr Maul nahm und mich auf ihren Rücken setzte. Ich trug kaum die Kraft in mir, mich auf ihren Rücken zu halten, doch es genügte, um einen Blick zu Mardono zu werfen. Stia stand noch immer vor ihm und noch immer spannte sie ihre Flügel mit den roten Federn auf. Sie verbeugte sich vor mir, als Bilder vor meine Augen zogen. Mardono lag noch unter dem Baum im Wald Infernas, doch seine Wunden verschlossen sich, während sein Körper an Kraft und Macht zurückgewann. Stia schnaubte und das Bild von Mardono wich einem Bild von Aatamia, der blau von seinem eigenen Eis in Henris Fängen hing. Ein Stechen in mir pochte zu meinem Herzschlag. Das Alphaweibchen setzte sich in Bewegung und brachte mich zurück auf das Niemandsland.

»Mera?«, hörte ich ein weiteres Mal meinen Namen rufen.

»Wir brauchen sie«, hörte ich eine zweite Stimme.

»Als ob ich das nicht wüsste, Ira. Verdammt!«, fluchte die erste Stimme. »Und wo zur Hölle ist Mardono?«

»Scheiße«, hörte ich eine dritte Stimme.

»Das darf nicht wahr sein«, murmelte die erste Stimme.

Diyar, Ira und Rouven standen unweit vom Waldrand Infernas. Das Alphaweibchen blieb kaum zwei Meter vor ihnen stehen und ließ mich von ihr absteigen, doch ich konnte mich nicht auf meinen Beinen halten und fiel auf die Knie in das blutgetränkte Gras unter mir.

Diyar beugte sich zu mir hinab und legte seinen

Arm um meinen Körper. »Mera? Was ist passiert?«

Ich hatte meinen Blick nicht vom Alphaweibchen gelassen. Sie erwiderte ihn und duckte ihren Kopf, während sie zwei Schritte zurücktrat. Verzweiflung, Schuld und Angst schienen zu mir zu schwappen, ehe sie sich abwandte und zurück in den Wald Infernas rannte.

»Was zur Hölle war das?«, fragte Ira.

Blut stieg meine Kehle hinauf. Ich röchelte und spuckte es neben mir aus.

»Aatamia braucht uns, Mera. Henri hat ihm sein Eis gestohlen«, sagte Diyar verzweifelt.

»Ich bezweifle, dass sie noch die Macht hat, ihm zu helfen«, warf Ira ein.

Ich sah hoch, als ich das Bild von Aatamia in Henris Armen erkannte. So wie es Stia mir gezeigt hatte. Decanus stand neben ihnen. Sein Blick klebte an mir, als er nickte, während sich Henris Begierde nach Aatamias Leid tiefer in sein Gesicht grub.

»Scheiße«, fluchte Ira. »Wir sollten weg von hier. Sofort!«

Ich spürte ihren Versuch zu wechseln, als sich Eis über Aatamias Körper zog, seine Kleidung und seine Tränen an seiner Haut festfrieren ließ und mich seine Kälte überrollte. Die Hitze von Feuer drang zu mir vor, doch ehe sie mich vollkommen erreichte, wichen Diyars Berührungen von mir und mein Körper wurde durch die Luft geschleudert. Ich prallte auf und ein Stechen schoss durch meinen Körper.

»Mera?«, flüsterte eine Stimme unweit von mir. Mein Herz schien einen Schlag auszusetzen, erkannte es doch diese Stimme. Ich sah die Dunkelheit einer Nacht über mir, ehe ich meinen Blick in die Richtung wandte, aus der ich die Stimme vermutete. Kaum sah ich die Gestalt zu ihr wusste ich, dass sich mein Herz mich nicht getäuscht hatte. Eine sachte aber beinahe verzweifelte Wärme legte sich in mich, als ich die Umrisse des Blutmondes am Himmel erkannte. Die Wärme in mir spendete mir neue Kraft und verdrängte das Stechen in meinem Körper mit jeder Bewegung, die ich mich zu Sean zog. Ich sah die Verzweiflung, die Angst und den Schmerz in seinen Augen. Er weinte, griff nach meiner Hand und verschränkte unsere Finger so fest er konnte ineinander, ohne seinen Blick von meinen Augen zu lassen. Die Kälte seiner Haut drang zu mir vor, ehe ich mich die letzten Zentimeter an seine Seite zog.

»Ich kann nicht mehr«, flüsterte Sean.

Die Wärme sammelte sich um mein Herz. »Ich helfe dir.«

»Nicht, wenn es so endet, wie das letzte Mal. Mach nicht wieder so was Dummes. Nicht für mich.«

Ich legte meine Hand an seine Wange und strich liebevoll über seine Haut. »Schließ deine Augen, Sean.«

Er zögerte, ehe er meinen Worten folgte. Ich atmete so tief ich konnte ein, während sich die Wärme von meinem Herzen löste und sich in die Luft in meiner Lunge mischte. Ich beugte mich über Seans Gesicht, legte meine Lippen auf die seinen und öffnete seinen Mund. Ich atmete all die verbliebene Luft in meiner Lunge aus. Mit meinem Atem verließ mich ebenso die Wärme und zog in Seans Körper.

Verwirrt über meine Handlung, öffnete Sean seine Augen. »Mera, was …?«

Ich spürte nicht mehr, wie meine Lunge nach Luft verlangte oder meine Wunden mich schwächten. »Ich danke dir für dein Vertrauen, Sean«, flüsterte ich.

Er hob seine Hand und wollte sie an meine Wange legen, doch er schaffte es nicht. Meine Augen waren das Letzte, was er von mir sehen durfte, ehe sich mein Körper in Asche auflöste und im Glanz des Blutmondes zu ihm aufstieg.

WER BIN ICH?

Ich war zwölf Jahre alt als ich Stift und Papier in die Hand genommen und die Anfänge für Angst vor der Ewigkeit geschrieben habe. Beinahe jedes Mal, wenn ich in die Versuchung gerate, die ersten Zeilen zu lesen, habe ich dieses eine Schmunzeln auf meinen Lippen und frage mich: Wie um alles in der Welt konnte aus den ganz schön verworrenen Gedanken einer Zwölfjährigen, die mit dieser Erzählung nur einmal in ihrem Leben ihre Lieblingsband treffen wollte, eine Geschichte mit diesem Ausmaß werden?

Angst vor der Ewigkeit ist über die Jahre hinweg mit mir groß und nicht zuletzt auch erwachsen geworden (die Variante meines zwölfjährigen Ichs ist zwar äußerst amüsant, zum Veröffentlichen allerdings absolut ungeeignet). Mittlerweile bin ich fünfundzwanzig Jahre alt und habe mich als bayerisches Madl dazu entschieden, den Norden Deutschlands meine zweite Heimat zu nennen. Sitze ich nicht vor meinen Geschichten, halte ich mich gern in der Natur auf, sehe und höre einfach nur dem Regen, Blitzen und Donnern zu (sofern es natürlich regnet und/ oder gewittert) oder Suche die Nähe zu Pferden. Auch ein gutes (Sach-)Buch findet man immer in meiner Nähe.

DIE AUTORIN

Ramona Brock, geboren 1997, zog nach ihrem Studium von Bayern in den Norden Deutschlands, um dort im Herzen Niedersachsens zu wohnen. Auf ihren kindlichen Versuchen, Geschichten zu schreiben, baute sie ihren Debütroman Angst vor der Ewigkeit als ersten Band ihre Fantasy-Trilogie um Die Legende der Monde auf.

Du willst mehr über Ramona Brock erfahren? Dann besuche sie unter www.ramonabrock.de